未来教育空间站研究丛书

- 国家自然科学基金项目（编号：61402399）、教育部人文社会科学基金项目（编号：14YJCZH161）
- 广东省哲学社会科学规划课题（编号：GD18XJY31、GD21YDXZZL01）
- 岭南师范学院雷阳学者岗位计划资助项目（2021年度）
- 岭南师范学院人才引进专项计划资助项目（2022年度）

计算社会科学视角下的教育代际流动研究

吴　涛　赖彩虹◎著

Research on Education's Intergenerational Mobility from the Perspective of Computational Social Science

华中科技大学出版社
http://press.hust.edu.cn
中国·武汉

内 容 简 介

本书在计算社会科学的视角下做出尝试和探索，将教育代际流动问题作为主要研究对象，从实证研究和方法研究两个维度展开。具体逻辑关系为：首先通过文献综述阐明当前教育代际流动研究的现状和趋势，提出从计算社会科学的视角开展可计算的教育代际流动研究，为全书做好铺垫；然后利用不同的数据进行实证研究，从整体流动性、高等教育、乡村教育等不同角度验证教育代际流动水平和趋势，既有时序特征分析，也有空间分布演绎，还有从微观的角度，以清代官员陈瑸为例，探讨了教育代际流动的历史学演绎。在方法学层面，梳理了认知物理学的理论和方法，在此基础上，提出了针对教育代际流动问题的云模型方法、数据场方法，并做出了若干有益的探索。最后是全书的结论、讨论和展望。本书的研究在计算社会科学视角下为丰富教育代际流动的理论体系和实践路径提出新的思路。

本书的读者，可以是教育学、计算机科学与技术、人工智能等领域的研究人员，尤其是从事教育代际流动、计算社会科学的研究和开发人员。同时，本书也可以作为大专院校相关专业的研究生教学用书或参考教材。

图书在版编目(CIP)数据

计算社会科学视角下的教育代际流动研究/吴涛，赖彩虹著. —武汉：华中科技大学出版社，2022.12

(未来教育空间站研究丛书)

ISBN 978-7-5680-9015-5

Ⅰ. ①计… Ⅱ. ①吴… ②赖… Ⅲ. ①教育理论-研究 Ⅳ. ①G40

中国版本图书馆 CIP 数据核字(2022)第 239376 号

计算社会科学视角下的教育代际流动研究 吴 涛 赖彩虹 著

Jisuan Shehui Kexue Shijiao Xia de Jiaoyu Daiji Liudong Yanjiu

策划编辑：周晓方 宋 焱 责任校对：张汇娟

责任编辑：肖唐华 责任监印：周治超

封面设计：原色设计

出版发行：华中科技大学出版社(中国·武汉) 电话：(027)81321913

武汉市东湖新技术开发区华工科技园 邮编：430223

录 排：华中科技大学惠友文印中心

印 刷：武汉科源印刷设计有限公司

开 本：710mm×1000mm 1/16

印 张：13

字 数：250 千字

版 次：2022 年 12 月第 1 版第 1 次印刷

定 价：78.00 元

华中出版

作者简介

吴　涛　男，1980年生，湖北汉川人，武汉大学计算机专业博士，现为岭南师范学院雷阳学者首席教授、教学发展与质量测评中心主任、硕士生导师，从事智能教育信息技术及其应用方面的教学科研工作，入选广东省高等学校优秀青年教师培养计划、广东省千百十人才工程培养对象等，主持国家自然科学基金项目1项，省部级课题4项，在《Neurocomputing》《物理学报》等国内外重要刊物发表学术论文60余篇，出版专著和教材各1部，相关成果获广东省教育教学成果一等奖、江苏省优秀软件产品奖金慧奖，授权发明专利、软件著作权10余项。兼任广东省中小学教师信息技术应用能力提升工程专家，广东省大学计算机基础教学指导委员会委员。

赖彩虹　女，1981年生，广东韶关人，中山大学历史学专业博士，现为岭南师范学院历史系讲师，研究方向是中国社会经济史、历史人类学，发表学术论文3篇，主持广东省哲学社会科学类项目1项、广东省教育厅青年人才项目1项、市级项目1项、校级项目1项、横向课题1项；参与完成国家社科基金项目1项、中山大学历史系与雷州市合作研究项目1项；指导学生参加广东大学生社会治理调研大赛获二等奖、校级大学生挑战杯竞赛获三等奖。

总序 Introduction

我国教育改革和发展正面临着前所未有的机遇和挑战。《国家中长期教育改革和发展规划纲要(2010—2020年)》明确指出:信息技术对教育发展具有革命性影响,必须予以高度重视,要加快教育信息化进程,强化信息技术应用,提高教师应用信息技术水平,更新教学观念,改进教学方法,提高教学效果。《教育信息化十年发展规划(2011—2020年)》也提出:以教育信息化带动教育现代化,是我国教育事业发展的战略选择。教育信息化是教育理念和教育模式的一场深刻变革,是促进教育公平、提高教育质量的有效手段,是创造泛在学习环境、构建学习型社会的必由之路,是当今世界越来越多的国家提高教育水平的战略性选择。加快教育信息化进程,必将对推进教育现代化、建设教育强国和人力教育资源强国产生重要影响,也必将为教育技术学科提供新的发展机遇。

2012年,以在线教育为契机,全球范围开展了一场教育革命。2013年1月,《福布斯》杂志专门以"教育革命"为标题聚焦观察。随着研究的深入,人们普遍认为目前的教育革命不仅仅是在线教育,而是云计算、物联网和大数据所带来的教育革命的显现,而这场革命早在1970年就被阿尔文·托夫勒在其畅销书《未来的冲击》第十八章"未来的教育"中进行过准确预测,并在那个时候提出了"教育的革命"的说法。托夫勒预测未来的教育要面对服务、面对创新,因此在家上学、教育空间设计、面向未来的学校界限的消失将成为趋势。托夫勒预测未来教育的时代,计算机科学技术刚刚起步,云计算、物联网和大数据还没有应用的苗头,只能用惊人的直觉和天才的灵感对未来教育进行展望。四十多年后的今天,学习型社会、虚拟学习社区、大规模在线开放课程(MOOC)、网络学习空间、教育O2O模式等教育理念的不断涌现,在家上学与在线教育、城乡教育公平运动与社会化网络、云计算和大数据为基础的教育资源共享、教育模式与教育空间设计的重视、学生个性化和创造性培养与支持,这些都强有力地证明未来教育已经到来了。

云计算与在线教育,可以将更多、更优质、更廉价的教育资源连接到社区和家庭的每个角落,更好实现全社会教育的公平;基于物联网和大数据的更真实、更智慧的教育环境以及教育空间的设计,将行业、学校和海量知识完整真实地连接给每个学生,以更好地实现终身学习和构建学习型社会。教育环境的设计、教育实验场景的布置、教育时空的变化、学习场景的变革、教育管理数据的采集和决策，这些过去靠拍脑袋或者理念、灵感加经验的东西，在云计算、物联网和大数据的背景下，变成一种数据支撑的行为科学。

岭南师范学院教育技术学科团队一直从事信息技术在教育教学中的创新应用研究，并在专业发展、学科建设、科学研究和人才培养等方面取得可喜成绩。2010年12月，教育技术学科作为教育学下的二级学科被正式列入岭南师范学院的重点建设学科。2011年，教育技术学科在原来教育技术系的基础上，通过吸引其他专业的优秀教师转型研究教育技术等方式，组建了教育技术学科大团队，成立了教育技术研究所，凝练出教育知识工程、数字化学习和教育资源开发与应用等三个学科方向。2012年，教育技术学科获得中央财政和广东省财政厅的专项经费资助，开始筹建学校教育创新重点平台——未来教育空间站。2013年5月建成未来教育空间站，9月正式投入使用。2014年12月批准成立广东省高等学校数字化学习工程技术开发中心。学科平台和技术开发中心建设带动了教育技术学科的迅猛发展，这是地方性普通高校教育技术学科发展的成功典型案例。

“未来教育空间站研究丛书”的出版，是岭南师范学院教育技术学科团队在国家、省部级课题资助下从事信息技术支撑的未来教育研究的智慧结晶，探索教育信息化的新理论、新方法和教学应用实践。本丛书以“信息技术与教育的深度融合”为主线，从理论基础与方法、信息技术与开发、教学应用与实践等多个层面，探讨“互联网＋”背景下教育技术发展的新思路和新路径，形成系列化的未来教育前瞻性研究成果。本丛书从教育学原理、技术哲学等角度，研究教育信息技术的原理、本质与发展价值，研究教育中的信息技术创新与应用；从教育信息化项目整体规划角度，研究未来教育空间站的设计与教学应用；从当前教育的热点应用问题，研究“互联网＋教育”的理论体系框架，研究云计算和大数据的教育应用；从智慧教育的角度，研究智能化课堂学习环境的构建与应用，研究未来教师信息化教学智慧的培养。

信息技术与教育正在从“学科整合”向“全面融合”转变，深刻影响着教育理念、教学过程、教学模式和教学方法的改革，推动着教育体系的深层变革。岭南师范学院教育技术学科团队的创新性研究成果，对我国正在开展的教育信息化理论、方法和应用实践创新研究，具有非常重要的借鉴价值和指导意义。

岭南师范学院教育技术学科带头人　教授

2015年8月1日

2023年3月修改

前言 Preface

教育兴则人才兴,教育强则国家强。教育对于个体和社会具有极其重要的作用,国家始终重视优先发展教育。教育公平是社会公平和进步发展的基石,对促进社会有序流动、保障社会和谐稳定十分关键。教育公平问题一直以来都是社会科学领域的热点之一,教育代际流动被公认为是“教育是否公平”的重要表现指标,因此对教育代际流动性的度量与分析具有不言而喻的重要意义。

国内外学者研究了系列宏观的教育代际流动框架和理论,也实现了大量微观的教育代际流动实证分析,目前教育代际流动研究多集中于人文社会科学领域。计算社会科学为教育代际流动的研究提供了一种可能的新框架,这是一个不断涌现的探索性新兴交叉领域,强调采用计算机技术支持的可计算方法研究社会科学,包括以定性和定量相融合的方法利用计算机技术辅助分析教育代际流动,建立计算机辅助的教育代际流动计算模型、技术、工具和软件,开展与之有关的教育代际流动大规模社会学互联网实验、大数据采集与分析、从宏观到中观再到微观的计算机行为模拟等,进而创造一套计算社会科学背景下的新型教育代际流动研究体系。

本书在计算社会科学的视角下做出一些尝试和探索,将教育代际流动问题作为主要研究对象,从实证研究和方法研究两个维度展开。具体逻辑关系为:首先通过文献综述阐明当前教育代际流动研究的现状和趋势,提出从计算社会科学的视角开展可计算的教育代际流动研究,为全书做好铺垫。其次利用不同的数据进行实证研究,从整体流动性、高等教育、乡村教育等不同角度验证教育代际流动水平和趋势。这部分是本书的重点,既有时序特征分析,也有空间分布演绎,还有从微观的角度,以清代官员陈瑸为例,探讨了教育代际流动的历史学演绎。在方法学层面,梳理了认知物理学的理论和方法,在此基础上,提出了针对教育代际流动问题的云模型方法、数据场方法,并做出了若干有益的探索。最后是全书的结论、讨论和展望。

本书共分为十章,具体结构安排如下。

第一章从文献入手可视化分析教育代际流动研究现状和趋势。具体通过文献计量和知识网络分析的方式，从不同维度绘制了教育代际流动研究的科学知识图谱，包含了时序分布、空间分布、内容分布等，探明了教育代际流动问题研究的整体演进趋势，厘清了教育代际流动科学研究的领域结构，明确了教育代际流动研究的发展前沿，提出了在计算社会科学视角下可计算的教育代际流动研究解决思路。

第二章至第六章为实证研究部分。逻辑上从宏观到微观，从整体到局部，从总揽到管窥。第二章从教育代际的整体流动情况入手进行分析，第三章聚焦高等教育资源与规模分析，第四、五章聚焦乡村教育分析，第六章聚焦微观历史个案分析。

第二章对教育代际流动整体水平的实证分析：通过中国综合社会调查数据，利用转移概率矩阵分析，挖掘教育代际流动的时间演绎特征，利用空间重心模型生成不同评价指标的经度和纬度值，追踪教育代际流动的空间迁移轨迹。

第三章对高等教育资源与规模的实证分析：采用中国教育年鉴的统计数据，从普通高等学校数量、普通高等学校在校学生数、普通高等学校专任教师数和普通高等学校生均公共财政预算教育事业费的角度，利用空间重心模型、空间自相关 Moran's I 指数等方法量化分析了普通高等教育资源配置与规模的时空耦合特征。

第四章对乡村教育代际流动的实证分析：采用中国综合社会调查数据，利用转移概率矩阵对乡村教育代际流动性进行测算，并挖掘了其与主观幸福、阶层认知的关联关系，探索了乡村教育赋能乡村振兴的路径。

第五章对乡村教育信息化基础资源配置的实证分析：利用中国教育统计省级面板数据，从微机室面积、计算机台数等指标的角度，利用空间重心模型、空间自相关 Moran's I 指数等方法量化分析了乡村小学教育信息化资源配置的时空演绎特征，提出避免数字鸿沟从基础设施向数字素养转向，以促进乡村教育代际流动。在此基础上，提出了网真课堂支持下的网真信息共享空间建设方案和技术路线，探索了乡村教育信息化建设服务与教育数字化转型策略。

第六章对微观个案的历史实证分析：以清代著名官员陈瑸为案例，通过梳理和分析陈瑸经科举考试实现从寒门子弟到精英阶层跃升的过程，发现家世对陈瑸科举考试的成功没有产生作用。陈瑸突破父代实现向上流动，而子代未能突破陈瑸的功名，从历史的视角验证了教育代际流动的可持续问题。

第七章至第九章为方法研究部分。第七章引入了认知物理学的理论和方法，包括利用高斯云模型表示概念，模拟人类思维从定量到定性的双向转换过程；利用数据场表征数据对象在论域空间的相互作用，模拟抽象的主观认知世界的相互作用机理。第八章和第九章分别聚焦云模型方法、数据场方法，探索教育代际流动研究的认知物理学方法。

第七章引入认知物理学的理论。认知物理学将自然语言作为人工智能研究的切入点，借鉴原子模型、场和层次结构描述从数据到信息再到知识的人类认知过程，其核心是云模型、数据场和可变粒度层次结构。详细厘清了数据场的势函数形态、可视化方法、影响因子等要素，比较分析了高斯云模型、二型模糊集，指出了数据场、云模型及其应用普适性，为后续章节做好理论支撑。

第八章利用高斯云模型分析教育代际流动性。构建了教育代际流动的高斯云模型，通过云模型的形态和云滴的贡献度分析教育代际流动性问题，构造云距离对父代与子代的受教育程度进行比较分析，生成用于教育代际流动评价的云模型探索云评价，以期挖掘教育代际流动问题不确定性分析的新思路。

第九章利用数据场分析教育代际流动性。构建了教育代际流动的数据场，利用势心消除和势心合并的方法发现数据聚类簇中心，实现教育代际流动数据的聚类分析，在此基础上，从动态数据场及其场进化分析的角度对教育代际流动的数据场进行了拓展研究，以期为计算社会科学视角下的教育代际流动研究提供新思路。

第十章为讨论与展望部分。对全书进行了简要总结，并从理论、方法、数据等方面对存在的问题和未来的研究进行了展望。

为方便读者阅读，本书的各章节内容相对独立，读者可以根据需要选读感兴趣的部分内容。作者期望为推动教育代际流动研究做出努力，在计算社会科学视角下为丰富教育代际流动的理论体系和实践路径提出新的思路，为教育代际流动研究的发展提供一定的尝试和借鉴。当然，本书作为国内少有从计算社会科学的视角专门研究教育代际流动的专著，除了教育代际流动本身以外，也尝试探索了利用认知物理学方法解决教育代际流动的具体应用。

需要特别指出的是，一方面，计算社会科学本身就属于学科交叉；另一方面，作者的学科背景也存在学科交叉，本书在自然科学与人文社会科学之间游走，既希望从自然科学的角度注入量性研究，又希望从人文社会科学的角度延续质性研究，并力求在这两个方面做到平衡，但这也许只是作者的美好期许。由于作者水平所限，难免有不当之处，敬请读者批评指正(电子邮箱 wu_tao0706@sina.com)。读者也可以就相关问题通过学者网主页与作者进行交流(网址：http://www.scholat.com/taowu0706)。

作　者

2022年10月于广东湛江

目录 Contents

第一章

教育代际流动的可视化分析

第一节　研究缘起

我们党和国家领导人多次重要讲话都强调,治贫先治愚,扶贫先扶智,教育是阻断贫困代际传递的治本之策。教育公平是社会公平和进步发展的基石,对于促进社会有序流动、保障社会和谐稳定具有极其重要的意义。因此,教育公平问题也是社会科学领域的热点之一,一直牵动着全社会关注的目光。教育公平表现在多个方面,其中教育代际流动被公认为教育是否公平的重要表现指标之一,即通过受教育程度的视角衡量同一家庭中子代社会地位相对父代地位变动的情况。

近年来,国内研究者已经开展了若干阶段性的研究和开发工作,并在不同层面上取得了一定的有益成果。尽管如此,教育代际流动研究进展的科学梳理分析明显缺乏,鲜有运用知识图谱的方法对其进行文献可视化分析;教育代际流动研究的成效也并不十分显著,无论是深度还是广度,都尚有很大的拓展空间。

有鉴于此,作者在相关项目的支撑下开展教育代际流动的影响机理和演化模型研究,选用中国知识基础设施工程数据库(China National Knowledge Infrastructure,CNKI),利用软件绘制教育代际流动主题词论文的科学知识图谱,从时间分布图谱、空间分布图谱、内容分布图谱等多个视角,分析历年来教育代际流动科学研究的领域结构,探明学科领域的产生发展和前沿趋势。

针对国内教育代际流动领域的研究,期望利用知识图谱可视化分析以更直观的方式揭示我国教育代际流动科学的发展状况,以窥探历年来我国教育代际流动研究现状,为国内科研机构在教育代际流动项目的规划与管理,为国内教育代际流动研究者在科研选题等方面提供全面、切实的学术参考和借鉴。

第二节 教育代际流动的知识图谱及其分析

本书选用的研究工具包括文献题录信息统计分析工具(Statistical Analysis Toolkit for Informetrics,SATI)、科学知识图谱工具 CiteSpace 等。

SATI 是一款免费开源的辅助分析工具,目前最新 Web 版 SATI 4.0(http://sati-cnline.cn/),可分析并展示出期刊题录信息的可视化数据结果,包括一般计量、共现、聚类、社会网络等分析。

CiteSpace 是由美国德雷塞尔大学(Drexel University)学者陈超美开发的一款 Java 版可视化文献分析软件,目前版本是 CiteSpace 5.8.R2(https://citespace.podia.com/),能够以知识图谱的方式刻画文献之间的相关关系,既能形成研究成果的演进历程、梳理历史轨迹,也能显示研究领域的趋势与动向、发掘未来前沿。

以 CNKI 为基础数据源,以“教育代际流动”为主题词进行检索,检索时间为 2022 年 6 月 19 日,全库检索结果获得的全部文献共 350 篇。为保证数据的学术有效性,剔除了报纸等文献库以及部分无关文献,最终文献样本共 309 篇为研究的数据来源。

本章基于以下几个方面开展分析。

研究问题 1:近年来,教育代际流动问题研究呈现出怎样的整体演进趋势?

研究问题 2:教育代际流动问题研究的主体主要来自哪些机构?核心作者群体是哪些?相互间合作状况如何?教育代际流动问题研究的发文主体主要来自哪些期刊?

研究问题 3:教育代际流动问题研究的热点是哪些?形成的知识群分布状况如何?

对上述问题的调研和分析有助于全面剖析教育代际流动研究领域的发展现状和趋势,由比利用可视化软件形成知识图谱及其解译。具体可以分成三个步骤:第一步,时间分布图谱;第二步,空间分布图谱,包括机构分布、期刊分布、作者分布;第三步,内容知识图谱及其分析,包括关键词共现网络图谱、研究前沿关键词时序图谱。

一、时序分布图谱

发文量一定程度上反映了研究的产出成果情况,各年度的发文量变化情况如图 1.1 所示。总体上可以分成三个研究阶段:第一阶段为 2005 年以前,属于教育代际流动问题研究的萌芽期,鲜有教育代际流动研究的相关文献。第二阶段从 2005 年至 2009 年,属于教育代际流动问题研究的发展期,2005 年发文 5 篇,随后发文量缓慢上升,2009 年呈现一个局部高峰,年发文量达到了 16 篇。2010—2021 年,可以视作第三阶段,属于教育代际流动问题研究的持续期,发文量稳步增加,2019 年发文 47 篇,呈现又一次局部峰值,2021 年发文也有 44 篇。因文献录入的迟滞等原因,近年的部分文献存在尚未录入的情况,但从线性回归分析来看,教育代际流动研究总体上表现为持续蓬勃,方兴未艾。

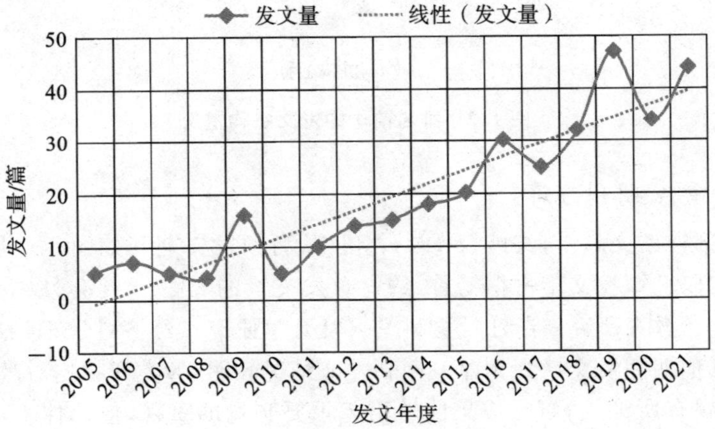

图 1.1　2005—2021 年发文量的变化趋势

二、空间分布图谱

(一)主要机构分布

在全部样本文献中,研究机构总数为 342 个,其中独立机构数 255 个,平均每篇文章约贡献 1.11 个机构,表明教育代际流动领域的研究机构具有一定的合作性,各研究机构在教育代际研究相关主题的发文详细情况如图 1.2 所示。总体上,排名靠前的高产机构除了高等院校,还有科研院所,均为具有相当影响力的机构。在统计时段内,北京大学以 25 篇发文量高居榜首,显示出该校在教育代际流动研究领域的领头羊地位。随后的 9 家研究机构发文量均为 10 篇左右,表明教育代际流动研究在这些机构的关注度高。值得注意的是,东北财经大学、安徽财经大学分别以 13、12 篇发文量位居机构榜前列,说明教育代际流动研究在经济学领域受到较大关注,或者学者更侧重于从社会经济的角度探讨教育代际流动问题。

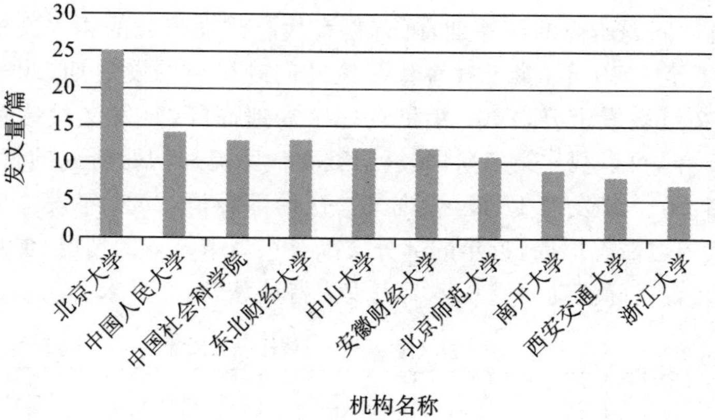

图 1.2 排名前十的发文机构情况

(二)重点期刊分布

在全部样本文献中,共涉及 182 个刊物,高频发文期刊如图 1.3 所示。《教育与经济》以 7 篇发文量占据榜首,约占总发文量的 2%。《社会》以 5 篇发文量位居次席。《教育研究》《浙江社会科学》《社会学研究》《经济科学》等的发文量均为 4 篇,其他期刊发文量为 3 篇。期刊发文情况表明,各类刊物均对教育代际流动研究问题有所涉及,研究成果能够引起重要刊物的重视,但总体上,发文量尚存在增长的空间,若相关刊物可以组织策划专题专辑,无疑能够更快更好地推动这一领域研究的良性发展。

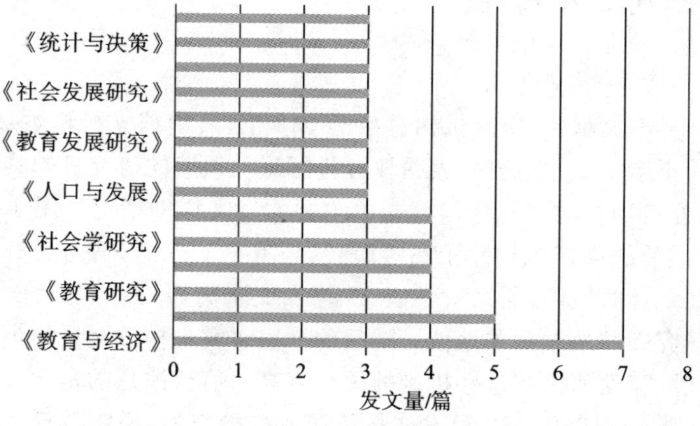

图 1.3 重点期刊发文情况

(三)核心作者分布

在全部样本文献中,作者总数为474人,独立作者数为388人,平均每篇文章有1.53位作者,表明教育代际流动领域的作者具有一定的合作性,但合作程度还不够,作者发文排名的详细情况如图1.4所示。具体而言,郭丛斌(北京大学)以6篇论文位居榜首,表明其在教育代际流动领域的引领作用。进一步查阅文献论证发现,还有两个特点:一是时间早,2005年就已论述了代际效应及教育的作用;二是质量高,多发表在《教育研究》等公认的权威期刊上。汪燕敏(安徽财经大学)、谢佳松(东北财经大学)以5篇论文位居次席,表明从经济和社会的角度研究教育代际流动问题是研究者关注的一个重要方向;张顺(西安交通大学)、王伟同(东北财经大学)、闵维方(北京大学)、韩军辉(太原理工大学)以4篇论文紧随其后。此外,还有10余位作者的发文量为3篇,同样表明该方向的研究作者人群相对较广、关注度较高,但另一方面也说明研究领域尚未形成有足够代表性和影响力的高产作者团队,仍有较大空间开展相关的理论和实践研究。

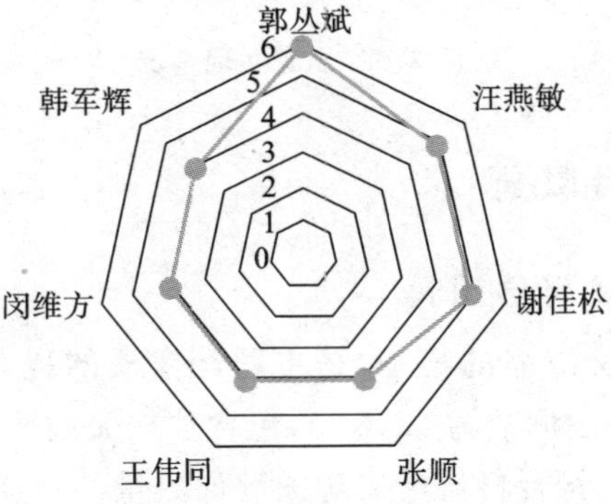

图1.4　核心作者发文量分布

更进一步,利用SATI生成了作者共现情况,节点大小代表了发文的情况,节点呈现越大,表明作者的发文数量越多,节点之间的边代表了作者之间的共现情况,边越粗表明作者共现程度越高。由图1.5所示的作者共现网络图分析发现,总体上,节点比较分散、边比较稀疏,表明作者之间呈现一定程度的局部合作,但节点之间基本没有边关联,表明从全局来看,团队和团队之间,并没有真正意义上的合作。从作者共现网络的角度看,该领域研究者之间还存在很大的合作空间。在高产排行榜单中,北京大学郭丛斌、闵维方为同一个团队,东北财经大学谢佳松、王伟同为同一个团队,表明实际的高产作者团队更少。在高产机构榜单中,中国人民大学、中国社会科学院并未有作者进入高产作者榜单前列,表明这两个机构的研究成员更多,但多为零星之作,没有足够的作者合作。值得关注的是,河北农业大学余子腾、刘聪、卢跃、朱冠宇、段巍巍等人组成的合作团队呈现了花瓣状的共现，表明作者团队的紧密耦合关联关系，同时，该团队侧重于对农民家庭教育流动及其影响因素的关注。

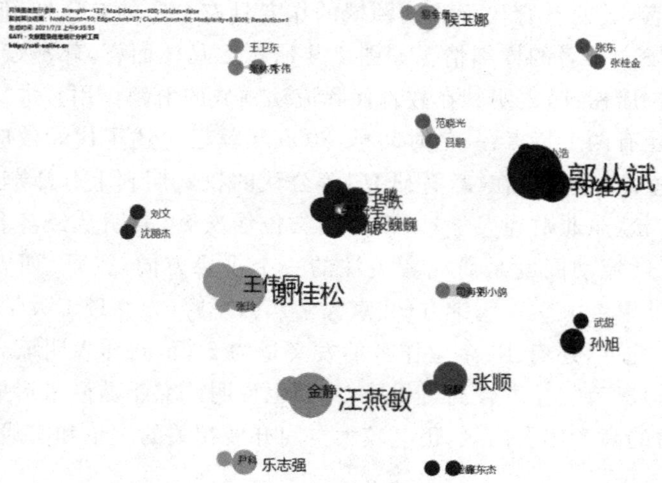

图 1.5　作者共现情况

三、内容知识图谱

（一）关键词共现网络图谱

关键词是科研论文浓缩的精华，是主题和实质的提炼。SATI 统计结果表明，样本文献中的总关键词数为 1248 个，包含独立关键词 652 个，平均每篇文章 4.04 个关键词，总体上符合科研论文对关键词数量的习惯认知。从高频关键词可以看出，代际流动、社会流动、教育、代际收入流动、教育代际流动、社会分层、职业代际流动、代际传递是这些样本文献的热门关键词，也是研究的热点问题。

进一步挖掘关键词共现的深层关联，生成了如表 1.1 所示的关键词相异矩阵，两个关键词的相异性越小，距离就越小，关键词共现的概率也越大，即关键词之间的关联更紧密。表 1.1 的结果表明，除了教育代际流动以外，社会分层、社会流动是相似度较大的关键词，表明了研究主题的侧重点。

表 1.1　关键词相异矩阵

项目	代际流动	社会流动	教育	代际收入流动	教育代际流动	社会分层	职业代际流动	代际传递
代际流动	0.000	0.974	0.941	0.998	0.998	0.960	1.000	0.981
社会流动	0.974	0.000	0.996	1.000	0.998	0.951	0.997	1.000
教育	0.941	0.996	0.000	0.983	1.000	0.997	0.997	1.000

续表

项目	代际流动	社会流动	教育	代际收入流动	教育代际流动	社会分层	职业代际流动	代际传递
代际收入流动	0.998	1.000	0.983	0.000	1.000	1.000	1.000	0.994
教育代际流动	0.998	0.998	1.000	1.000	0.000	1.000	1.000	1.000
社会分层	0.960	0.951	0.997	1.000	1.000	0.000	0.976	1.000
职业代际流动	1.000	0.997	0.997	1.000	1.000	0.976	0.000	1.000
代际传递	0.981	1.000	1.000	0.994	1.000	1.000	1.000	0.000

关键词共现图谱如图 1.6 所示,其中每个节点对应了一个关键词,边代表两个节点所对应的关键词之间的共现关联关系,节点越大表示关键词的作用和影响越大。图 1.6 的结果表明,除代际流动外,其他关键词节点的大小均基本接近,表明关键词的使用频度差距不大,相对比较分散。即便如此,对比图 1.5 的作者合作关系图,从图 1.6 可以看出,节点聚类抱团清晰分明,但又没有孤立的节点群,由此表明,研究主题层次清晰,同时研究主题之间多元交叉,具有较强的耦合关联关系,国内对于教育代际流动的研究具备良性的拓展潜力。

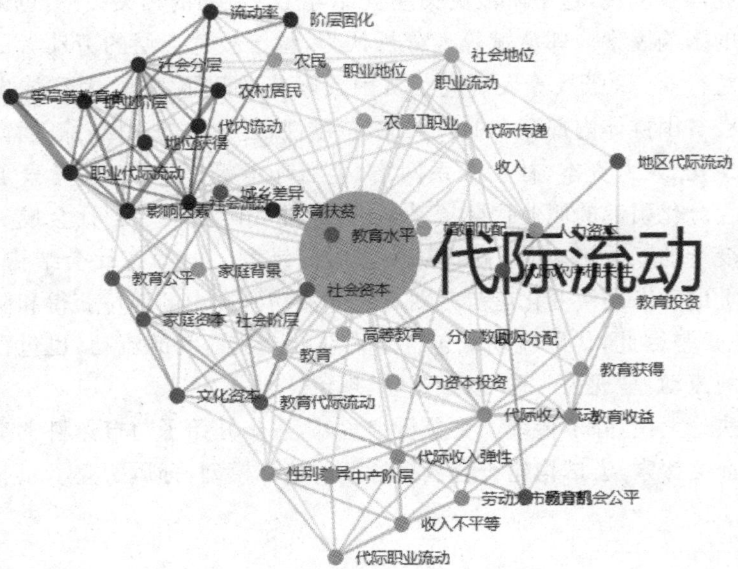

图 1.6　关键词共现图谱

(二)研究前沿关键词时序图谱

在关键词共现分析的基础上,实施聚类分析,生成了关键词聚类时序图谱。

图 1.7 从时间维度展示了教育代际流动研究的热点历史演进与关联关系，从左到右，时间由远及近，从上到下，聚类大小越来越小，总体聚类质量较高。结合时间线和关键词图谱，可以将教育代际流动研究根据关键词聚类为三大类，并将前沿趋势大致划分成三个阶段。

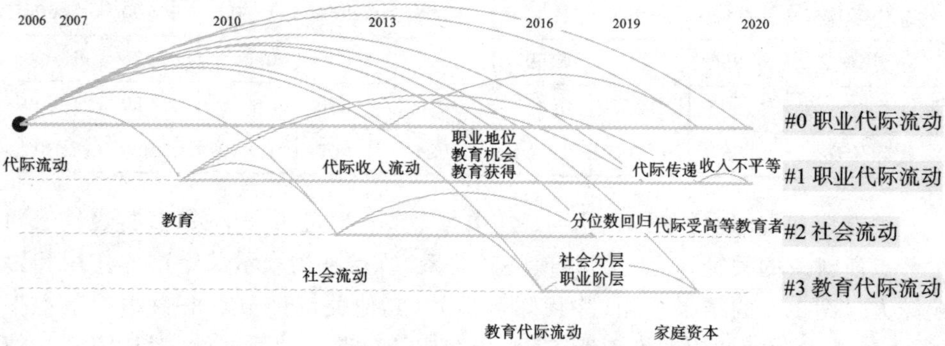

图 1.7　时间线图谱

第一阶段(2010 年以前)：研究主题相对松散，总体上更侧重于职业代际流动，从收入、职业等角度探讨教育机会、教育获得问题。

从研究内容上说，这个阶段更关注教育与社会流动的相关关系，也偏重分析教育获得的影响因素。郭丛斌等人分析认为，位于教育上层的劳动者更容易攀升至高收益行业。① 张兵等人研究了贫困代际传递问题，从贫困群体内部因素探讨贫困在贫困群体内部存在的长期性、持续性、复杂性的原因，除教育以外，还包括贫困文化、人力资本、社会关系网络、生活环境等。② 李晚莲考察了不同时期不同社会分化引起的职业代际流动，认为职业代际流动受到社会成员的地位以及社会变迁的双重影响。③ 高勇认为在时间维度上的静态社会结构背景、在空间维度上的动态同质变化趋势是西方代际流动研究中的地位获得和阶层流动的前提，也正是因此，代际流动既包含了人在社会樊篱间的流动，也包含了樊篱本身位置的流动，呈现为一种"双重流动"现象。④

从方法论上说，除了传统人文分析视角外，逐步开始了与自然科学交叉的统计量化实证类探索，尝试构建符合数据特征的统计模型，孙凤研究了职业代际流

① 郭丛斌，丁小浩. 中国劳动力市场分割中的行业代际效应及教育的作用[J]. 教育研究，2005，26(1)：34-40.

② 张兵. 贫困代际传递理论发展轨迹及其趋向[J]. 理论学刊，2008，170(4)：46-49.

③ 李晚莲. 社会变迁与职业代际流动差异：社会分层的视角[J]. 求索，2010，31(6)：62-64.

④ 高勇. 社会樊篱的流动——对结构变迁背景下代际流动的考察[J]. 社会学研究，2009，24(6)：1-17，243.

动的对数线性 Loglinear 模型[①],韩军辉根据所用数据特点提出了分层线性结构模型[②]。

从数据载体上说,包括自建抽样和公开调查数据。周玉等人利用中国社会科学院的抽样调查数据研究了农村女性代际流动与职业地位获得的文化教育因素问题,并给出了消除城乡差异与性别差异的政策建议。[③] 高勇利用中国社会科学院重点课题"中国社会变迁调查"的数据验证了中国代际流动表现为"流动的樊篱"和"樊篱的流动"双重流动,且后者更甚。[④] 郭丛斌等人利用城镇住户调查的数据,通过继承指数和流动指数等指标分析了劳动力市场分割条件下教育与代际流动的关系。[⑤] 邢春冰利用中国家庭营养健康调查数据(China Health and Nutrition Survey,CHNS)分析了农村就业机会的代际流动趋势。[⑥] 秦广强以中国综合社会调查(Chinese General Social Survey,CGSS)的数据分析了阶层代际流动与居民歧视的相关性,认为应该同时兼顾客观社会结构和主观态度的影响。[⑦]

第二阶段(2011—2015 年):聚焦于社会流动,更多地探讨高等教育有关的主题,采用分位数回归等数理统计的方法剖析社会分层问题。

从研究内容上说,因以教育质量均衡化为目标的高等教育规模扩张,高等教育由"精英"走向"大众",社会底层人群特别是农村学生等实现教育机会均等及其在促进社会分层流动中的作用获得更多关注。王小红研究了农村学生教育代际与社会阶层流动的关系,关注农村学生的地位获得模型以及内心感触,尝试构建社会分层理论体系,提出保障教育机会和就业机会的平等以促进社会代际收入流动。[⑧] 余秀兰从新的"读书无用论"出发,从教育机会、地位获得等影响因素,探讨了教育促进底层升迁的功能。[⑨] 类似地,顾辉从"X 二代"出发,综述分

---

① 孙凤. 职业代际流动的对数线性模型[J]. 统计研究,2006,23(7):61-65.

② 韩军辉. 关于我国居民代际收入流动的研究[J]. 统计与决策,2009,25(10):118-120.

③ 周玉. 教育与农村女性代际流动——以文化再生产理论为分析框架[J]. 福建论坛(人文社会科学版),2006,6(11):139-142.

④ 高勇. 社会樊篱的流动——对结构变迁背景下代际流动的考察[J]. 社会学研究,2009,24(6):1-17,243.

⑤ 郭丛斌,闵维方. 教育与代际流动的关系研究——中国劳动力市场分割的视角[J]. 高等教育研究,2011,32(9):5.

⑥ 邢春冰. 中国农村非农就业机会的代际流动[J]. 经济研究,2006,52(9):103-116.

⑦ 秦广强. 代际流动与外群体歧视——基于 2005 年全国综合社会调查数据的实证分析[J]. 社会,2011,31(4):116-136.

⑧ 王小红. 教育社会分层与农村学生社会流动研究:回溯和展望[J]. 上海教育科研,2012,32(9):28-31.

⑨ 余秀兰. 教育还能促进底层的升迁性社会流动吗[J]. 高等教育研究,2014,35(7):9-15.

析了社会阶层之间的垂直流动、优势阶层和底层的封闭以及社会结构的固化问题。[①] 许长青从经济发展新常态的视角出发,分析了代际收入流动性,认为仍有较大的提升空间,需要进一步推动教育公平。[②] 王学龙从教育体系不平等的视角出发,阐释了精英教育对社会流动性的影响,提出加强早期教育的公平性。[③]

从方法论上说,实证类研究越来越多。林莞娟等利用2005年中国1%人口抽样的调查数据,通过实证分析发现,基础教育显著影响底层人群代际流动水平,父代的教育年限显著影响了子代的教育程度,建议通过教育改革促进代际流动水平。[④] 杨中超利用CGSS的数据,针对特殊时期就业的群体,全面剖析了高等教育扩招政策对于教育代际流动的影响机理。[⑤] 周金燕利用CHNS的数据,分析了学校教育与社会代际流动的相关关系。[⑥]

从数据载体上说,仍以CGSS为主,也有一些新的数据集被使用。例如,邸玉娜利用中国健康与养老追踪调查(China Health and Retirement Longitudinal Study,简称CHARLS)数据,探讨了代际收入流动性及其影响机理。[⑦] 陈纯槿等利用中国家庭追踪调查(China Family Panel Studies,CFPS)2010年和2012年全国住户抽样调查数据,从劳动力市场分割理论的角度,调研代际流动的影响机制。[⑧] 于洪霞等利用中国家庭健康与营养调查数据,分析了社区对于教育代际流动的影响机理。[⑨]

此外,在这个阶段,候玉娜等从理论视角、研究方法与经验发现等方面对教育与代际收入流动关系的文献进行了全面系统分析,形成了理论和实证两个维度的高水平的综述。[⑩] 从理论研究的角度,将代际收入流动过程分为家庭教育投资决策、学校教育过程、劳动力市场回报三个阶段,经济学、社会学文献分别从

---

① 顾辉.近十年来中国社会流动研究的新进展——社会流动视野下的"X二代现象"研究综述[J].学术论坛,2014,37(4):82-89.

② 许长青.新常态下的中国教育公平问题探讨:基于社会流动的视角[J].教育与经济,2016,32(6):8-16.

③ 王学龙,杨文.精英主义教育体系对代际流动的消极影响[J].经济经纬,2016,33(4):115-120.

④ 林莞娟,张戈.教育的代际流动:来自中国学制改革的证据[J].北京师范大学学报(社会科学版),2015,60(2):118-129.

⑤ 杨中超.教育扩招促进了代际流动?[J].社会,2016,36(6):180-208.

⑥ 周金燕.教育是中国社会的"平等器"吗?——基于CHNS数据的实证分析[J].复旦教育论坛,2015,13(2):11-17.

⑦ 邸玉娜.代际流动、教育收益与机会平等——基于微观调查数据的研究[J].经济科学,2014,36(1):65-74.

⑧ 陈纯槿,李实.城镇劳动力市场结构变迁与收入不平等:1989～2009[J].管理世界,2013,29(1):44-55.

⑨ 于洪霞,张森,赵树贤.社区环境与教育代际流动的多水平分析[J].北京大学教育评论,2016,14(1):126-141.

⑩ 候玉娜,易全勇.教育与代际收入流动关系[J].教育学术月刊,2013,30(9):3-32.

自身的学科视角获得了教育对代际收入流动影响作用的研究结论。经济学文献认为教育具有积极促进作用，社会学文献认为教育无法根本改变阶层分化。从实证研究的角度，把已有方法总结为三类，即利用断代法或倍差法评价教育制度和政策对代际收入流动的影响成效；利用中间变量法或代际系数分解法分析不同的教育获得变量与代际收入流动的关联关系；利用数据模型拟合法探究教育与代际收入流动的关联关系。

第三阶段（2016—2021 年）：从 2015 年开始，由教育作为影响因素，逐渐转向针对教育为主的代际流动问题，从表象走向内涵，并更多关注从家庭教育资本的角度进行探索和研究。

从研究内容和方法上说，仍然以实证研究为主，通过数据剖析教育对于阶层代际流动、子女健康、收入分配、主观幸福感等方面的影响机制。张顺等通过对角线参照模型和广义结构方程模型，探明了包含教育程度控制变量在内的代际流动轨迹、分配公平感及其形成机制，认为代际向上流动与上层稳定者分配公平感较高，代际向下流动将导致分配不公平感增强。① 周向伟等从农村家庭的阶层代际流动出发，认为主观代际阶层突围樊篱依然存在，教育与家庭背景显著影响了阶层流动感知效应。② 乐志强从收入代际流动的视角分析了父代收入、子代教育、子代收入之间的关联关系，阐明了教育在代际流动中较高的交互作用。③ 李荣彬实证分析了教育代际流动对子女健康差异的影响机制，教育代际向上流动能够显著促进子女健康水平。④ 陈爱丽等从教育水平、代际变动两个角度分析了教育在不同阶层流动模式中的作用机制，提出通过增强教育机会、优化教育资源分配、加大教育帮扶等手段，不断缩小教育差距。⑤ 李芳芝等从代际次序相关性指标的角度考察不同地区的代际流动状况，实证分析了代际流动对于主观幸福感的影响机理，代际流动能够有条件地提升主观幸福感，但并非直接正向相关。⑥

---

① 张顺，祝毅. 代际流动轨迹与分配公平感——影响机制与实证分析[J]. 社会学评论，2021，9(3)：199-218.

② 周向伟，张天雪. 感知与突围：教育场域中农村家庭的阶层代际流动——基于 CGSS 数据的实证分析[J]. 教育发展研究，2020，40(6)：1-8.

③ 乐志强. 高等教育促进代际流动的作用——基于“读书无用论”现象的思考[J]. 北京社会科学，2018，33(10)：89-99.

④ 李荣彬. 教育代际流动与子女健康差异——基于中国综合社会调查的实证研究[J]. 教育研究，2020，41(3)：116-127.

⑤ 陈爱丽，郑逸芳，许佳贤. 教育能促进社会阶层代际流动吗？——基于中国综合社会调查(CGSS)的经验证据[J]. 教育与经济，2019，35(6)：27-34.

⑥ 李芳芝，张焕明. 代际流动影响主观幸福感吗？——基于 CGSS2015 的经验证据[J]. 统计研究，2021，38(3)：107-121.

随着大学生就业等问题的出现，弱势群体很难直接通过高等教育实现向上层的攀升，专门针对高等教育的代际流动研究也获得了一定的关注。乐志强等从“读书无用论”的观点出发，构建二项 Logistic 回归模型，分别从多个维度分析高等教育对于代际流动的影响。[①] 马莉萍等利用 2017 年全国高校就业调查数据，通过大学生由生源地到院校地再到就业地的流动，实证分析了教育在地区代际流动中的作用机制。[②] 邢芸实证分析了接受高等教育以及扩招前后的代际社会阶层流动、继承和上升概率，倡导发挥高等教育对社会阶层公平流动的均衡效应。[③] 乐志强等通过准入率和成功率的乘积计算高等教育的逆袭指数和继承指数，实证分析了高等教育对于代际流动的作用机制。[④]

此外，研究主题开始从表象逐渐走向内涵，更多关注代际流动的质量。范静波深入分析了家庭资本对教育资源获得的影响，提出发展教育促进代际流动，通过教育公平来实现社会公平。[⑤] 李煜从阶层固化问题出发，阐明了代际社会流动的理论架构，分别从流动的量和质两个角度进行影响机理和模式的分析，提出了从机会少的长程“高铁模式”到机会多的短程“地铁模式”转变趋势。[⑥] 赵红霞等利用 CGSS 2010 数据分析了教育代际流动性的性别差异、户籍差异、地区差异，提出通过城乡教育均衡化增强教育代际流动性。[⑦]

从方法论上说，研究方法的使用从单一走向多元。鉴于传统实证研究测算方法单一的不足，李修彪等利用历次 CGSS 数据，分别计算了转移概率矩阵和代际弹性，以此动态展示了教育代际流动在国际上的中等水平，以及在近年来表现出的缓慢递增趋势。[⑧] 张云武从数理模型公式化的角度探讨了受教育程度与代际流动的关系，提出了模型的理论值，并通过问卷数据对比检验。[⑨] 赵红霞等以

---

① 乐志强，尹科．虎父无犬子吗——教育在代际流动中的作用机制分析[J]．重庆高教研究，2021，9(4)：91-104.

② 马莉萍，刘彦林．大学教育如何促进地区代际流动？——对大学生生源地、院校地和就业地城市级别的实证研究[J]．华东师范大学学报(教育科学版)，2018，36(5)：51-59.

③ 邢芸．基于代际流动的视角：上大学如何改变人们的命运[J]．黑龙江高教研究，2019，37(11)：20-28.

④ 乐志强，尹科．改革开放以来我国高等教育的逆袭效应和继承效应分析[J]．教育与经济，2020，36(6)：59-67.

⑤ 范静波．家庭因素、教育资源获得与性别公平[J]．教育科学，2016，32(2)：1-6.

⑥ 李煜．代际社会流动：分析框架与现实[J]．浙江学刊，2019，57(1)：32-37.

⑦ 赵红霞，高永超．教育公平视角下我国教育代际流动及其影响因素研究[J]．教育研究与实验，2016，35(1)：28-32.

⑧ 李修彪，黄乾．中国教育代际流动程度的测算：基于 CGSS 的实证[J]．统计与决策，2020，36(18)：46-49.

⑨ 张云武．教育水平与代际流动的关系——一项数理社会学的研究[J]．浙江社会科学，2021，40(1)：91-101.

考察不同区域的教育代际流动性为目标，通过转移概率矩阵的方法分析了2013年中国健康与养老追踪调查数据，挖掘了教育代际流动性的地区差异，结果表明，不同区域的教育代际流动性差异并不十分显著，但教育代际向上和向下的流动性存在明显不同。① 徐俊武等从数理统计的角度推导出代际教育流动性指数，分析了不同地区、不同背景、不同阶层的教育代际流动性水平差异。② 王彩勤等采用武汉市的社会调查数据，尝试从空间分析的角度从子代与父代受高等教育的角度，研究教育代际流动的区域差异性。③

从数据载体上说，虽仍以CGSS为主，但也有一些新引入的数据集，从新视角开展研究，总体上研究数据更多交叉化、更加多元化。彭骏等利用2013年中国居民收入调查数据（China Household Income Projects，CHIP），以考察政策对农村地区教育代际流动的相关性为目标，分析了义务教育法和大学扩招两项重要教育政策对农村地区教育代际流动性的影响，提出应降低城乡教育差异，促进教育机会公平。④ 李军等利用CFPS 2014数据，从"学二代"现象出发，实证分析了教育促进代际流动的影响机制。⑤ 刘彦林等利用2015年全国高校毕业生就业调查数据，从体制内单位工作的角度实证分析了教育对职业代际流动的影响机制。⑥ 丁岚等结合利用CGSS及中国劳动力动态调查数据，从高学历人群的角度，实证研究了教育对代际流动性的影响机理。⑦

第三节　研究趋势与思考

针对研究问题1，根据时间分布图谱的结果，目前教育代际流动研究论文总量较多，在数量上整体表现为缓慢递增的趋势，研究主体逐渐从思辨走向可

① 赵红霞，冯晓妮. 我国教育代际流动性及地区差异的比较研究——基于CHARLS 2013数据分析[J]. 中国青年研究，2016，28(8)：54-58.

② 徐俊武，黄珊. 中国代际教育流动性的地区、城乡与阶层差异研究[J]. 统计与决策，2016，32(8)：87-91.

③ 王彩勤，秦昆，卢宾宾，等. 教育及其代际流动的空间分布研究[J]. 地理与地理信息科学，2016，32(6)：57-62.

④ 彭骏，赵西亮. 教育政策能促进农村教育代际流动吗？[J]. 教育与经济，2021，37(5)：20-32.

⑤ 李军，周安华. "学二代"现象普遍存在吗？——基于教育数量和质量的代际流动研究[J]. 教育与经济，2018，34(6)：33-44.

⑥ 刘彦林，马莉萍. 体制内工作的代际传递及机制研究——基于全国高校毕业生就业调查数据[J]. 教育与经济，2018，34(5)：40-47.

⑦ 丁岚，祁杨杨. 高学历人群代际流动性的阶段解析——基于CGSS及CLDS数据[J]. 大学教育科学，2018，36(6)：39-46.

计算。

针对研究问题 2，根据机构分布图谱的结果，目前参与教育代际流动研究的机构很多，以高等院校及科研院所为主体。根据期刊分布图谱显示的结果，目前刊发教育代际流动研究的期刊也较多，总体呈现为点状散发模式，较少期刊针对该主题谋划专刊专辑。根据作者分布图谱显示的结果，教育代际流动研究的作者群体逐年壮大，但是，总体呈现为相对集中，作者团队之间的跨机构、跨学科合作偏少，也缺乏具有足够标志性影响力的领军作者。

针对研究问题 3，根据关键词共现网络图谱显示的结果，职业、收入、社会分层等主题关键词呈现较多，反映了目前教育代际流动研究的侧重点，但是，总体上关键词共现网络结构相对稀疏、耦合度不足。根据研究前沿关键词时序图谱的结果，有关的研究主题层次清晰，但聚集度尚有欠缺，研究的深入度、覆盖面、系统性等还有很大的提升空间。

总体上，国内学者研究了系列宏观的教育代际流动框架和理论，也实现了大量微观的教育代际流动实证分析。尽管如此，教育代际流动研究仍然任重而道远，目前研究集中于人文社会科学，缺乏学科交叉、利用信息化手段的教育代际流动本质深层探索。现有研究以抽样调查统计实证为主，结论难免片面，甚至可能有错误的定性描述，缺乏大规模的定量分析与演化结果，不能完全真实地刻画各种教育代际流动特征。具体来说，已有成果在研究内容、研究方向、研究框架和研究重点上仍存在一些待解决的问题。

一、研究内容上中观机理不清

虽然教育代际流动研究的关注度较高，但是总体文献数量仍然偏少，而且呈现“两头多、中间缺”的趋势。在框架和理论方面，一般仅将教育作为唯一一个因子，分析教育如何影响代际流动，探索教育发展与代际流动性的关系，多以宏观政策建议的质化形式呈现。在实证研究方面，常常关注教育的某一个方面、某一个时段、某一个学龄，用历史数据计算教育代际流动率，多以微观实证结论的量化形式呈现。总体而言，在研究内容上，中观机理不太清晰，缺少质化与量化研究的结合，没有建立质与量的控制闭环。比如，尚未见有人研究，在特定的政策背景下，利用历史数据探讨教育代际流动的相关因素如何影响阶层，提出可能的质化政策建议，并量化预测该政策的合理性，实现从量化到质化，再回到量化；又比如，在特定的历史时期，假设出一个政策理论，通过模拟调控历史数据动态地演绎出新的代际流动结果，并获得一个对现实社会有意义的政策建议，从质化到量化，再回到质化。

二、研究方向上学科交叉不够

现有文献从不同的学科领域取得了一定的进展。例如,邸玉娜从经济学的角度研究认为,教育对促进代际收入流动具有积极意义。[①] 王彩勤从地理空间分析的角度,利用地理加权回归分析的方法探索了教育代际流动的空间分布规律。[②] 张云武从数理模型公式化的角度探讨了教育水平与代际流动的关系。[③] 但是,教育代际流动显然是一个多学科交叉的复杂问题,其研究涉及教育学、经济学、社会学、数理统计、信息技术、地球科学等众多学科,因此,无论从哪个单一的角度研究,都有可能顾此失彼,无法真正全面破译教育代际流动的密码。迫切需要开展跨学科的合作研究,更全面地分析教育代际流动问题。计算社会科学为教育代际流动的未来研究提供了一种可能的框架,这是一个不断涌现的探索性新兴交叉领域,强调采用计算机技术可计算的方法研究社会科学[④]。在利用人类社会不断增强的数据收集和分析能力方面,计算社会科学具备前所未有的广度、深度和规模,为研究者们提供了一个理解复杂社会系统中社会现象、社会行为、社会组织的崭新机会。计算社会科学更为社会科学问题的研究提供了丰富的工具箱,包括自动化信息提取、社会网络分析、地理空间分析等。从发展角度看,不妨将计算社会科学视角下的教育代际流动问题研究简称为可计算的教育代际流动,包括以定性和定量相融合的方法利用计算机辅助分析教育代际流动,建立计算机辅助的教育代际流动计算模型、技术、工具和软件,开展与之有关的教育代际流动大规模社会学互联网实验、大数据采集与分析、从宏观到中观再到微观的计算机行为模拟等,进而创造一套计算社会科学背景下的新型教育代际流动研究体系。期待可计算的教育代际流动研究提供新的理论活力和实践范例,助力该领域的长期稳定可持续发展。

三、研究框架上方法综合不足

现有的文献在方法学上主要从两个方面展开,一方面从宏观上进行政策理论研究,另一方面从微观上进行统计实证研究,在研究框架上表现为显著单一

---

① 邸玉娜.代际流动、教育收益与机会平等——基于微观调查数据的研究[J].经济科学,2014,36(1):65-74.

② 王彩勤,秦昆,卢宾宾,等.教育及其代际流动的空间分布研究[J].地理与地理信息科学,2016,32(6):57-62.

③ 张云武.教育水平与代际流动的关系——一项数理社会学的研究[J].浙江社会科学,2021,40(1):91-101.

④ 韩军徽,李正风.计算社会科学:涵义、特点与前景——对美国计算社会科学专家的访谈[J].科学学研究,2018,36(10):1729-1736.

性，鲜有研究能够将两者结合起来。事实上，对于某个社会阶层特别是具体到某个家庭而言，单纯获得整体意义上的抽象理论建议，其实效和应用价值非常有限。任何一个政策从制定到执行，包括问题界定、构建议程、方案规划、实验实施等复杂的实现过程。此外，政策预期能否有效推进社会阶层有序、健康、可持续流动更是一个复杂的论证过程。同样地，对于某个社会个体而言，单纯获得概率统计意义上的实证结论，其实际价值也微乎其微。每个个体的性别差异、家庭状况、社会环境等都会影响其受教育程度及代际流动的结果，而且，这些影响因素之间又是相互关联、无法割裂的，比如家庭状况不同可能在一定程度上影响到性别差异带来的不同，社会环境受宏观政策不同也会影响到家庭状况带来的不同。真正更需要的是，将理论与实证相结合，透过历史数据的背后，从分析过去转向预测未来，发现各影响因素之间的相关关系，有针对性地构建政策机制，以信息化手段在历史数据的基础上预测政策调控的可行性、有效性，再进一步提供科学、高效的政策建议和实施路径，以此保障研究在方法学上兼具理论性和实践性。

四、研究重点上群体关注不全

目前的文献研究重点仅关注小部分群体，片面强调低阶层是否能够实现向社会上层的流动，多以农业人口、农村农民、欠发达地区等为研究载体，试图从理论和实证角度分析“知识改变命运”“寒门生贵子，白屋出公卿”。事实上，虽然教育促进代际流动是有益的，但是，一方面，并非流动性越高越好，过度流动也不利于社会的稳定和发展，存在一个代际流动平衡的问题；另一方面，高流动性并不能以受教育程度高向受教育程度低转换为代价。因此，现有的文献明显缺乏对城镇人口、发达地区等群体的关注，包括其社会阶层是否存在代际保持危机以及如何实现一定规模的代际保持、是否存在向下层流动的风险以及如何减少大规模的急剧向下流动等。

第二章 教育代际流动的时空耦合分析

第一节　教育代际流动水平概述

“教育是阻断贫困代际传递的重要途径，教育公平是社会公平的重要基础。”作为“教育是否公平”的重要表现指标之一，针对教育代际流动的度量与分析就显得极其重要。所谓教育代际流动，是指同一家庭中子代相对于父代受教育程度的流动情况，即从受教育程度的角度，以父代和子代在总体分布中的地位为比较基点，考察子代相对于父代的地位变化。教育代际流动性是社会进步和发展，特别是教育政策适应性的重要表征。教育代际流动性高，某种程度上代表了子代受教育程度与家庭背景，特别是父代受教育程度弱相关，体现了教育的公平性，也顺应了社会个体的发展需求，子代在相对公平均等的前提下流动。反之，教育代际流动性低，社会阶层相对固化，子代在不均衡的前提下竞争，底层人群无法获得向上流动的通道，社会公平性降低，不利于社会良性可持续发展。因此，提高教育代际向上流动，强化流动机会的公平均衡机制，推动教育公平发展和质量提升，对于促进教育均衡化发展具有不言而喻的重要意义。

目前，教育代际流动的研究从内容主题上大致可以分成教育代际流动性的度量与分析、教育代际流动的影响因素与机制、教育代际流动对代际流动的互动作用机理等三大方面，这里仅回溯与研究密切相关的第一方面。在国外，一些学者通过考察父代与子代学历水平的相关关系及影响程度，分析了教育代际流动性，结果均表明父代的受教育程度与子代的受教育程度显著正向相关[①②③]；Hertz 等人利用收入动态面板调查数据，测算了美国的教育代际流动系数约为 0.46，低于拉丁美洲国家但高于北欧国家[④]；Wang 等从空间的角度，研究了不同县域人口和社会经济特征背景下的教育代际流动性。[⑤] 在国内，教育代际流动的测量与分析主要采用两种思路。一种是借鉴代际弹性模型的方法利用回归模型分析实现。林莞娟等人以考察父代和子代的受教育程度之间的因果效应为目标，采用 2005 年 1% 的人口抽样调查数据，对教育代际流动性进行了实证研究[⑥]，结果表明，学制改革实施后，父代与子代的受教育程度正向强相关，父亲、母亲的受教育年限每增加 1 年，子代的受教育年限分别增加 0.36 年、0.59 年。另一种是借鉴矩阵转换模型的方法利用代际转移概率矩阵实现。这种思路更被广泛使用，因为其同时能够反映代际流动的大小与方向。刘志国等人通过代际转移概率矩阵的方法[⑦]，实证分析了教育代际流动性，结果表明，对于不同学历水平的父代，其子代在代际流动上存在明显不同，低学历父代的子代获得高层次教育的机会少，高学历父代的子代接受低层次教育的可能性低。罗楚亮等人采用 2013 年居民收入调查数据，通过代际转移概率矩阵的 Mostller 标准化方法，实证分析了教育代际的结构流动和循环流动[⑧]。结果表明，随着教育扩展，教育代际流动性有所增强，子代受教育程度向下层流动的可能性降低，向上层流动的机会增加，但这种效应在逐渐下降。彭骏等人以考察政策对农村地区教育代际流动的相关性为目标，采用 2013 年中国家庭收入调查的数据，通过转移概率矩阵方法实证分析了义务教育法和高校扩招后的农村教育代际流动水平[⑨]。结果表明，相关政策实施后，农村家庭的子代相对于父代的受教育程度向上流动性明

---

① María A, Legazpe N. Understanding intergenerational transmission of deprivation in Spain: Education and marital sorting[J]. Research in Social Stratification and Mobility, 2017, 52: 1-14.

② Latif E. Mothers, sons and daughters: intergenerational transmission of education in Canada[J]. International Journal of Social Economics, 2021, 48(4): 571-586.

③ Fiel J E. Great equalizer or great selector? Reconsidering education as a moderator of intergenerational transmissions[J]. Sociology of Education, 2020, 93(4): 353-371.

④ Hertz T, Jayasundera T, Piraino P, et al. The inheritance of educational inequality: international comparisons and fifty-year trends[J]. The B. E. Journal of Economic Analysis & Policy, 2008, 7(2): 1775.

⑤ Wang S X, Sakamoto A. Does where you live matter? An analysis of intergenerational transmission of education among hispanic americans[J]. Frontiers in Sociology, 2021, 6. doi: 10.3389/fsoc.2021.657980.

⑥ 林莞娟，张戈. 教育的代际流动：来自中国学制改革的证据[J]. 北京师范大学学报（社会科学版），2015(2)：118-129.

⑦ 刘志国，范亚静. 教育的代际流动性影响因素分析[J]. 教育科学，2013，29(1)：1-5.

⑧ 罗楚亮，刘晓霞. 教育扩张与教育的代际流动性[J]. 中国社会科学，2018(2)：121-140.

⑨ 彭骏，赵西亮. 教育政策能促进农村教育代际流动吗？——基于中国微观调查数据的实证分析[J]. 教育与经济. 2021，37(5)：20-31.

显提升。此外，综合采用两类思路分别研究，李修彪等人对教育代际流动程度进行了测算，利用历次中国综合社会调查数据，计算转移概率矩阵和代际弹性，并与发达国家及地区的对比，动态展示了中国位列国际中等的流动水平，并在近年来呈现出缓慢递增的趋势。①

从空间上考察教育代际流动性区域差异的研究并不多。赵红霞等人以考察不同区域的教育代际流动性为目标，采用 2013 年中国健康与养老追踪调查数据，通过转移概率矩阵的方法，分析了教育代际流动性的地区差异，结果表明，不同地区的教育代际流动差异并不十分显著，但教育代际具体向上和向下情况存在明显不同。② 徐俊武等人从数理统计的角度推导出代际教育流动性指数，分析了不同地区、不同背景、不同阶层的教育代际流动性水平差异。③ 王彩勤等人采用武汉市的社会调查数据，尝试从空间分析和从子代与父代受高等教育的角度，研究教育代际流动的区域分异规律。④

国内外学者研究了一系列宏观的教育代际流动框架和理论，也实现了大量微观的教育代际流动实证分析。由于多元的技术方法、多样的量化指标和不同的时间节点，教育代际流动研究获得了多种研究结论，并提出了若干有针对性的建议策略。总体上，这些成果提供了良好的前期研究基础。

纵观现有研究成果，特别是与教育代际流动有关的时空演变特征分析，笔者认为目前至少还存在两个方面的拓展研究：一个是研究数据的拓展，在更大的时间跨度内拓展研究视角，通过更大范围的样本数据，在时序维度上展示教育代际流动不同时期演变的总体趋势；另一个是研究方法的拓展，针对不同地理空间区域，通过空间维度的拓展呈现教育代际流动空间迁移的特征分析。为此，本章利用更新的数据，以更细的粒度，从更多的维度，以拓展的研究视角探索教育代际流动性问题，试图揭示教育代际流动的时空耦合特征；利用转移概率矩阵的连续时间片分析，挖掘教育代际流动的时间演绎特征；利用地理空间重心模型生成不同评价指标的经度和纬度值，追踪教育代际流动的空间迁移轨迹。

---

① 李修彪，黄乾. 中国教育代际流动程度的测算：基于 CGSS 的实证[J]. 统计与决策，2020，36(18)：46-49.

② 赵红霞，冯晓妮. 我国教育代际流动性及地区差异的比较研究——基于 CHARLS 2013 数据分析[J]. 中国青年研究，2016(8)：54-58.

③ 徐俊武，黄珊. 中国代际教育流动性的地区、城乡与阶层差异研究[J]. 统计与决策，2016(8)：87-91.

④ 王彩勤，秦昆，卢宾宾，等. 教育及其代际流动的空间分布研究[J]. 地理与地理信息科学，2016，32(6)：57-62，2.

第二节 研究数据与方法

一、数据来源

数据对象来自中国综合社会调查(Chinese General Social Survey,CGSS),是由中国人民大学开展的一项学术调查,从 2003 年开始,连续、全面、系统地收集与社会有关的数据资料,数据量大、涉及范围广,适合用于开展教育代际流动分析。

利用 CGSS 2003、2006、2008、2010、2012、2013、2015、2017 共 8 个年度的调查数据,分别包含 5894、10151、6000、11783、11765、11438、10968、12582 个样本数据。

二、数据清洗

为保证数据足够的相关性和可用性,对数据进行了清洗和预处理,剔除其他、无填答、不回答、不知道、说不清、不适合等各种原因造成的不适宜数据。受教育程度的数据粒度转换方法主要有两种:一种是将受教育程度转换为教育年限,进行量化测算;另一种是将受教育程度转换为多级分类数据,进行流动测算。考虑到前者在不同时期的受教育程度与教育年限的差异性,无法精确量化,这里采用第二种方法实施数据清洗,即将受教育程度的数据粒度划分为 7 个等级类别,包括没有受过任何教育(含私塾、扫盲班等)、小学、初中、高中(含职业高中、普通高中、中专、技校等)、大学专科、大学本科及研究生,其中父代的受教育程度以父母双方的最高程度为准。经过数据清洗后,2003—2017 年中 8 个年度的 CGSS 数据分别保留 5758、7352、5974、11571、11572、11301、10423、12206 个样本。

三、转移概率矩阵

转移概率矩阵是在一定条件下的转移概率构成的矩阵,常用于收入分析等流动性测度.本章采用这种方法度量教育代际流动性,即以子代相对于父代发生教育代际转移的概率作为表征,做出有实际意义的量化解释。

如式(2.1)所示,构建 7 行 7 列的方阵(根据受教育程度的数据粒度划分 7 个等级),反映父代和子代受教育程度所处对应位置的动态变化概率,矩阵中的每个元素都可以一定程度上衡量父代和子代在受教育程度上的流动性大小和方向，总体上可以刻画整个群体的教育代际流动情况。

$$\begin{bmatrix} p_{11} & p_{12} & \cdots & p_{17} \\ p_{21} & p_{22} & \cdots & p_{27} \\ \vdots & \vdots & \vdots & \vdots \\ p_{i1} & p_{i2} & \cdots & p_{ij} \end{bmatrix} \tag{2.1}$$

$i=1,2,\cdots,7;j=1,2,\cdots,7$。

其中 p_{ij} 是一个条件概率，表示父代受教育程度为 i、子代受教育程度为 j 的转移概率，由父代受教育程度为 i 的样本中子代受教育程度为 j 的比重确定，具体计算如式(2.2)所示。

$$p_{ij}=\boldsymbol{P}(\boldsymbol{B}\mid\boldsymbol{A})=\frac{\boldsymbol{P}(\boldsymbol{AB})}{\boldsymbol{P}(\boldsymbol{A})}=\frac{|\text{父代受教育程度为 } i\text{，且子代受教育程度为 } j|}{\text{父代受教育程度为 } i} \tag{2.2}$$

式(2.2)转移概率矩阵既刻画了社会教育代际的流动情况，也从受教育的角度刻画了各个阶层向其他阶层迁移的可能性。一般转移概率矩阵主对角线上的元素，表示子代与父代接受相同教育层次的概率，主对角线上的元素值越大，越难发生受教育程度的变化，教育代际流动性越小。上三角元素值越大，表明受教育程度较低的阶层更可能发生向上攀升，而下三角元素值越大，则表明受教育程度较高的阶层更可能发生向下流动。此外，矩阵的各行元素和为1，其意义是：接受不同教育程度的人数百分比之和为1。极端情况下，当上述矩阵主对角线上的元素值均为1时，可以描述性地解释为代际流动性最低，阶层结构完全固化。理想状态下，上述矩阵的每个元素值均为1/7(14.29%)，即不同父代受教育程度转移到子代受教育程度的概率相同，代际流动性最高，阶层结构完全开放。从转移概率矩阵可以构建以下五种度量指标以刻画教育代际流动情况。

(一)惯性率

$$M_1=\frac{1}{7}\sum_{i=1}^{7}p_{ii} \tag{2.3}$$

惯性率如式(2.3)所示，也称传承系数，是转移概率矩阵主对角线上元素值的平均，可以度量子代受教育程度对于父代受教育程度的保持概率。惯性率越大，受教育程度的保持固化程度越高，代际流动性越低。当对角线上元素均为0时，惯性率为0，所有样本的子代教育与父代教育都完全不同；当对角线上元素均为1(100%)时，惯性率为100%，子代教育与父代教育完全相同，阶层完全固化；理想开放状态下，对角线上元素均为1/7，惯性率为14.29%。一般来说，惯性率大于14.29%时，可以认为其在绝对意义上较高。

（二）亚惯性率

$$M_2 = \frac{1}{7}\sum_{i=1}^{7}\sum_{j=i-1}^{i+1} p_{ij} \tag{2.4}$$

亚惯性率如式(2.4)所示，是转移概率矩阵主对角线及相邻两对角线上的元素总和除以阶数，可以度量子代受教育程度相对于父代受教育程度的大致保持概率，即接受相同教育或上下相邻程度的教育。亚惯性率越大，受教育程度的保持稳定度越高，代际流动性越低。理想开放状态下，亚惯性率为38.78%，大于该值时，亚惯性率可以认为其在绝对意义上较高。

（三）向上流动率

$$M_3 = \frac{1}{7}\sum_{i=1}^{7}\sum_{j=i+1}^{7} p_{ij} \tag{2.5}$$

向上流动率如式(2.5)所示，是转移概率矩阵上三角上的元素总和除以阶数，可以衡量子代比父代接受更高程度教育的机会。向上流动率越大，子代接受更高教育程度的机会越大，代际向上的流动性越高。理想开放状态下，向上流动率为42.86%，大于该值，有利于子代受教育程度向上流动。

（四）向下流动率

$$M_4 = \frac{1}{7}\sum_{i=1}^{7}\sum_{j=1}^{i-1} p_{ij} \tag{2.6}$$

向下流动率如式(2.6)所示，是转移概率矩阵下三角上的元素总和除以阶数，可以衡量子代比父代接受更低程度教育的机会。向下流动率越大，子代更大可能接受比父代低的教育程度，代际向下的流动性越高。理想开放状态下，向下流动率也为42.86%，大于该值，一般认为子代受教育程度更易向下流动。

（五）平均加权阶差

$$M_5 = \frac{1}{42}\sum_{i=1}^{7}\sum_{j=1}^{7} |i-j|\, p_{ij} \tag{2.7}$$

平均加权阶差，如式(2.7)所示，也称平均流动距离，是转移概率矩阵中子代与父代受教育程度的平均距离，可以衡量子代跨阶层接受更高程度教育的机会，平均加权阶差越大，越有可能发生长程流动，代际流动性越高。理想开放状态下，平均加权阶差为38.09%，高于该值，可以认为更有利于发生长程流动。

四、空间重心模型

利用空间重心模型分析各地在教育代际流动方面的差异，以采访地省份为划分标准，如式(2.8)所示，计算惯性率、亚惯性率、向上流动率、向下流动率、平均加权阶差等量化指标的地理重心，挖掘教育代际流动在空间重心变化轨迹上的分布规律。

$$X_t = \frac{\sum_{k=1}^{K} M_k^t x_k}{\sum_{k=1}^{K} M_k^t}$$

$$Y_t = \frac{\sum_{k=1}^{K} M_k^t y_k}{\sum_{k=1}^{K} M_k^t} \tag{2.8}$$

其中 K 代表空间单元数量，以采访地点省份为基准，对 CGSS 数据 K 一般取值为 28；M_k^t 为第 k 个空间单元的第 t 个量化指标的得分值；x_k 和 y_k 分别为第 k 个空间单元的地理坐标经度值、纬度值；X_t 和 Y_t 分别为第 t 个量化指标的经度加权、纬度加权结果，(X_t,Y_t) 为第 t 个量化指标的地理重心。

第三节　实证结果与分析

一、时序演绎特征

根据上文的方法，利用 CGSS 数据构建了 2003—2017 年中 8 个年度的教育代际流动转移概率矩阵，父代和子代的受教育程度分别划分为 7 个级别，对应关系如图 2.1 所示，需要特别指出的是，为了数据呈现方便，相应值均为百分比，即单位为％，以下不再赘述。

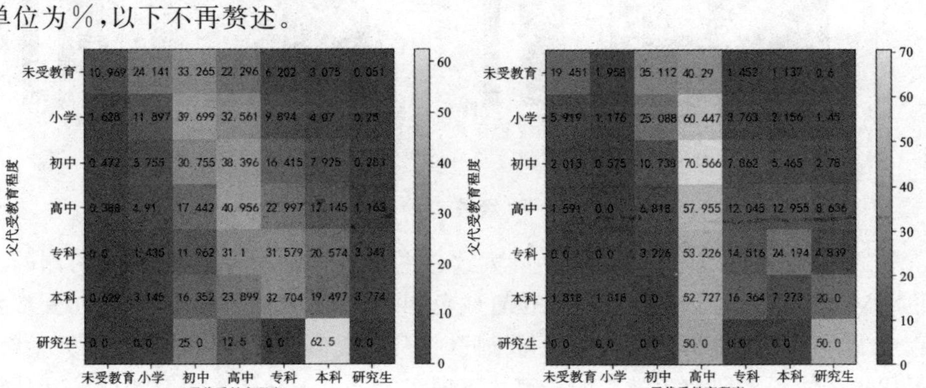

(a) 2003年　　(b) 2006年

图 2.1　代际受教育程度的概率转换矩阵

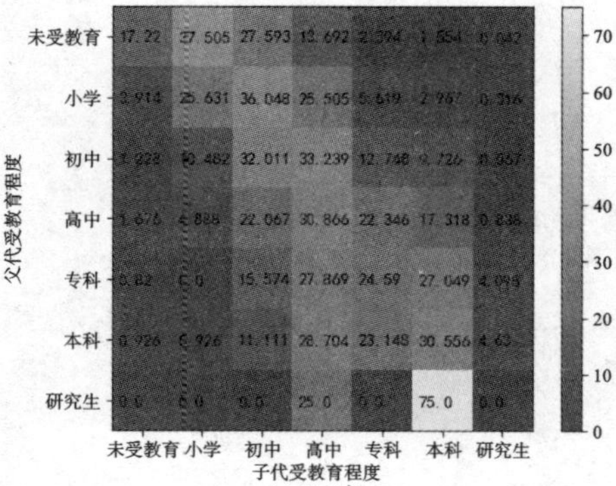

(c) 2008年

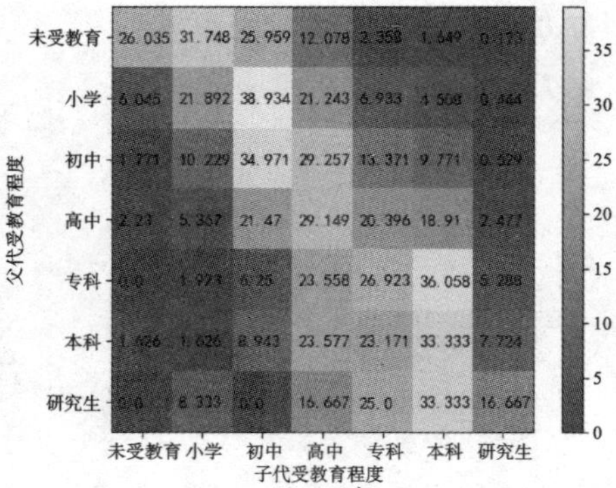

(d) 2010年

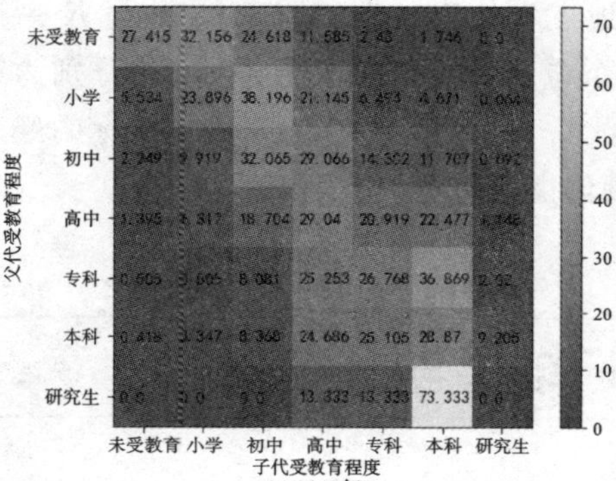

(e) 2012年

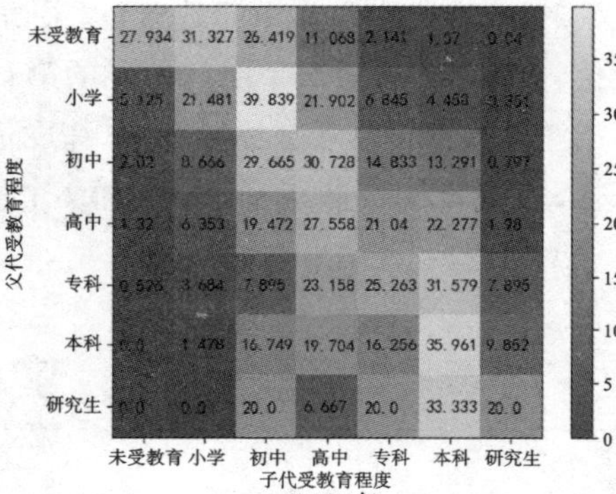

(f) 2013年

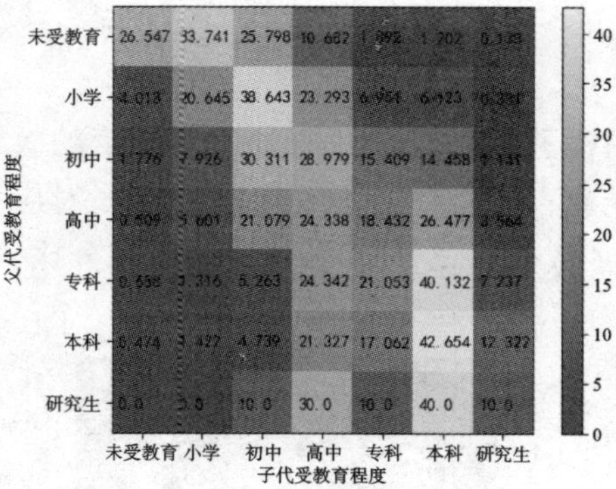

(g) 2015年

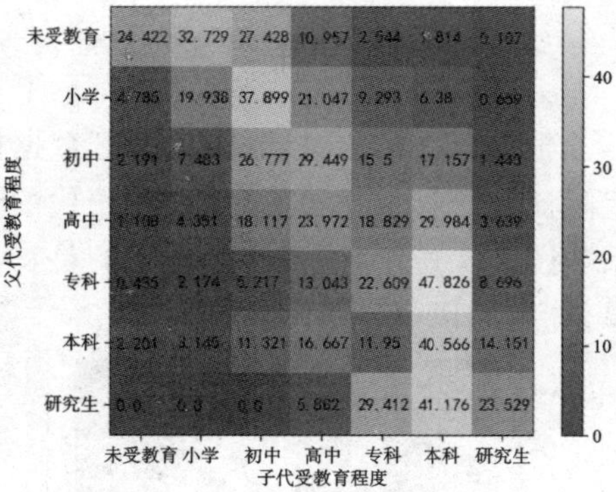

(h) 2017年

续图 2.1

通过观察图 2.1 可知，8 个矩阵大致在主对角线上，或者主对角线两侧的颜色相对较浅、数据值较大，在其他位置颜色相对较深、数据值较小，表明在受教育程度上存在一定意义上的代际保持。同时，父代受教育程度为本科及研究生时，子代接受本科及研究生教育的概率均不同程度上大于父代受教育程度的其他情形，从图 2.1 看，最后两行数据的最后两列数值和绝大多数都大于其他行的同样数据，即父代的受教育程度明显正向影响了子代的受教育程度。

进一步深入分析，2006 年调查数据的整体呈现与其他年度略有区别，子代受教育程度为高中的数据在数值上明显高于其他情况，这显然与该时期教育政策的作用有关。

在不同时期，转移概率数据反映某个群体存在相对意义上的流动封闭，例如，2003 年、2008 年父代为研究生、子代为本科的概率为 62.5%、75.0%；2012 年父代为研究生、子代为本科的概率为 73.3%。部分时期这种流动封闭性表现为相对减弱，2015 年父代为本科、子代为本科的概率为 42.7%，2017 年父代为专科、子代为本科的概率分别为 47.8%，均未超过 50%。此外，2010 年、2013 年的数据样本反映出的代际转移概率相对均衡，没有超过 40%的元素值。

考察底层不流动率，父代和子代均为未受教育的概率在 2003—2017 年中统计的 8 个年度依次为 10.969%、19.451%、17.22%、26.035%、27.415%、27.934%、26.547%、24.422%，从 2013 年起呈递减趋势，表明当父代未受教育时，子代为未受教育的概率相对较低，父代位于底层的子代教育流动性获得了一定的改善。父代为未受教育时，子代接受小学及以下教育依次为 35.110%、21.409%、54.725%、59.261%、57.783%、60.288%、59.571%、57.221%。可以看出教育底层的不流动性相对明显，可改进空间较大。

考察顶层不流动率，父代和子代均接受研究生教育 2003、2006、2008、2010、2012、2013、2015、2017 年依次为 0%、50%、0%、16.667%、0%、20%、10%、23.529%，与底层不流动性相比，表现出父代接受研究生教育的，子代也接受研究生教育的概率并不高，即顶层绝对不流动率不高。父代和子代均接受本科以上教育的依次为 85.771%、77.273%、110.186%、91.057%、111.408%、99.146%、104.976%、119.422%，可以看出顶层相对不流动率极高，同时，从 2013 年起呈递增趋势，父代位于顶层的子代教育流动性逐步减弱。

时序分析结果表明，教育代际流动有效维持了整体教育素质，受教育程度整体向上发展，子代比父代普遍接受了更好的教育。

表 2.1 和表 2.2 分别列出了父代和子代受教育程度的边缘概率分布，2003—2017 年中统计的 8 个年度受访对象的父代未受教育比率较高，一般在 45%左右，接受中学(初中、高中)教育的概率仅约为 10%；子代受教育程度以中学为主，平均占比约为 50%，未受教育的概率为 10%左右。对比可以发现，总体上，子代受教育程度明显高于父代。这种趋势进一步反映了教育代际流动的整体性时序规律，伴随着义务教育均衡发展、高等教育扩招等政策，子代具有更大的机会接受更高层次的学历教育。

按时间维度，2010 年后，父代接受本科以上教育的机会显著增多。类似地，子代接受本科以上教育的机会表现为同样的趋势，教育整体上明显呈现为向上流动，随着父代受教育程度的提高，子代受教育程度也在提高，两者之间体现了正向相关性。

与转移概率矩阵类似，2006 年子代接受高中教育的边缘概率为 52.9%、研究生程度为所有年度中最大(1.9%)，但本科仅为 3.1%。2017 年子代接受本科教育的边缘概率为 10.1%，本科以上达到 11.5%，为所有年度最高。表 2.1 表明，随着时间的推移，子代受教育程度更高的概率越来越大。

表 2.1　2003—2017 年子代受教育程度边缘概率分布(%)

年度	未受教育	小学	初中	高中	专科	本科	研究生
2003	4.3	13.3	31.2	31.0	13.0	6.6	0.5
2006	10.9	1.4	25.9	52.9	4.0	3.1	1.9
2008	8.4	24.2	29.4	22.9	8.3	6.4	0.5
2010	13.8	22.0	29.4	19.2	8.0	6.7	0.8
2012	13.9	22.7	28.1	19.1	8.2	7.5	0.5
2013	14.0	21.4	29.1	19.2	8.1	7.4	0.8
2015	14.2	23.0	28.3	18.1	7.3	8.2	1.0
2017	12.9	21.5	28.0	17.7	8.5	10.1	1.4

表 2.2　2003—2017 年父代受教育程度边缘概率分布(%)

年度	未受教育	小学	初中	高中	专科	本科	研究生
2003	33.9	27.7	18.4	13.4	3.6	2.8	0.1
2006	43.3	34.8	14.2	6.0	0.8	0.8	0.0
2008	39.9	26.5	17.7	12.0	2.0	1.8	0.1
2010	45.1	25.3	15.1	10.5	1.8	2.1	0.1
2012	43.6	27.0	15.0	10.5	1.7	2.1	0.1
2013	43.8	25.2	16.6	10.7	1.7	1.8	0.1
2015	48.7	23.2	15.1	9.4	1.5	2.0	0.1
2017	46.1	23.6	15.3	10.4	1.9	2.6	0.1

为了分析不同时期的教育代际流动率等指数变化情况，根据 2003—2017 年中 8 个年度教育代际流动的转移概率矩阵，分别计算了惯性率、亚惯性率、向上流动率、向下流动率、平均加权阶差，统计结果如图 2.2 所示。惯性率是父代与子代受教育程度一致性的概率，总体上，从 2003 年到 2017 年，惯性率表现为缓慢增加的趋势，教育代际的绝对流动性减弱。亚惯性率也近似刻画了父代与子代受教育程度的一致性，亚惯性率基本维持稳定，历年平均为 65%左右，但呈现出缓慢减少的趋势，从这个意义上说，教育代际相对流动性又有一定的增强。从 2008 年开始，向上流动率表现为逐年增加的趋势，表明教育代际整体向上流动。对比而言，向下流动率与向上流动率的演化并不完全一致，向下流动率整体波动

性较大，2006 年，向下流动率达到了最大值，2012 年向下流动率达到了最小值。

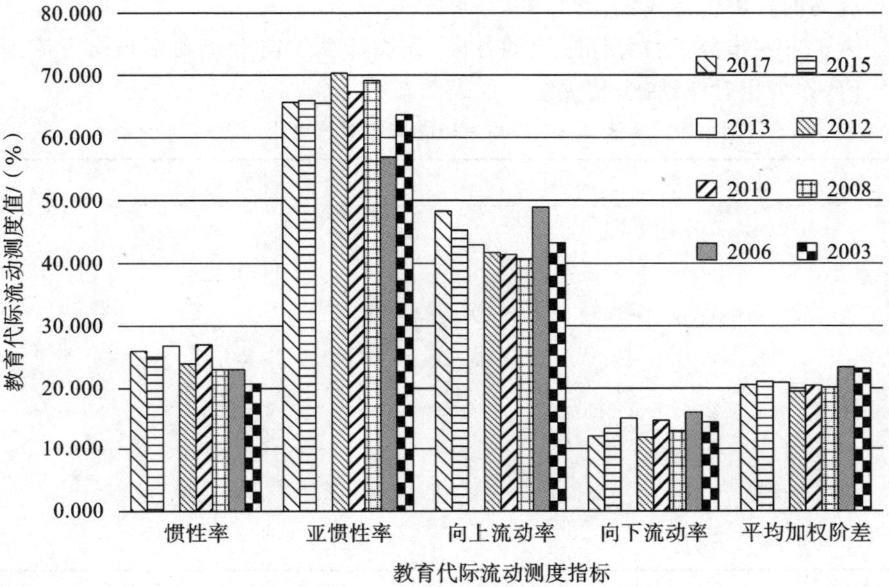

图 2.2　教育代际流动性指标统计图

更进一步，从 2003 年至 2017 年统计的 8 个年度的惯性率 20.81%、23.01%、22.98%、26.99%、24.01%、26.84%、25.08%、25.97%可以看出，历次的惯性率均远高于理想情况下的 14.29%，一直维持在 20%以上，且随着年份的推进呈不稳定状，表明教育代际的整体流动性依然不足，并没有被绝对改善的趋势。类似地，从 2003 年至 2017 年中 8 个年度的亚惯性率 63.76%、56.83%、69.16%、67.27%、70.33%、65.46%、66.03%、65.61%也可以看出，历次的亚惯性率也都远远大于理想情况下的 38.78%，且呈现出不规则的波动，并没有逐年减少的趋势，表明教育代际的整体相对流动性仍然偏弱。历次的向上流动率分别为 43.21%、48.97%、40.82%、41.41%、41.65%、42.82%、45.28%、48.21%，均接近或高于理想值 42.86%，表明向上流动性较强，子代接受更高教育的机会比父代更大。历次的向下流动率分别为 14.38%、16.17%、12.97%、14.75%、11.79%、15.19%、13.29%、12.01%，远小于理想值 42.86%，表明向下流动性较弱，近年来的样本数据反映出向下流动率呈现递减的趋势，表明随着整体教育素质的逐步提升，子代比父代更有可能接受较好的教育，向下流动的概率降低。历次的平均加权阶差分别为 23.08%、23.40%、20.15%、20.38%、19.62%、20.92%、21.03%、20.54%，远小于理想值 50%，相比较而言，在早期更容易发生长程流动，2012 年的平均加权阶差最小，说明发生短程流动的机会更大，底层或中下层只能向中层流动，总体时序趋势表明，教育代际流动的距离还不够大，接受较高教育阶层与较低教育阶层的直接流动机会较少，即底层向上跨界流动的阻力仍然较大。

为了进一步分析教育代际流动方向，我们计算了向上流动率与向下流动率的比值，作为相对流动比，相关结果如表 2.3 所示。

表 2.3　2003—2017 年相对流动比

年度	相对流动比
2003	3.004
2006	3.028
2008	3.146
2010	2.806
2012	3.532
2013	2.817
2015	3.405
2017	4.013

从表 2.3 可以看出，历次的相对流动比均大于 1，表明教育代际的整体向上流动，与父代相比，子代受教育程度均具有一定意义上的增强，子代更容易享受高层次的教育，教育获得的公平性绝对增长。但是，根据前述惯性率、亚惯性率、平均加权阶差等因素综合对比发现，从教育质量来看，子代并未严格实现较好的流动，教育获得的相对公平似乎并未有实质性改变。教育代际整体向上流动，但惯性率、亚惯性率较高，阶层相对固化，平均加权阶差较小，很难实现跨阶层流动，也就是说，当父代的受教育程度极高时，子代受教育程度不易进入极低的阶层，类似地，当父代的受教育程度较低时，子代很难获得极高程度的教育。“学二代”等优势阶层积累了丰富的教育资源，导致其子代更容易接受更高层次的教育，教育代际传承作用明显，教育代际流动性没有显著改善，由此产生的社会阶层甚至有一定程度的固化风险。尽管如此，从相对流动比可以看出，随着社会的发展和政策的演进，受教育程度向上流动率提高或向下流动率降低，2017 年的数据尤为明显，达到 4.013，为历年最高，整体受教育程度明显提升，接受教育总体呈现向上层优化的趋势，教育代际流动性有了一定的改善。

二、空间重心特征

为了分析不同地区的教育代际流动率等指数变化情况，我们考察了随着时间的指数重心演化轨迹。以采访地所在省份为划分标准，根据前述公式依次计算惯性率、亚惯性率、向上流动率、向下流动率、平均加权流动距离（阶差）等量化指标的空间坐标，如图 2.3 所示，绘制了教育代际流动在空间重心变化轨迹上的分布散点图。需要特别指出的是，任何影响教育代际流动性的机制、机理都是极其复杂的，同时也为避免引起争议和不正当引用，本书无意对比各地之间的教育代际流动情况，仅从采访地的人口样本受教育程度客观展示、挖掘教育代际流动相关指标的地理重心，刻画教育代际流动在空间上的迁移特征，其深层次的原因不纳入本书范畴。

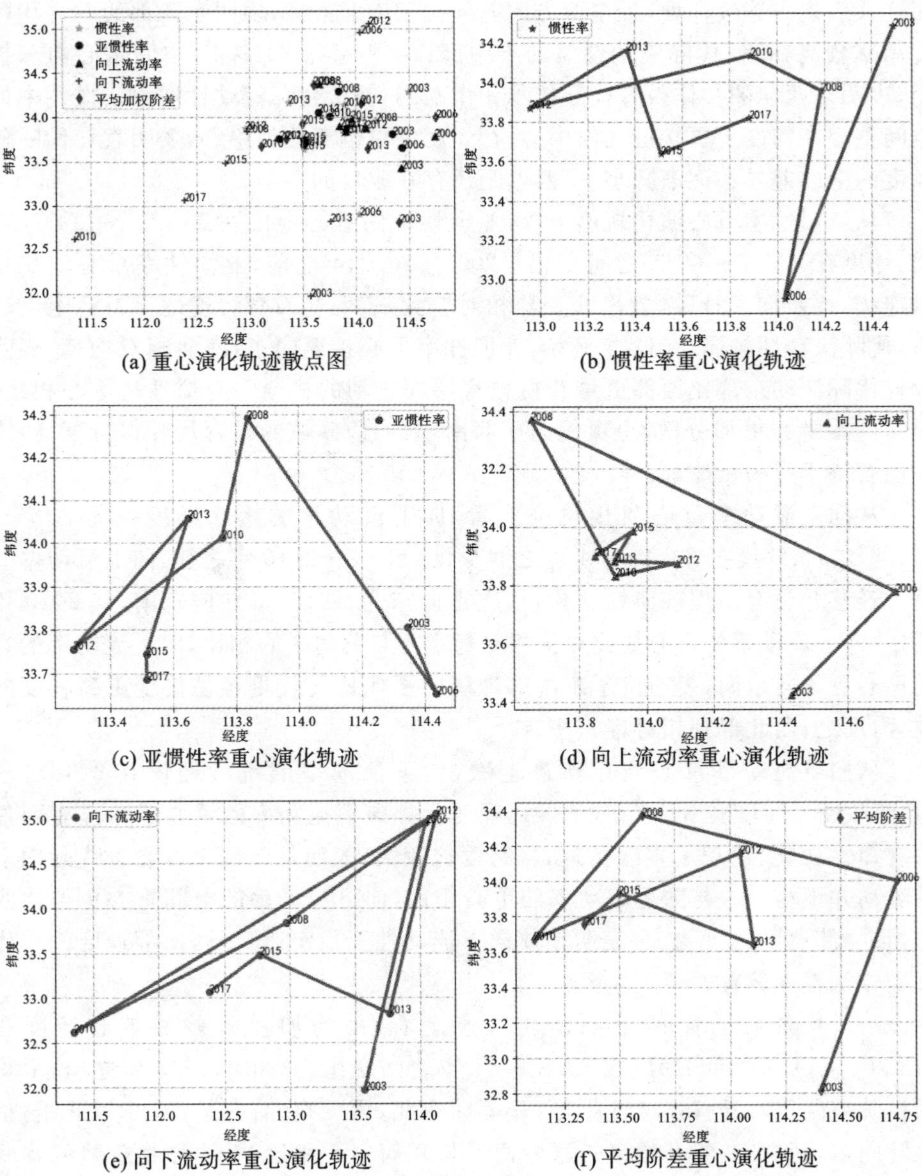

(a) 重心演化轨迹散点图　(b) 惯性率重心演化轨迹

(c) 亚惯性率重心演化轨迹　(d) 向上流动率重心演化轨迹

(e) 向下流动率重心演化轨迹　(f) 平均阶差重心演化轨迹

图 2.3　重心演化轨迹

从图 2.3 可以看出，相关的指标重心经度在 111.5°～114.8°之间、纬度在 32.0°～35.5°之间变动，与陆地地理几何中心（约东经 103°、北纬 36°）存在明显差异，且整体偏向东南，表现为不均衡的趋势。

从惯性率重心演化轨迹上看，惯性率的重心经度在 112.8°～114.5°之间、纬度在 32.8°～34.4°之间变化。2003 年到 2006 年，重心向西南移动，表明从教育代际传承作用的角度，西部总体高于东部、南部高于北部；2006 年到 2012 年，空间迁移表现为连续向西，且东西方向差异大于南北方向，表明东西部的教育代际传承率较高，教育代际流动性略弱于中部；2012 年到 2017 年，空间重心向东折返，表明东西向的整体教育代际传承作用减弱，教育代际流动性增强。惯性率的空间重心在纬度上更接近几何中心，在经度上更偏离几何中心，表明教育代际传承度的南北差异在逐渐减小、东西差距还存在改良的空间。

从亚惯性率重心演化轨迹上看，亚惯性率的重心经度在 113.2°～114.5°之间、纬度在 33.6°～34.3°之间变化。2003—2012 年之前，亚惯性率重心变化相对连续，逐步向西迁移，且南北差异相对较大，表明受教育程度的保持稳定度较高，代际流动性较弱；2012 年开始，亚惯性率重心折返向东，南北相对均衡，表明教育代际流动东部比西部更难获得教育层次流动的机会。与惯性率重心相比，亚惯性率重心更加分散，也更偏向于西南，表明该区域的教育代际保持度高，流动性有待于进一步改善。

从向上流动率重心演化轨迹上看，向上流动率的重心经度在 113.6°～114.8°之间、纬度在 33.4°～34.4°之间变化。2003—2010 年之前，向上流动率的重心迁移并没有出现规律性变化，依次走向东北、西北，又转向东南；从 2010 年开始，向上流动率的重心变化逐渐相对稳定。与几何中心相比，向上流动率的空间重心更偏向东南，表明位于东南部地区的子代比父代更容易接受更高程度的教育，反之，西北部则相对难一些。

从向下流动率重心演化轨迹上看，向下流动率的重心经度在 111.0°～114.5°之间、纬度在 32.0°～35.0°之间变化。向下流动率的重心迁移没有明显的规律性变化，出现了多次折返，且跨度比较大，表明从空间上看教育代际向下的流动并不均衡。与向上流动率的重心相比，向下流动率的空间重心更偏向西南，且经纬度的跨度更大，表明整体向下流动性不稳定，位于西南部地区的子代接受较低程度教育的可能性更大。

从平均加权阶差的重心演化轨迹上看，平均加权阶差的重心经度在 113.0°～114.7°之间、纬度在 32.8°～34.4°之间变化。2003—2010 年之前，平均加权阶差的重心迁移连续性不足，先偏向东北，再一直向西；从 2010 年开始，折返转向东，从 2013 年开始又折返向西。与几何中心相比，平均加权阶差的空间重心在经度、纬度上的偏离跨度基本接近，且偏向西部，表明从教育代际的整体跨阶层流动性来看，东西方向与南北方向的表现相对均衡，但总体上，因群体受教育程度的结构性原因，位于西部的子代比父代更有可能接受跨阶层的教育。

总体来看，惯性率、亚惯性率、向上流动率、向下流动率、平均加权流动距离等量化指标的空间重心都偏离地理几何中心，且偏向东南部，其中亚惯性率的重心偏离程度更大，此外，各大空间重心的耦合度相对较高，同向指标的空间距离呈减小的趋势，但空间重心迁移的方向不太相同，表明各地区的教育代际流动性存在一定的差异。

三、混合截面特征

为了进一步增加样本量，从全局层面观测教育代际流动的情况，本章使用了CGSS 2003、2006、2008、2010、2012、2013、2015、2017 共 8 个年度的混合截面调查数据，进行教育代际流动性的分析。根据相关数据，计算了对应的转移概率矩阵，如表 2.4 所示。

表 2.4　教育代际流动的转移概率矩阵（混合截面数据）

项目		子代受教育程度						
		未受教育	小学	初中	高中	专科	本科	研究生
父代受教育程度	未受教育	24.198	29.357	27.459	14.840	2.446	1.566	0.135
	小学	4.866	18.559	36.823	27.804	6.922	4.535	0.492
	初中	1.804	7.992	29.077	34.213	14.071	11.833	1.010
	高中	1.292	5.142	18.969	30.391	20.043	21.578	2.584
	专科	0.365	1.605	8.023	24.945	25.237	34.282	5.543
	本科	1.040	2.274	10.396	22.937	20.143	33.203	10.006
	研究生	0.000	1.205	7.229	14.458	16.867	46.988	13.253

从表 2.4 上看，在父代未受教育的情况下，子代初中以下的可能性基本相当；在父代受教育程度为小学时，子代受教育程度更有可能是初中或高中；父代受教育程度为初中时，子代受教育程度更有可能是初中或高中，且高中的概率略大；在父代受教育程度为高中时，子代受教育程度更有可能是高中，且本科的可能性从 10%以下提升两倍，约为 20%；随着父代受教育程度的继续提升，子代受教育程度为本科以上的概率越来越大；在父代受教育程度为研究生时，子代受教育程度本科的概率最大，接近 50%。

更进一步，从地区的角度分析不同指标评价下教育代际流动的水平。如表 2.5 所示，分别列出了总体和东部地区、中部地区、西部地区、东北地区的指标评价值。从数据上看，东部地区整体优势显著，东部地区的惯性率、亚惯性率、向下流动率低于总体平均水平,向上流动率、平均加权阶差高于总体平均水平;与此相比,西部地区的整体差距较大,西部地区的惯性率、亚惯性率、向下流动率高于总体平均水平,向上流动率、平均加权阶差低于总体平均水平。具体结果如下。

表 2.5 不同地区教育代际流动的不同指标评价(混合截面数据)

项目	惯性率	亚惯性率	向上流动率	向下流动率	平均加权阶差
总体	24.846	66.078	43.934	13.519	20.872
东部地区	23.103	62.881	50.342	11.111	22.052
中部地区	25.581	66.883	38.622	16.191	20.401
西部地区	26.872	66.603	38.394	18.212	19.623
东北地区	27.183	70.234	41.831	10.892	19.384

(1)东部地区的惯性率、亚惯性率、向上流动率、平均加权阶差均为位于所有区域中的最佳水平,向下流动率位于所有区域中的次优水平,仅次于东北地区,表明其教育代际流动性较好,父代与子代的受教育程度以递次上升为主、跨次上升为辅。

(2)中部地区的惯性率较低、亚惯性率较高、向上流动率较低、向下流动率较高、平均加权阶差较大,表明其教育代际流动性尚可,但父代与子代的受教育程度以跨次下降为主。

(3)西部地区的惯性率较高、亚惯性率较低、向上流动率极低、向下流动率极高、平均加权阶差较小,表明其教育代际流动性不强,父代与子代的受教育程度以递次下降为主。

(4)东北地区的惯性率极高、亚惯性率极高、向上流动率较高、向下流动率极低、平均加权阶差极小,表明其教育代际流动性不强,父代与子代的受教育程度以递次上升为主。

第四节 研究结论与讨论

前文以 CGSS 2003—2017 年中 8 个年度的样本数据,分别利用转移概率矩阵、空间重心模型,耦合分析了教育代际流动的时空特征,包括惯性率、亚惯性率、向上流动率、向下流动率、平均加权阶差等指标的时序特征演化和空间重心轨迹。

时序特征演化分析结果表明:一是教育代际的向上流动率较高,向下流动率较低,相对流动比大于 1,教育代际整体向上流动,受教育程度向上发展,子代受教育程度相对父代受教育程度逐年提高，有效维持了整体教育素质和质量；二是惯性率、亚惯性率呈现波动，且仍然较高，虽然教育代际流动性在一定程度上有所改善，但教育代际传承作用很明显，教育代际流动性没有显著改善，流动性仍然偏弱，阶层固化的可能性较大；三是平均加权阶差较小，教育代际流动的距离还不够大，发生短程流动的机会更大，接受较高教育阶层与较低教育阶层的直接流动机会较少，底层向上跨阶层流动的阻力较大。

空间重心迁移分析结果表明：一是量化指标的空间重心偏移地理几何中心，且偏向东南部。二是各个指标的空间重心具有一定的耦合性，同向指标的空间距离呈减小的趋势，但空间重心迁移的方向不太相同，不同区域的教育代际流动差异较大。惯性率的空间重心迁移表明教育代际传承度的南北区域差异在逐渐减小、东西区域差距基本没有改变。亚惯性率重心更分散且偏向西南，表明西南区域的教育代际保持度高，流动性有待进一步改善。向上流动率的空间重心偏东南，位于东南部地区的子代比父代更容易接受更高程度的教育。向下流动率的空间重心偏西南且经纬度跨度大，整体向下流动性不稳定，位于西南部地区的子代接受较低程度教育的可能性更大。平均加权阶差的空间重心偏西，东西方向与南北方向的流动距离表现相对均衡，但总体上，位于西部的子代比父代更有可能接受跨阶层的教育。三是从整体迁移轨迹看，空间重心迁移分析耦合了时序特征演化分析结果，两者吻合度高。

本研究的局限性在于，首先，仅选用了 CGSS 调查数据，不同时期的数据很难完全同构，在一定程度上可能会影响时序特征演化分析的结果；其次，在空间重心迁移分析上，仅以采访地为基准考察空间重心，难免存在结果偏差。但总体上，考虑到样本数量较大，上述局限性对研究结果的影响较小。

教育代际流动是教育公平的重要表现，既是底层完成社会阶层向上流动的重要途径，也是顶层实现社会阶层地位传承的关键渠道，是社会不同阶层博弈竞争的必然体现，对于实现“公平而有质量的教育”具有非常深远的意义。因此，针对上述研究结论，特提出以下供讨论的政策启示。

第一，建立健全教育代际流动的实时评价和预警机制，逐步缩小教育代际传承的累积效应带来的社会阶层差异。代际流动性是影响教育和社会公平的重要度量指标。在信息技术和人工智能迅猛发展的新时代背景下，人工智能和教育大数据平台为教育代际流动的实时评价与预警提供了可能，国家、省（自治区、直辖市）、市（区）、县等都可以在不同层面获取本级人口的受教育程度，通过建立科学合理的指标体系，达到实时评价教育代际流动水平的目的，防止不同阶层的受教育程度因代际传承的累积而不断拉大差距。同时，根据所设定的安全阈值，对教育代际流动情况实施自动预警。对构成预警的群体进行全过程跟踪，分析挖掘触发预警的原因，并通过学业互助、职业培训等方式进一步提升受教育程度，切实降低教育代际传承的累积效应所带来的社会阶层差异。

第二,建立健全教育代际畅通流动的渠道,不断降低因教育代际传承作用导致的受教育程度差异。通过制定各类畅通流动的政策,促进教育代际流动,保障教育机会公平,维护社会稳定和谐可持续发展。可以采取的具体措施包括但不限于:优化政府、社会、家庭的投入机制,降低家庭教育投入成本,防止因家庭投入而阻碍教育代际向上流动;加强校外培训机构监管,减少教育内卷,防止因家庭背景而阻碍教育代际向上流动;贯彻落实好教育数字化战略行动计划,推动教育优质均衡发展和城乡一体化,防止因城乡教育"数字鸿沟"而阻碍教育代际向上流动。

第三,建立健全教育代际长程流动的氛围与生态,探索突破教育代际传承造成的阶层跃迁樊篱。一方面,从基础教育出发,全面贯彻落实《家庭教育促进法》,建立多方共同育人机制,坚持以立德树人为根本任务,培养子代德智体美劳全面发展,通过"扶志"的方式帮助科学规划人生的发展和期望,充分激发底层向上流动的决心和志向,为底层跨阶层突围提供主观认知支撑。另一方面,从职业教育、高等教育出发,关注底层难以实现教育跨阶层的实际,逐步加大教育经费投入和教育资源供给,特别是对农村相对贫困和偏远地区,为底层跨阶层向上流动提供客观保障。最终提升不发达和欠发达地区的教育水平,形成全社会教育代际长程流动的良好氛围与生态,通过教育带动经济社会的全面可持续发展。

第三章
高等教育资源与规模的时空耦合分析

第一节　高等教育对教育代际流动的影响

不管是从社会经济发展，还是从社会阶层流动，教育都起着至关重要的决定性作用，其中高等教育是输出和培养高级人才的重要支撑途径。一直以来，高等教育与代际流动性的关系是各方广泛关注的经典命题，大量关于此命题的定性和定量研究不断呈现，研究成果层出不穷。

目前，学界一种统一的认识是，高等教育是社会人力资本投资的主要途径，高等教育与代际流动性的关系极为紧密，有着非常重要的互动。但是，究竟高等教育如何影响社会阶层代际流动，学界对此持有不同的观点。特别是一段时期以来，广泛热议的“学二代”等各种二代现象和“拼爹”话题，引发了新的“读书无用论”，一度夸大了当前在一定范围内社会阶层固化的不良趋势和风险。教育代际流动是社会阶层流动的一个缩影，高等教育对代际流动性，不管是具化到教育代际流动，还是泛化到社会阶层流动，都存在着至少两个维度的观点，大致可以归纳为促进论、抑制论[①]。

一、高等教育促进教育代际流动

促进论认为，高等教育具有优化社会阶层结构、助力提升个体社会地位的功能，甚至是突破阶层樊篱，实现长程流动的重要手段。通过接受高等教育，受教育个体具备丰富的知识、高技能等人力资本，也是众多家庭“望子成龙”改变命运和向上跃迁的重要途径。赵欣等人的研究表明，高等教育在推动社会代际流动上发挥着积极作用，高等教育扩招以后，个体受教育的机会增加，底层个体获得

① 温蓉. 我国社会分层与高等教育研究综述——基于 CNKI 中 1990—2017 年期刊论文的分析[J]. 高教论坛，2019(1)：111-115.

了较大的概率向上层流动，社会阶层结构逐步呈现“两头小、中间大”。[①] 马莉萍等人采用高校就业调查的数据，阐释了高等教育能有效促进地区代际流动，通过提高人力资本，助力大学生进入更高级别的地区。[②] 赵红霞等人采用 CGSS 2012、2013、2015 共三期混合截面的调查数据，实证分析了高等教育对社会阶层流动的影响[③]，并探索了城乡差异、地区差异，研究结果表明，相比未受高等教育个体，受高等教育个体更有可能向上流动，而且乡村个体、中西部地区个体的向上流动机会更甚。马陆亭等人认为高等教育是打破社会阶层固化的工具，个体通过接受高等教育获得了更高级别的人力资本，具备了向上流动的要素。[④] 赵红霞等人采用 CHNS 2015 数据，实证剖析了高等教育对贫困代际传递的影响，认为贫困代际传递的子代教育代际向上流动的概率低，通过高等教育普及能够有效阻隔贫困代际传递。[⑤]

二、高等教育抑制教育代际流动

抑制论认为，高等教育非但不能促进社会代际流动，反而在隐藏的外衣下合理地抑制社会代际流动，是上层群体固化社会阶层地位、阻碍下层个体向上流动的工具。张继明认为，高等教育本应促进社会代际流动更加均衡，但是实际上，高等教育成了现状维持、阶层固化的工具，原因在于底层个体的家庭及其子代在教育资源获得、接受高等教育机会等方面本身就处于不利地位[⑥]。郝雨霏等人采用 CGSS 2005、2006、2008、2010 共四期数据，实证分析表明，高等教育扩招促进了整体教育素质的提升，但并没有显著提升社会代际流动性，特别是乡村个体、底层个体相对流动性维持不变。[⑦] 高耀等人采用普通高等学校在校生、毕业生等数据，实证分析了高等教育对社会代际流动的影响，结果表明[⑧]，父代位于上层的子代更有机会接受数量多、质量高的高等教育，同时，差异性在于，这种机

---

① 赵欣，尹韶青. 试论高等教育与社会分层的双向关系[J]. 中国成人教育，2014(4)：27-28.

② 马莉萍，刘彦林. 大学教育如何促进地区代际流动？——对大学生生源地、院校地和就业地城市级别的实证研究[J]. 华东师范大学学报(教育科学版)，2018，36(5)：51-59.

③ 赵红霞，王乐美. 促进还是抑制：高等教育对社会阶层流动的影响——基于 CGSS 混合截面数据的实证分析[J]. 高教探索，2020(9)：5-11.

④ 马陆亭，刘星，王蕊. 高等教育发展促进高质量收入代际流动的政策探讨[J]. 高等教育评论，2021，9(2)：14-25.

⑤ 赵红霞，王文凤. 致贫理论视阈下高等教育阻断贫困代际传递的作用——基于数据库的分析[J]. 高等教育研究，2019(4)：49-55.

⑥ 张继明. 高等教育之社会分层功能分析[J]. 高教发展与评估，2012，28(1)：27-32.

⑦ 郝雨霏，陈皆明，张顺. 中国高校扩大招生规模对代际社会流动的影响[J]. 教育科学文摘，2014，33(3)：86-87.

⑧ 高耀，刘志民. 机会扩展、社会分层与高等教育公平——基于高校学生调查数据的实证研究[J]. 教育科学，2015(1)：44-54.

会优势在本科院校中较小，在职业院校影响较大，在高等教育作用下，社会阶层流动性降低，社会阶层结构固化，高等教育抑制社会代际流动。郑育琛等人从大学生就业难、高考弃考等现象出发，采用福建省高校调查数据，分析了高等教育对社会代际流动的影响，研究认为，高等教育的矛盾性功能依旧存在，高等教育仍是社会上层群体实现不平等再生产的重要工具。①

促进论与抑制论两者的观点虽然完全相反，但都存在其合理性。当然，也有观点并不太绝对鲜明，相对折中，认为高等教育对社会代际流动并非抑制，而是促进作用有趋于弱化的风险。例如叶晓阳等人采用 2011 年北京高校学生的调查数据，实证分析了高等教育对社会代际流动的影响，结果表明高等教育扩张一定程度上强化了社会阶层复制，提出要强化高等教育质量，否则将弱化高等教育对社会代际流动的促进作用。② 陈新忠等人从收入流动的角度分析高等教育对社会代际流动的影响，认为高等教育的促进作用被逐渐弱化，高校学科专业、成绩等对收入代际流动关联性不显著。③

三、高等教育走向高质量内涵式发展

此外，也有一些研究将观点分得更折中、更细分的维度。例如，史晖评论《社会结构与高等教育分流》一书，认为高等教育在社会代际流动中仅发挥有限作用④，孙启进在专著中实证了这一论断的适切性⑤，并对已有研究的评述分为积极论、消极论、有限论等三种类型。积极论主张高等教育作为进步和解放的力量存在，对社会流动起积极作用；消极论主张高等教育披着合法外衣，实则加剧了已有不平等，对社会流动起消极作用；有限论主张高等教育对社会流动的作用是有限的，其取决于社会结构本身的特点，对于开放性社会高等教育使之社会流动更开放，对于封闭性社会高等教育使之社会流动更封闭。吴克明等人将高等教育与社会流动的关系划分为促进论、条件论、阻碍论、两面论等四种类型。⑥ 促进论从功能主义理论出发，强调高等教育的社会筛选功能，认为高等教育促进社会代际流动。阻碍论从冲突主义理论出发，强调高等教育再生产了社会不平等，

---

① 郑育琛，武毅英．我国高等教育社会分层功能的再审视——基于对某省两所高校毕业生的调查[J]．现代教育管理，2014(6)：1-6.

② 叶晓阳，丁延庆．扩张的中国高等教育：教育质量与社会分层[J]．社会，2015，35(3)：193-220.

③ 陈新忠，刘红．高等教育促进收入代际流动性的机制研究[J]．高等教育评论，2021，9(2)：26-39.

④ 史晖．高等教育与社会结构关系研究的新视角——评《社会结构与高等教育分流》一书[J]．淮阴师范学院学报(自然科学版)，2022，21(2)：186-188.

⑤ 孙启进．社会结构与高等教育分流[M]．南京：南京师范大学出版社，2020.

⑥ 吴克明，吴丹．高等教育与社会流动的关系：一个文献综述[J]．教育经济评论，2021，6(4)：118-128.

认为高等教育阻碍社会代际流动。条件论认为高等教育促进社会代际流动需要满足一些特定的条件，存在相对性。两面论更加折中，认为高等教育一方面促进社会代际流动，另一方面高等教育同时在某种程度上阻碍社会代际流动。

总体上，学界对于高等教育与社会代际流动性的关系众说纷纭，但存在共性，即两者之间是一种双向作用，互为影响。实际上，高等教育对社会代际流动性的作用具有明显的时代性，不同发展规模、不同发展速度、不同发展质量的高等教育对社会代际流动产生的影响也不尽相同。宫毅敏从历史维度总结了新中国成立以来两者之间的关系，改革开放前，高等教育自身发展不足，对社会代际流动的作用不充分，社会阶层相对固化，流动性较低；改革开放后到1999年高等教育扩招前，高等教育快速发展，促进了个体向上跃迁，对社会代际流动的作用十分显著；1999年高等教育扩招后至今，高等教育从精英式进入大众化，对社会代际流动的促进作用有所弱化，表现为同时向上流动、向下流动的双向趋势。①

当前，高等教育毛入学率已经超过世界平均水平，走向了普及化的阶段，尽管如此，并不能就此否定高等教育对社会代际流动的积极作用，相反，更应当强调和关注高等教育的内涵式发展，同时实施面向偏远、相对贫困地区的精准服务，做好高等教育的起点公平。进入新时代，高等教育走内涵式发展、高质量发展之路是由高等教育大国向高等教育强国转变的必然选择，2022年的政府工作报告提出，要“推进高等教育内涵式发展”。提升高等教育质量，提高社会代际相对流动性、高等教育的区域均衡发展等仍然任重道远。

第二节　高等教育资源的时空演化

高等教育资源广义上讲是指所有在高等教育过程中使用和支配的资源，包括人力、物力、财力等。人力资源分为教育者和受教育者，包括在校生数、班级生数、招生数、毕业生数、行政人员数、教学人员数、教学辅助人员数等。物力资源包括固定资产、实验材料和低值易耗品等。财力资源是人力和物力等的货币表现形式，即经费。

这里选取普通高等学校数量、普通高等学校在校生数、普通高等学校专任教师和普通高等学校生均公共财政预算教育事业费。数据来源于国家统计局，包括《中国统计年鉴》《中国教育经费统计年鉴》，数据时间间隔设为4年，共选取全国各地区2009年、2013年、2017年和2021年数据，包含了31个省（自治区、直

① 宫毅敏.高等教育与社会分层的相互关系及其历史审视[J].教育评论，2016(11):19-23.

辖市，不含港澳台）的记录等。

（1）空间重心模型。

利用空间重心模型分析高等教育资源与规模配置方面的差异，以归属地省份为划分标准，计算普通高等学校数量、普通高等学校在校生数、普通高等学校专任教师数和普通高等学校生均公共财政预算教育事业费等量化指标的地理重心，计算公式如式(3.1)所示，通过空间重心与地理重心的比较，据此挖掘高等教育资源配置在空间重心变化轨迹上的分布规律。

$$X_t = \frac{\sum_{k=1}^{K} M_k^t x_k}{\sum_{k=1}^{K} M_k^t}$$
$$Y_t = \frac{\sum_{k=1}^{K} M_k^t y_k}{\sum_{k=1}^{K} M_k^t} \tag{3.1}$$

其中 K 代表空间单元数量，以归属地省份为基准，根据数据情况这里 K 一般取值为 31；M_k^t 为第 k 个空间单元的第 t 个量化指标的得分值；x_k 和 y_k 分别为第 k 个空间单元的地理坐标经度值、纬度值；X_t 和 Y_t 分别为第 t 个量化指标的经度加权、纬度加权结果，(X_t, Y_t) 为第 t 个量化指标的空间重心。

（2）空间自相关分析。

空间自相关是测量空间单元观测值潜在的相互依赖性，可以判定其聚集程度，包括全局和局部两种类型。通过对每百名生均计算机台数的全局 Moran's I 指数进行分析，计算公式如式(3.2)所示，全局 Moran's I 指数在[−1,1]之间取值，正数代表空间正相关性，负数代表空间负相关性，绝对值的大小代表空间相关性和聚集程度的强弱，据此管窥高等教育资源配置的空间关联及差异程度。

$$I = \frac{\sum_{i=1}^{K}\sum_{j=1}^{K} W_{ij}(x_i - \bar{x})(x_j - \bar{x})}{S^2 \sum_{i=1}^{K}\sum_{j=1}^{K} W_{ij}} \tag{3.2}$$

其中 K 代表空间单元数量，x_i 和 x_j 分别为对应空间单元的生均计算机台数，$\bar{x}$，S^2 代表 K 个空间单元每百名生均计算机台数的均值和方差，W_{ij} 为地理单元相互之间邻接关系的权重矩阵元素，这里的空间权重矩阵根据区域之间的距离标准确定。

局部 Moran's I 指数从更微观的角度探明局部区域的空间相关性，计算公式如式(3.3)所示，其取值意义与全局 Moran's I 指数相似，通过绘制散点图可以直观呈现空间邻域的关联关系，分成四个象限，依次为 HH、LH、LL、HL，第一象限 HH 反映了正相关热点聚集区，据此从每百名生均计算机台数的角度判定高等教育资源配置的聚集冷、热点区域。

$$I = \frac{(x_i - \bar{x}) \sum_{j=1}^{K} W_{ij} (x_j - \bar{x})}{S^2} \tag{3.3}$$

其中的变量含义与式(3.2)完全一致。

一、普通高等学校数量

为了分析普通高等学校数量的时序趋势以及地区差异，根据 2009—2021 年的四期相关数据，绘制了时序折线图，如图 3.1 所示。从时序上看，普通高等学校的绝对数量保持相对稳定，总体呈小幅增长的趋势，这种数量的增加也就增加了子代接受普通高等教育的机会。十余年间，普通高等学校数量从 2009 年的 2263 所增加到 2021 年的 2738 所，增长了 475 所，增幅约为 21%。经过 1999 年的高等教育扩招之后，普通高等学校的办学要求更高，相对增速放缓，开始从数量走向质量发展。

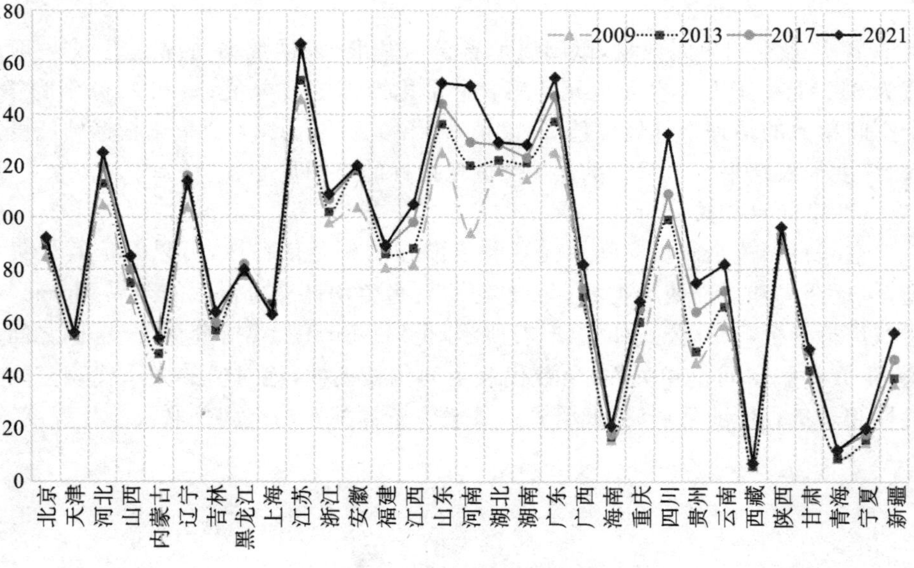

图 3.1　普通高等学校数量(所)

河南、四川、贵州、广东、山东等省位居绝对增长前五名，其中河南省增加了 57 所，四川省增加了 42 所，贵州省增加了 30 所，广东省增加了 29 所，山东省增加了 27 所。这些新增高校较多的省份大多数原有的高校资源相对薄弱，通过新增学校有利于这些省份迅速补齐高等教育资源短板，助力高等教育资源均衡化发展。其中相对增幅最大的是贵州，增长了近 70%。

此外，注意到上海市 2021 年的高校数量，相对于 2009 年减少了 3 所，是唯一出现负增长的省份，但是从办学层次上看，上海市的专科学校在减少、本科学校在增加，表明上海持续推进高等教育改革，实施高校布局结构稳步调整，探索高质量高层次的普通高等教育。

为了分析不同地区的普通高等学校数量变化情况，考察了随着时间推移的空间重心演化轨迹。根据前述公式依次计算普通高等学校数量的地理空间重心，绘制了普通高等学校数量在空间重心变化轨迹上的分布散点图(见图3.2)。需要特别指出的是，任何影响高等教育数量和质量的原因、机制、机理都是极其复杂的，同时也为避免引起争议和不正当引用，该文无意对比各地之间的高等教育优劣情况，仅从普通高等学校数量、普通高等学校在校生数、普通高等学校专任教师数和普通高等学校生均公共财政预算教育事业费等公开数据角度客观量化展示、挖掘地理重心，刻画高等教育布局在空间上的迁移特征。

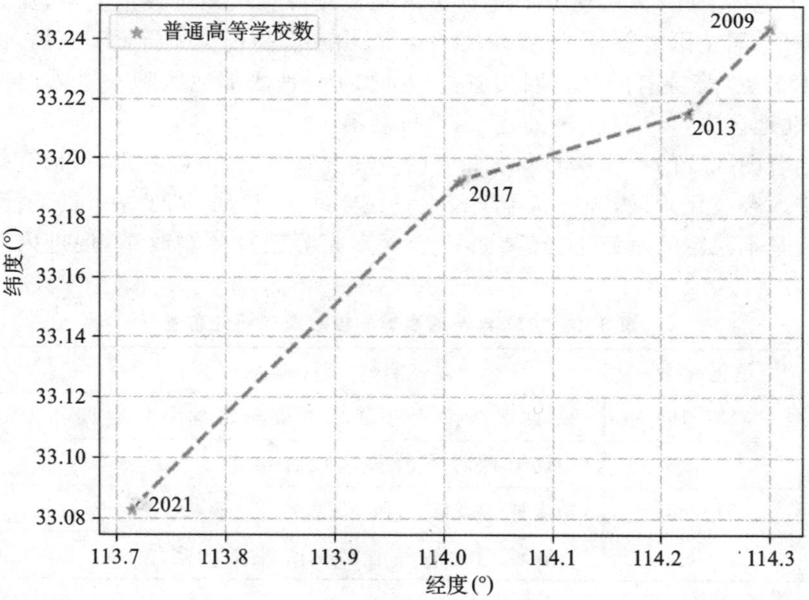

图3.2 普通高等学校数量空间重心轨迹

从图3.2可以看出，空间重心经度在113.7°～114.3°之间、纬度在33.08°～33.24°之间变动，与陆地地理几何中心(约东经103°、北纬36°)存在明显差异，且整体偏向东南，表现为相对不均衡的趋势。

从2009年到2021年，空间重心一直连续向西南移动，表明从普通高等学校数量的角度，西部总体高于东部、南部高于北部。随着时间的演进，空间重心在经度、纬度上均更接近几何中心，表明普通高等学校数量的南北差异和东西差异都在逐渐减小，高等教育均衡发展已经取得了一定的效果。

更进一步，以2021年的统计数据为例，将普通高等学校数量按照分省份进行量化分为4级，其中分级原则为四分位数（Quartile），即把所有数值由小到大排列并分成4等份，处于3个分割点位置的数值作为临界，最小值到第一4分位数Q1(25%分位)、第一4分位数Q1到第二4分位数Q2(50%分位，中位数)、第二4分位数Q2到第三4分位数Q3(75%分位)、第三4分位数Q3到最大值。

从表3.1可以看出，除了四川、陕西省以外，青海、新疆、西藏、内蒙古、宁夏等大多数西部省份位于第四级，普通高等学校数量较少；北京、天津、上海、江苏、浙江、湖北、湖南、广东等东部、中部省份位于第一级，普通高等学校数量较多。总体上，按数量等级看，普通高等学校数量多的省份表现为东部多于西部、南部多于北部，整体偏向东南面；数量少的省份以西北部居多，其分界线基本接近胡焕庸线，与人口分布、自然地理、社会经济发展等近似吻合。

普通高等学校资源主要集中在东部地区(1007所，占比约37%)、中部地区(718所，占比约26%)，集中了近60%的高校资源。从绝对数量上看，江苏省高校167所，居全国之首，广东省高校154所、山东省高校152所紧随其后，河南省高校151所，跻身前四强。四川省高校132所，是西部地区唯一进入前十的省份，东北地区中，114所高校的辽宁省，排名第十。

结合图3.2的空间重心和表3.1的空间分布情况，可以看出，目前高等教育已经进入普及化阶段，普通高等学校数量在空间上已经达到了基本的均衡，在保持数量基本稳定的基础上，需要进一步探索高等教育体制改革，促进内涵质量提升。

表3.1 2021年普通高等学校数量空间分布表

等级	量化数/所	区域
1	123～168	(11)北京 天津 上海 江苏 浙江 湖北 湖南 广东 四川 山东 河南
2	86～122	(6)辽宁 陕西 安徽 福建 江西 河北
3	61～85	(7)吉林 黑龙江 山西 广西 贵州 云南 重庆
4	6～60	(7)新疆 西藏 青海 甘肃 海南 宁夏 内蒙古

全局Moran's I指数为0.0604，Z得分值大于1.96，表明普通高等学校数量呈现空间正相关，且通过统计显著性检验，相邻区域的普通高等学校数量呈现较强的空间聚集性趋势，但总体维持在较低的水平。

根据局部Moran's I指数列出了集聚区域情况表，如表3.2所示，可以看到，HH和LL聚集区共20个省份，约占总数的65%，表明普通高等学校数量存在空间依赖性和异质性，呈现显著的空间正相关。位于HH聚集区的北京、辽宁、江苏、浙江、山东、湖北、河南、广东等省是传统教育大省份高校数量多，对区域的空间溢出带动影响比较明显。LH聚集区包含了10个省份，偏离了全局的空间正相关性，周边省份空间溢出效益对其产生的影响微乎其微，反而产生虹吸效应，由此形成了局部洼地。四川处于HL聚集区，一方面表明其自身普通高等学校数量较多；另一方面反映了周边省份普通高等学校数量相对较少，以及其对近邻省份的空间溢出影响力不够大。

总体上，2021 年东部地区有 70%的省份位于 HH 聚集区；中部地区除山西省位于 LH 聚集区外，其余省份均处于 HH 聚集区；西部地区也有近 70%省份位于 LL 聚集区，仅有陕西省处于 HH 聚集区；东北地区除辽宁省位于 HH 聚集区以外，其他均为 LH 聚集区。

表 3.2　普通高等学校数量区域 Moran's I 指数分布表

年度	Moran's I 指数	象限	区域
2021	0.0604	第一象限 HH 聚集	(14)北京 河北 辽宁 江苏 浙江 安徽 福建 江西 山东 河南 湖北 湖南 广东 陕西
		第二象限 LH 聚集	(10)天津 山西 内蒙古 吉林 黑龙江 上海 广西 海南 重庆 贵州
		第三象限 LL 聚集	(6)云南 甘肃 青海 宁夏 新疆 西藏
		第四象限 HL 聚集	(1)四川

可视化的象限展示如图 3.3 所示，高值的 HH 聚集区、LL 聚集区总体上数量与 HL 聚集区、LH 聚集区相当，其中 LH 聚集区略密集。注意到云南、黑龙江等省距离坐标原点相对较近，需要结合区域内的受教育适龄人口统筹考量，如果规划布局得当，可以转向 HH 聚集区，否则有落入 LL 聚集区的风险。

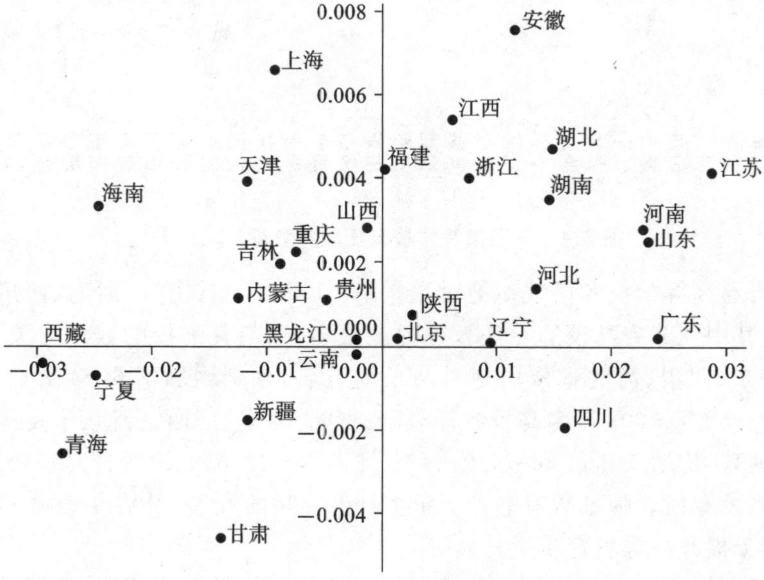

图 3.3　普通高等学校数量空间分布

二、普通高等学校专任教师数量

为了分析普通高等学校专任教师数量的时序趋势以及地区差异，根据2009—2021年的四期相关数据，绘制了时序折线图，如图3.4所示。从时序上看，普通高等学校专任教师的绝对数量同样保持相对稳定，总体呈小幅增长趋势。十余年间，普通高等学校专任教师数量从2009年的123万人增加到2021年的183万人，增长了60万人，增幅约为48%。按校均专任教师数来看，从2009年的547人增长到2021年的670人，平均每所学校增加教师123人，增幅约为22%。

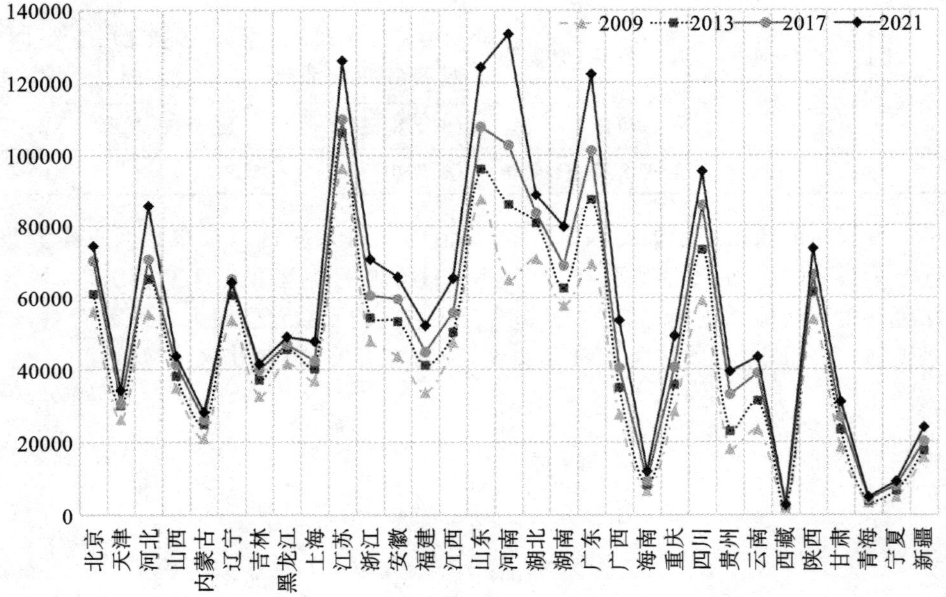

图3.4 普通高等学校专任教师数量（单位：人）

从普通高等学校专任教师绝对数量看，江苏、广东、山东、河南、四川省排名前五位，其中江苏省高校的专任教师数量最多，这与其高校的数量有关。河南、广东、山东、四川、河北省位居绝对增长前五名，分别增加了6.84万、5.31万、3.67万、3.62万、3.03万名高校专任教师；贵州、河南、广西、云南、宁夏等省份增幅位居前列，均增长超过80%，依次增长了118%、105%、94%、86%、85%，这些省份的高校专任教师基数都较小，通过十年时间的发展，补齐了教师资源的不足，有利于提升高等教育质量。

为了分析不同地区的普通高等学校专任教师数量变化情况，考察了随着时间推移的空间重心演化轨迹。根据前述公式依次计算普通高等学校专任教师数量的地理空间重心，绘制了普通高等学校专任教师数量在空间重心变化轨迹上的分布散点图，如图 3.5 所示。

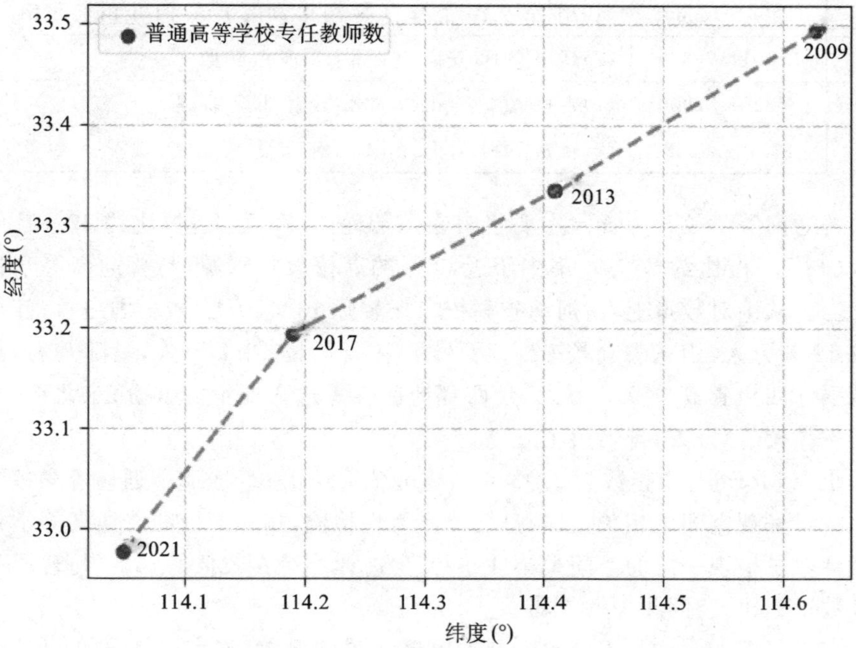

图 3.5 普通高等学校专任教师数量的空间重心轨迹

从图 3.5 可以看出，空间重心经度在 114.0°～114.7°之间、纬度在 32.90°～33.50°之间变动，与陆地地理几何中心（约东经 103°、北纬 36°）存在一定的差异，整体仍然偏向东南的趋势。

从 2009 年到 2021 年，空间重心一直连续向西南移动，表明从普通高校专任教师数量的角度，西部总体高于东部、南部高于北部。随着时间的演进，空间重心在经度、纬度上均更接近几何中心，表明普通高校专任教师数量的南北差异和东西差异都在逐渐减小，高等教育教师资源均衡发展已经取得了一定的效果。

与普通高等学校数量的空间重心相比，高校专任教师数量的空间重心经度更大、纬度更离散，表明专任教师分布在经度上更倾向于东部，在纬度上更倾向于南部，教师资源均衡化的空间相对更大，均衡化发展任务更重。

更进一步，以 2021 年的统计数据为例，将普通高等学校专任教师数量按照分省份进行量化分 4 个级，分级原则如前文所述。如表 3.3 所示，按数量等级看，普通高等学校专任教师数的空间分布与学校数量分布接近，也表现为东部多于西部、南部多于北部，整体偏向东南面，数量少的省份以西北地区、东北地区居多。

表 3.3 2021 年普通高等学校专任教师数量空间分布表

等级	量化数/人	区域
1	76869～133368	(10)北京 天津 上海 江苏 湖北 湖南 广东 四川 山东 河南
2	52001～76868	(7)辽宁 陕西 安徽 江西 浙江 河北 广西
3	36829～52000	(7)吉林 黑龙江 山西 贵州 云南 重庆 福建
4	2711～36828	(7)新疆 西藏 青海 甘肃 海南 宁夏 内蒙古

普通高等学校教师资源主要集中在东部地区(73 万人,占比约 40%)、中部地区(48 万,占比约 26%),集中了近 66%的高校教师资源,与普通高等学校数量相当。从绝对数量上看,河南省高校专任教师 13.3 万人,居全国之首;江苏省高校 12.6 万人、山东省高校 12.4 万人、广东省高校 12.2 万人,紧随其后,跻身前四强。四川省高校 9.5 万人,是西部地区唯一进入前十的省份;东北地区中,辽宁省高校6.4万人,排名第十五位。

全局 Moran's I 指数为 0.0366,Z 得分值大于 1.96,表明普通高等学校专任教师数量呈现空间正相关,且通过统计显著性检验,相邻区域的普通高等学校专任教师数量呈现一定的空间聚集性趋势,但总体维持在较低的水平,与普通高等学校数量相比,空间相关性更弱。

根据局部 Moran's I 指数列出了集聚区域情况表,如表 3.4 所示。可以看到,HH 和 LL 聚集区共 19 个省份,约占总数的 60%,表明存在一定的空间依赖性和异质性,呈现空间正相关。位于 HH 聚集区的 12 个省份大多数是传统教育大省份,高校数量多,高等教育局部空间优势明显。LH 聚集区包含了 10 个省份,偏离了全局的空间正相关性,受空间因素的影响,人才极易流失,形成高等教育的局部洼地。除了四川省以外,广东省也处于 HL 聚集区,与普通高等学校数量相比,周边省份普通高等学校专任教师数量相对缺乏。

表 3.4 普通高等学校专任教师数量区域 Moran's I 指数分布表

年度	Moran's I 指数	象限	区域
2021	0.0366	第一象限 HH 聚集	(12)北京 河北 辽宁 江苏 浙江 安徽 江西 山东 河南 湖北 湖南 陕西
		第二象限 LH 聚集	(10)天津 山西 内蒙古 吉林 上海 福建 广西 海南 重庆 贵州
		第三象限 LL 聚集	(7)黑龙江 云南 西藏 甘肃 青海 宁夏 新疆
		第四象限 HL 聚集	(2)广东 四川

可视化的象限展示如图 3.6 所示,2021 年东部地区有 50%的省份位于 HH

聚集区；中部地区除山西位于LH聚集区外，其余省份均处于HH聚集区；西部地区半数省份位于LL聚集区、三分之一位于LH聚集区，仅有陕西省处于HH聚集区；东北地区的辽宁、吉林、黑龙江省分别位于HH聚集区、LH聚集区、LL聚集区。总体上，高值的HH聚集区、LL聚集区总体上数量略大于HL聚集区、LH聚集区。注意到广东省距离坐标原点相对较近，借助于环北部湾城市群、粤港澳大湾区等建设，加大对周边区域的辐射带动作用，可以转向HH聚集区。

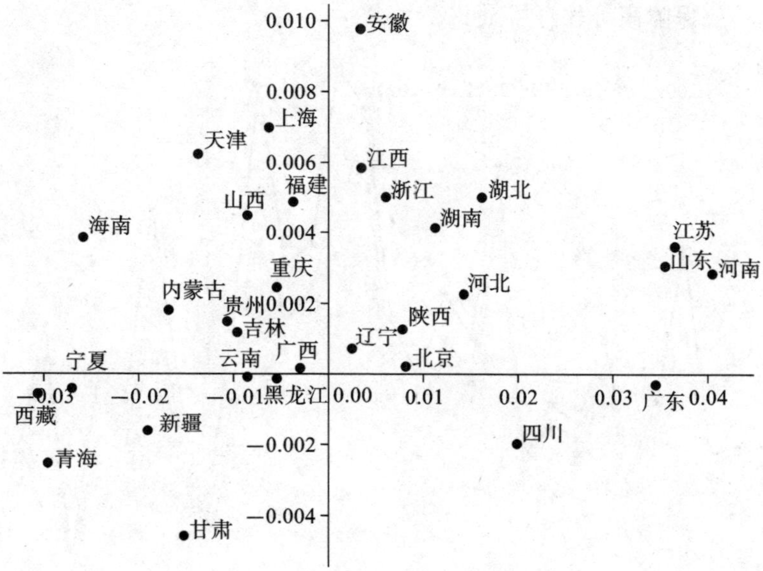

图 3.6　普通高等学校专任教师数量空间分布

三、普通高等学校在校生数量

为了分析普通高等学校在校生数量的时序趋势以及地区差异，根据2009—2021年的四期相关数据，绘制了时序折线图，如图3.7所示。从时序上看，各省份普通高等学校在校生的绝对数量同样保持相对稳定，总体呈小幅增长趋势。但随着1999年的高校扩招政策的实施，高校在校生数量已经发生了较大幅度的增长。十余年间，普通高等学校在校生数量从2009年的2021万人增加到2021年的3285万人，增长了1264万人，增幅约为63%。按校均在校生数来看，从2009年的0.9万人增长到2021年的1.2人，平均每所学校增加在校生约0.3万人，增幅约为33%。对比校均专任教师的增长数来看，教师还存在一定的增长空间。

从普通高等学校在校生的绝对数量看，河南、广东、山东、江苏、四川省排名前五，其中河南省高校的在校生数量最多，这与其人口数量有关。河南、广东、四川、山东、广西等省份位居绝对增长前五名，分别增加了124万、118万、81万、75万、70万名高校在校生；贵州、云南、广西、新疆、宁夏、重庆等省份高校在校生人数增幅位居前列，均增长超过100%，依次增长了214%、177%、144%、111%、108%、103%，这些省份的高校在校生人数基数都较小，通过十年时间的发展，高校在校生数量有了较大幅度的增加，对于有效提升地区受教育程度、提高教育代际向上流动率具有重要意义，当然也要避免高等教育过度扩张，导致社会上学历过度内卷，应保障高等教育质量。

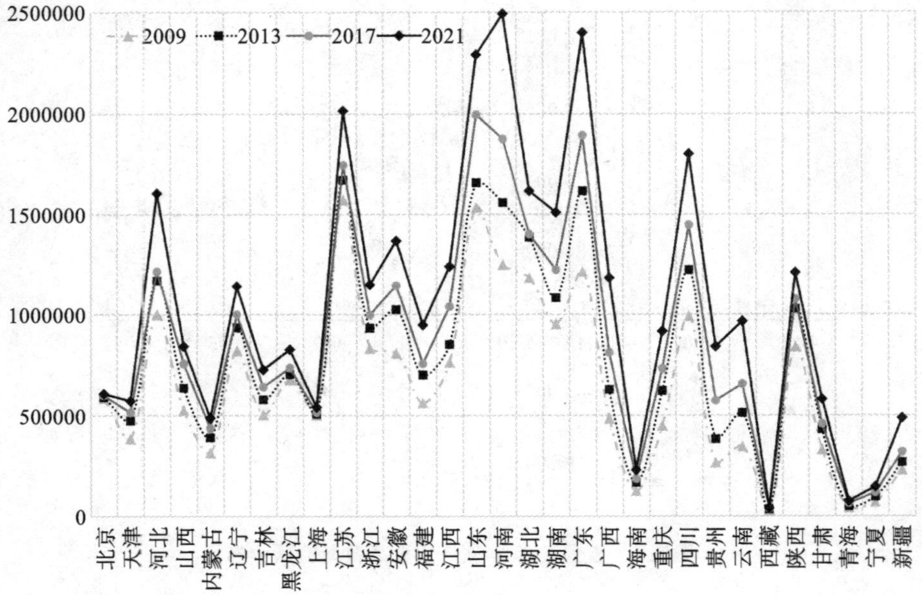

图3.7 普通高等学校在校生数量(人)

为了分析不同地区的普通高等学校在校生人数变化情况，考察了随着时间推移的空间重心演化轨迹。根据前述公式依次计算普通高等学校在校生数量的地理空间重心，如图3.8所示，绘制了普通高等学校在校生数量在空间重心变化轨迹上的分布散点图。

从图3.8可以看出，空间重心经度在113.6°～114.6°之间、纬度在32.5°～33.30°之间变动，与陆地地理几何中心(约东经103°、北纬36°)存在一定的差异，整体仍然有偏向东南的趋势。

从2009年到2021年，空间重心一直连续向西南移动，表明从普通高校在校生数量的角度，西部扩张总体高于东部、南部扩张高于北部。随着时间的演进，空间重心在经度、纬度上均更接近几何中心，表明普通高校在校生数量的南北差异和东西差异都在逐渐减小，高等教育均衡发展已经取得了一定的效果。

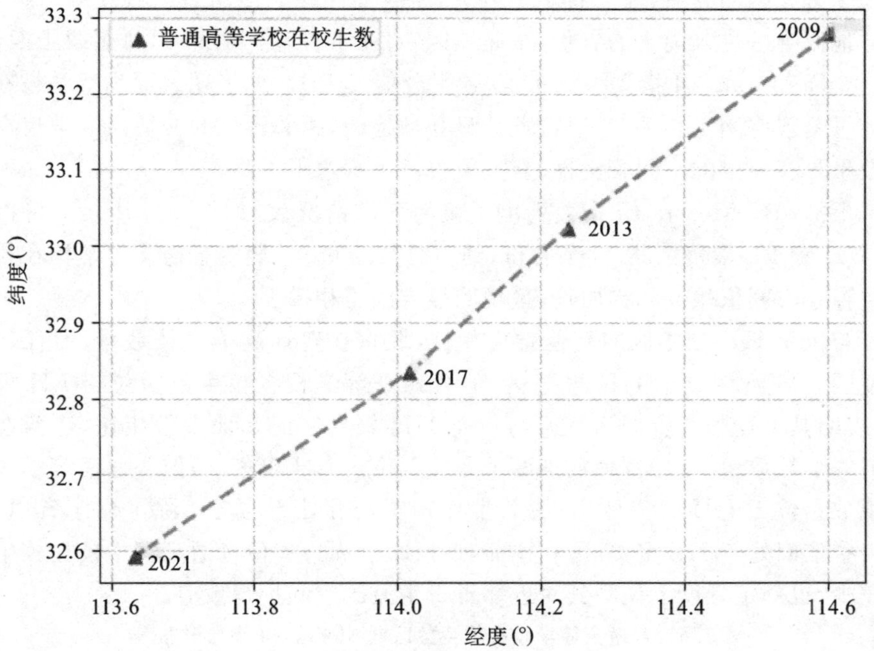

图 3.8　普通高等学校在校生数量空间重心轨迹

与普通高等学校数量、专任教师数量等的空间重心相比,普通高等学校在校生数量的空间重心经度更大、纬度更离散,表明普通高等学校扩张程度和范围更广,均衡化进展更优。

更进一步,以 2021 年的统计数据为例,将普通高等学校在校生数量按照分省份进行量化成 4 个级,分级原则如前文所述不变。如表 3.5 所示,从数量等级看,普通高等学校在校生数量空间分布与学校数量分布接近,校均在校生数量总体相对较为均衡。

表 3.5　2021 年普通高等学校在校学生数量空间分布表

等级	量化数/人	区域
1	1439399～2492186	(10)北京 天津 上海 江苏 湖北 湖南 广东 四川 山东 河南
2	947188～1439398	(7)辽宁 陕西 安徽 江西 浙江 广西 云南
3	576607～947187	(8)吉林 黑龙江 山西 贵州 重庆 福建 甘肃 河北
4	38555～576606	(6)新疆 西藏 青海 海南 宁夏 内蒙古

普通高等学校在校生数量主要集中在东部地区(1213 万人,占比约 37%)、中部地区(907 万人,占比约 28%),占 2021 年高校在校生总人数的近 65%。从绝对数量上看,河南省高校在校生 249 万人,居全国之首,广东省 240 万人、山东

省229万人紧随其后，江苏省201万人，跻身前四强。四川省高校180万人，是西部地区唯一进入前十的省份，东北地区中，辽宁省有114万人，排名第十四位。

全局Moran's I指数为0.0322，Z得分值大于1.96，表明普通高等学校在校生数量呈现空间正相关，且通过统计显著性检验，相邻区域的普通高等学校在校生数量具有一定的空间聚集性趋势，但总体关联水平不高。

根据局部Moran's I指数列出了集聚区域情况表，如表3.6所示。可以看到，HH和LL聚集区共19个省份，约占总数的60%，表明普通高等学校在校生数量存在空间依赖性和异质性，呈现明显空间正相关。

与位于HH聚集区的其他省份相比，北京在普通高等学校数量、专任教师数量两个方面均位于HH聚集区，但普通高等学校在校生数量位于LH聚集区，表明其生均师资资源占优。与位于HH聚集区的其他省份相比，广西在普通高等学校数量、专任教师数量两个方面均位于LH聚集区，但普通高等学校在校生数量位于HH聚集区，表明其生均师资资源处于劣势。除了辽宁省以外，四川省依旧处于HL聚集区，相比而言，反映了周边省份普通高等学校在校生数量较少，也一定程度上说明其对近邻省份生源的空间集聚效应。

表3.6 普通高等学校在校生数区域Moran's I指数分布表

年度	Moran's I指数	象限	区域
2021	0.0322	第一象限HH聚集	(12)河北 江苏 浙江 安徽 江西 山东 河南 湖北 湖南 广东 广西 陕西
		第二象限LH聚集	(10)北京 天津 山西 内蒙古 吉林 上海 福建 海南 重庆 贵州
		第三象限LL聚集	(7)黑龙江 云南 西藏 甘肃 青海 宁夏 新疆
		第四象限HL聚集	(2)辽宁 四川

总体上，2021年东部地区HH聚集区、LH聚集区各占半壁江山；中部地区除山西省位于LH聚集区外，其余省份均处于HH聚集区；西部地区也有半数省份位于LL聚集区，内蒙古、重庆、贵州省位于LH聚集区，陕西、广西等省份处于HH聚集区；东北地区的辽宁、吉林、黑龙江省分别位于HH聚集区、LH聚集区、LL聚集区。

可视化的象限展示如图3.9所示，高值的HH聚集区、LL聚集区在数量上略多于HL聚集区、LH聚集区，其中LH聚集区略显密集。注意到东北地区的辽宁省距离坐标原点相对较近，统筹布局得当，可以转向HH聚集区，否则，有落入LL聚集区的风险。西部地区的四川省相对接近于水平轴，可以加强规划，使其转向HH聚集区。

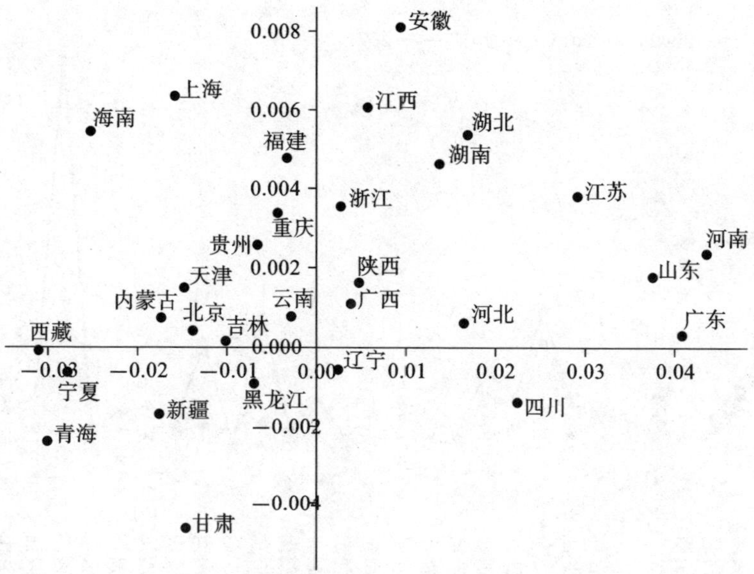

图 3.9 普通高等学校在校生数量的空间分布

四、普通高等学校生均公共教育经费

为了分析高等学校生均公共财政预算教育事业费的时序趋势以及地区差异，根据 2009—2021 年的四期相关数据，绘制了时序折线图，如图 3.10 所示。从时序上看，高等学校生均公共预算教育事业费绝对数保持稳步增长的趋势，表明政策上对高等教育公共支出更加重视，加大了高等教育公共教育经费投入。对比来看，北京、上海、广东、浙江等经济发达省份的高等教育公共教育经费更多，有助于这些地区的高等教育公平和均衡发展，有利于局部提升国民受教育程度，但是，这些省份同期均比其他省份高出不少，也容易造成省份之间的投入差异，从某种程度上可能影响教育代际流动的整体性。此外，也要注意到，西藏、青海、宁夏、海南等省份的高等教育公共教育经费投入也持续较高，虽然这些省份经济实力并不雄厚，但是国家财政补贴较大，表明政策对这些省份的关切和重视，促进其高等教育的迅速发展。

十余年间，普通高等学校生均公共教育事业费从 2009 年的 8288 元增加到 2021 年的 24618 元，增长了 16330 元，增幅约为 197%。从绝对数量看，西藏、青海、北京、上海、广东等省份排名前五，其中后三者均为经济大省(市)，西藏、青海超越居首，这与国家西部倾斜政策有直接关系。新疆、宁夏、吉林、贵州、安徽等省份位居绝对增长前五名，分别增加了 62200、30939、24449、22892、22364 元；吉林、辽宁、宁夏、西藏、新疆等省份增幅位居前列，均增长超过 300%，依次增长了

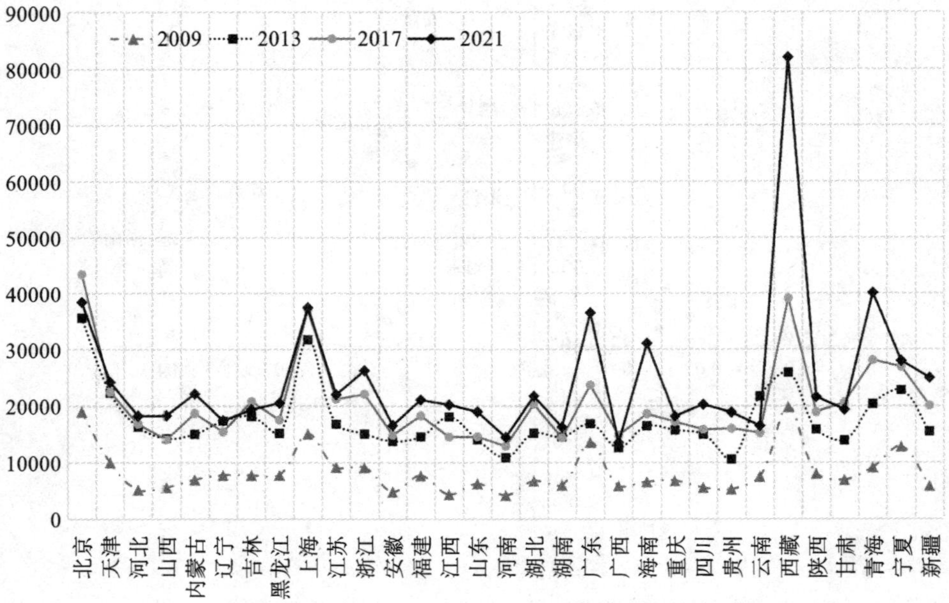

图 3.10　普通高等学校生均公共财政预算教育事业费(元)

371%、364%、338%、326%、314%，一方面，这些省份的普通高等学校在校生基数都较小，另一方面，加大了西部、东北的投入，通过十年时间的发展，公共财政教育事业经费支持度大大增强，有利于提升高等教育质量。

为了分析不同地区的普通高等学校生均公共财政预算教育事业费变化情况，考察了随着时间推移的空间重心演化轨迹。根据前述公式依次计算普通高等学校生均公共财政预算教育事业费的地理空间重心，绘制了普通高等学校生均公共财政预算教育事业费在空间重心变化轨迹上的分布散点图，如图 3.11 所示。

从图 3.11 可以看出，空间重心经度在 109.5°～111.5°之间、纬度在 33.3°～33.9°之间变动，与陆地地理几何中心(约东经 103°、北纬 36°)存在一定的差异，整体仍然偏向东南的趋势。

从 2009 年到 2021 年，空间重心先向东北移动，再向西北移动，随后一直连续向西南移动，表明与普通高等学校数量、专任教师数量、在校生数量等其他因素类似，普通高等学校生均公共教育经费基本能够保持对等投入，且呈现西部总体高于东部、南部高于北部的趋势。随着时间的演进，空间重心在经度、纬度上均更接近几何中心，表明普通高等学校生均公共教育经费的南北差异和东西差异都在逐渐减小，资源均衡发展已经取得了一定的效果。

与其他指标对比，普通高等学校生均公共教育经费的空间重心经历了向东北方向的转向，表明 2009—2013 年的生均公共教育经费出现了向东北地区的倾

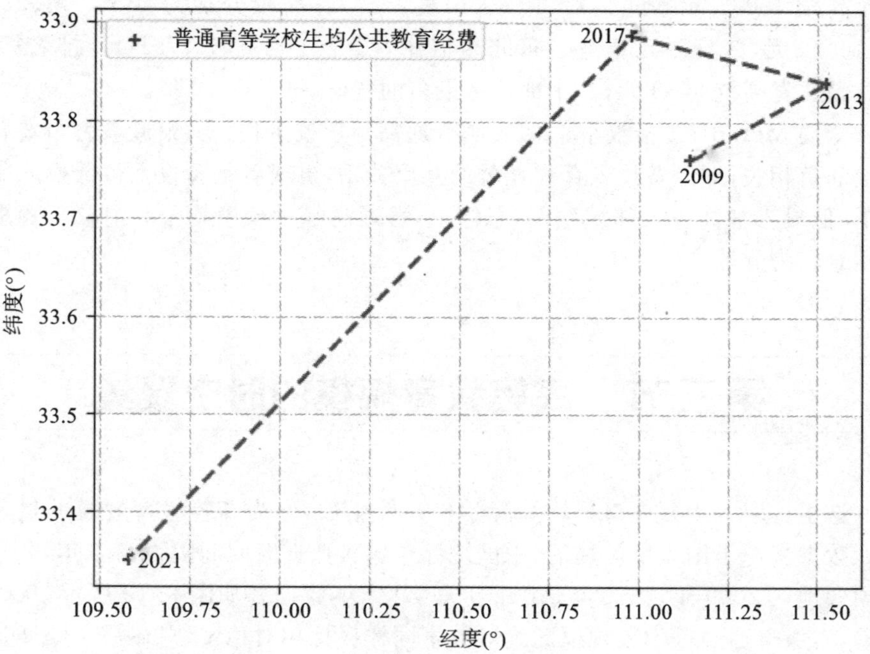

图 3.11　普通高等学校生均公共财政预算教育事业费空间重心轨迹

斜，或者生均公共教育经费的投入没有迅速对接普通高等学校数量、专任教师数量、在校生数量在西南方向的增长。

更进一步，以 2021 年的统计数据为例，将普通高等学校生均公共财政预算教育事业费按照分省份进行量化分 4 个级，分级原则如前文所述不变。如表3.7所示，按数量等级看，普通高等学校生均公共财政预算教育事业费空间分布完全不同，普通高等学校生均公共财政预算教育事业费较高的省份表现为西部多于东部、北部多于南部，整体偏向东南面，数量少的省份以东部居多。

表 3.7　2021 年普通高等学校生均公共财政预算教育事业费空间分布表

等级	量化数/元	区域
1	25564～81969	(8)北京 上海 浙江 广东 海南 西藏 青海 山西
2	20447～25563	(8)新疆 宁夏 内蒙古 陕西 湖北 天津 江苏 福建
3	18247～20446	(7)吉林 黑龙江 贵州 甘肃 山东 江西 四川
4	13496～18246	(8)湖南 河南 广西 云南 重庆 河北 辽宁 安徽

普通高等学校生均公共财政预算教育事业费平均约为，东部地区 10670 元、中部地区 5279 元、西部地区 8356 元、东北地区 7761 元。从绝对数量上看，西藏高校的生均公共财政教育事业费 19767 元，居全国之首，北京的高校 18981 元、

上海高校 15047 元紧随其后，广东、宁夏、天津省高校分别为 13580 元、12787 元、10040 元，跻身万元行业。东北地区中，黑龙江省高校 7791 元，排名第 11 位。湖北省高校 6738 元，是中部地区最多的省份，排名第 19 位。

全局 Moran's I 指数小于 0，表明普通高等学校生均公共财政教育事业费呈现空间负相关，即经费投入存在显著的互斥关系，也或者是高投入被低投入邻域包围、低投入被高投入邻域包围，总体上，普通高等学校生均公共财政教育事业费相对较为分散。

第三节　高等教育规模的时空聚集

这里选取每十万人口平均高等学校在校生数，作为高等教育规模的量化指标。数据来源于国家统计局的《中国统计年鉴》，数据时间间隔设为 4 年，共选取全国各地区 2009 年、2013 年、2017 年和 2021 年数据。如图 3.12 所示，从时序上看，省级普通高等学校规模的绝对数量同样保持相对稳定，总体呈小幅增长的趋势。十余年间，每十万人口高等学校平均在校生数从 2009 年的 2214 人增加到 2021 年的 3060 人，增长了 846 人，增幅约为 38%。值得注意的是，北京、天津、上海市出现了不同程度的小幅下降。

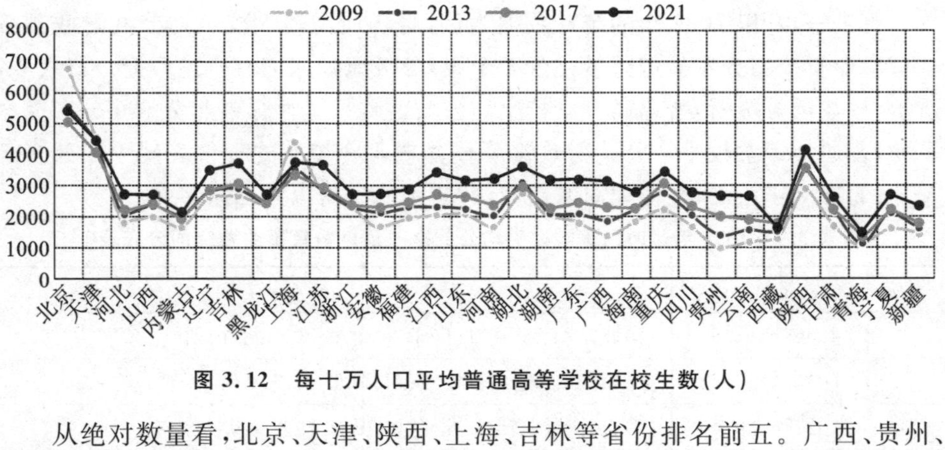

图 3.12　每十万人口平均普通高等学校在校生数(人)

从绝对数量看，北京、天津、陕西、上海、吉林等省份排名前五。广西、贵州、河南、云南、江西等省份位居绝对增长前五名，分别增加了 1755、1684、1574、1473、1362 人；贵州、广西、云南、河南、广东等省份的每十万人口平均高等学校在校生数增幅位居前列，均增长超过 75%，依次增长了 173%、129%、125%、95%、75%，这些省份的每十万人口平均高等学校在校生数基数都较小，通过十余年的发展，每十万人口高等学校平均在校生数量有了较大幅度的增长，对有效提升地区受教育程度、提高教育代际向上流动率具有重要意义。

为了分析不同地区的每十万人口平均高等学校在校生数变化情况，考察了随着时间推移的空间重心演化轨迹。根据前述公式依次计算每十万人口平均高等学校在校生数的地理空间重心，绘制了其在空间重心变化轨迹上的分布散点图，如图 3.13 所示。

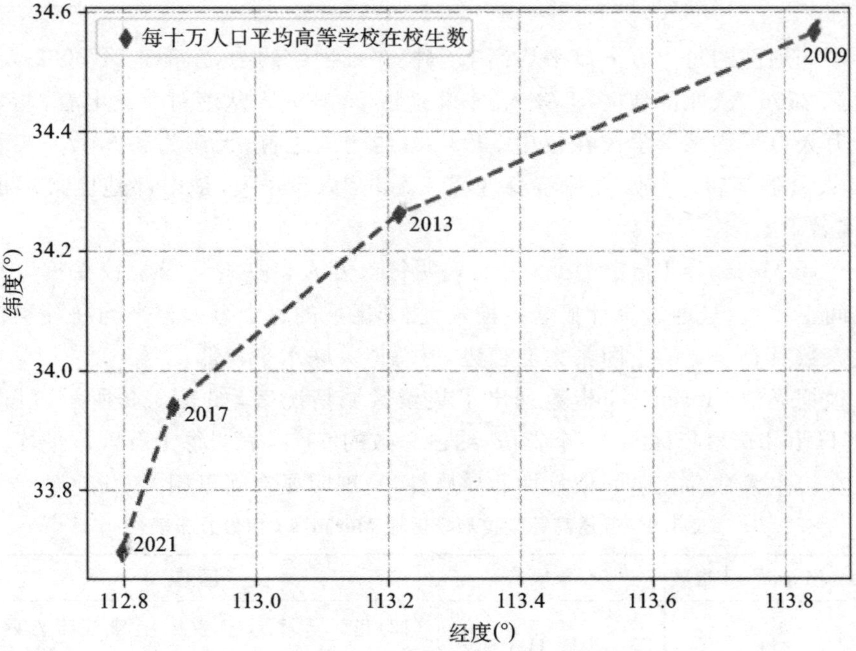

图 3.13 每十万人口平均高等学校在校生数空间重心轨迹

从图 3.13 可以看出，空间重心经度在 112.8°～114.2°之间、纬度在 33.6°～34.6°之间变动，与陆地地理几何中心（约东经 103°、北纬 36°）存在一定的差异，整体呈现偏向东南的趋势。

从 2009 年到 2021 年，空间重心一直连续向西南移动，表明每十万人口平均高等学校在校生数西部扩张总体高于东部、南部扩张高于北部。随着时间的演进，空间重心在经度、纬度上均更接近几何中心，表明每十万人口平均高等学校在校生数的南北差异和东西差异都在逐渐减小，高等教育规模均衡发展已经取得了一定的效果。

更进一步，以 2021 年的统计数据为例，将每十万人口平均高等学校在校生数量按照分省进行量化成 4 个级，分级原则如前文所述不变。如表 3.8 所示，从数量等级看，每十万人口平均高等学校在校生数的空间分布与学校数量分布接近。

表 3.8　2021 年每十万人口平均高等学校在校生人数空间分布表

等级	量化数/人	区域
1	3463～5394	(8)北京 天津 陕西 湖北 江苏 上海 辽宁 吉林
2	2867～3462	(7)山东 河南 湖南 江西 重庆 广东 广西
3	2691～2866	(8)宁夏 四川 海南 福建 浙江 安徽 黑龙江 河北
4	1498～2690	(8)新疆 西藏 青海 甘肃 山西 内蒙古 云南 贵州

不同地区的每十万人口平均高等学校在校生数约为，东部地区 3009 人、中部地区 2006 人、西部地区 1573 人、东北地区 2543 人。从绝对数量上看，北京的每十万人口平均高等学校在校生 5393 人，居全国之首；天津为 4430 人、陕西为 4132 人紧随其后，上海、吉林跻身五强。湖北为 3598 人，是中部地区最多的省份，排名第七位。

全局 Moran's I 指数为 0.0712，表明每十万人口平均高等学校在校生数呈现空间正相关，且通过统计显著性检验，相邻区域的每十万人口平均高等学校在校生人数具有一定的空间聚集性趋势，但总体关联水平较低。

根据局部 Moran's I 指数列出了集聚区域情况表，如表 3.9 所示，可以看到，HH 和 LL 聚集区共 19 个省份，约占总数的 60%，表明每十万人口平均高等学校在校生人数存在空间依赖性和异质性，呈现明显空间正相关。

表 3.9　普通高等学校规模区域 Moran's I 指数分布表

年度	Moran's I 指数	象限	区域
2021	0.0712	第一象限 HH 聚集	(12)北京 天津 辽宁 吉林 上海 江苏 江西 山东 河南 湖北 湖南 广东
		第二象限 LH 聚集	(9)河北 山西 内蒙古 黑龙江 浙江 安徽 福建 海南 贵州
		第三象限 LL 聚集	(7)四川 云南 西藏 甘肃 青海 宁夏 新疆
		第四象限 HL 聚集	(3)广西 陕西 重庆

总体上，2021 年东部地区 HH 聚集区、LH 聚集区各占半壁江山；中部地区除山西、安徽省位于 LH 聚集区外，其余省份均处于 HH 聚集区；西部地区也有近 60%省份位于 LL 聚集区，内蒙古、贵州位于 LH 聚集区，广西、陕西、重庆等省份处于 HL 聚集区；东北地区的辽宁、吉林省分别位于 HH 聚集区，黑龙江位于 LH 聚集区。

可视化的象限展示如图 3.14 所示，高值的 HH 聚集区、LL 聚集区总体上数量略多，其中 LH 聚集区略密集。注意到西部地区的广西、重庆、陕西等省份距离坐标原点相对较近，目前尚属于 HL 区，应加强高等教育规模统筹设计，可以使其发挥空间溢出效应，转向 HH 聚集区，否则，特别是广西，有落入 LL 聚集区的风险。

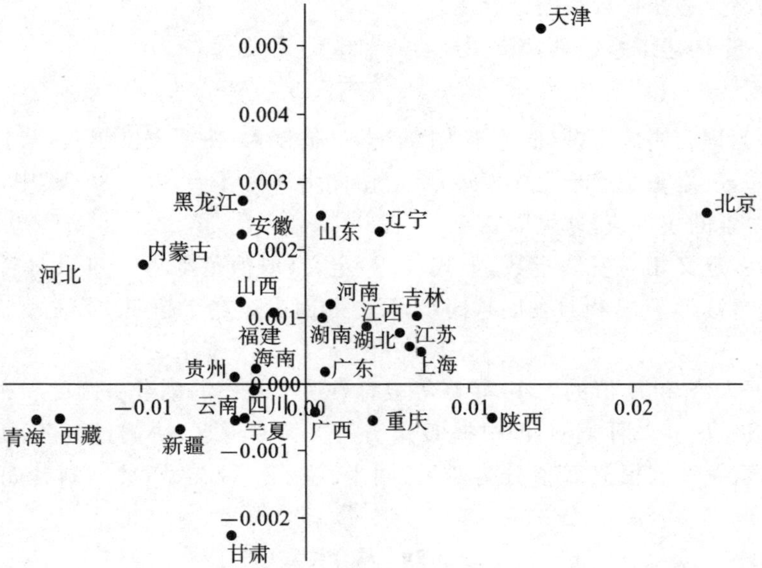

图 3.14　普通高等学校规模空间分布

第四节　高等教育资源与规模的时空耦合

为了分析高等教育资源与规模的时序趋势以及地区差异，根据 2009—2021 年的四期面板数据进行实证分析。

首先对原始数据进行最大最小归一化处理，以高等学校数量为例，具体如式(3.4)所示，其中 y 是归一化之后的结果，x_u 是学校数量的原始结果，$\min(x_u)$ 和 $\max(x_u)$ 表示该指标的原始最小值和最大值，其他指标等类似处理。

$$y = \frac{x_u - \min(x_u)}{\max(x_u) - \min(x_u)} \tag{3.4}$$

根据物理学中耦合的概念，计算高等教育资源与规模的耦合协调程度，以期挖掘资源系统与规模系统及其要素之间的相互关联与协调作用，具体耦合度模型如式(3.5)定义。

$$C = 2\sqrt{R \times S / (R + S)^2} \tag{3.5}$$

其中规模要素为S，资源要素为$R = 0.2R_u + 0.2R_t + 0.2R_s + 0.4R_f$，C为系统耦合度，反映两个系统要素的协调程度，取值范围为[0,1]，C值越大，耦合强度越高，系统要素发展越有序，反之系统趋于无序发展。两个系统要素都表现为低水平，仍然能够获得较高的耦合度。

进一步构建了系统耦合协调度，如式(3.6)定义。

$$D = \sqrt{C \times T} \tag{3.6}$$

其中，D为耦合协调度，取值范围为[0,1]，D值越大，协调程度越高，系统要素发展越有序，反之系统趋于无序发展；综合协同水平为$T = \alpha R + \beta S$，其中α、β为两个系统要素的权重值，这里取$\alpha = \beta = 0.5$。

此外，定义相对发展指数，如式(3.7)定义，取值范围为[−1,1]，当E绝对值越小、越接近于0，相对发展越同步，反之相对发展趋于超前或滞后。

$$E = R - S \tag{3.7}$$

根据D值和E值的大小，将高等教育资源与规模的耦合协调度和相对发展指数分成三区共九种类型，即根据D值分为失调衰退区、协调过渡区、协调发展区三个区，每个区根据E值分为滞后、同步、超前三种类型，具体划分如表3.10所示。

表3.10 耦合类型

分区	D	E	类型	特征
失调衰退区	[0,0.4]	[−1,−0.1)	1 失调滞后	资源滞后于规模，整体协调性弱
		[−0.1,0.1]	2 失调同步	资源与规模同步，整体协调性弱
		(0.1,1]	3 失调超前	资源超前于规模，整体协调性弱
协调过渡区	(0.4,0.6)	[−1,−0.1)	4 磨合滞后	资源滞后于规模，整体失调但趋于优化
		[−0.1,0.1]	5 磨合同步	资源与规模同步，整体失调但趋于优化
		(0.1,1]	6 磨合超前	资源超前于规模，整体失调但趋于优化
协调发展区	[0.6,1]	[−1,−0.1)	7 协调滞后	资源滞后于规模，整体协调发展
		[−0.1,0.1]	8 协调同步	资源与规模同步，整体协调发展
		(0.1,1]	9 协调超前	资源超前于规模，整体协调发展

根据相关数据，采用式(3.5)和式(3.6)，计算了不同地区的高等教育资源与规模的耦合指数，系统耦合度C和耦合协调度D，如表3.11所示。2009年平均C值为0.870，2021年平均C值为0.924，系统耦合度增大，表明高等教育资源与规模发展更有序；2009年平均D值为0.485，2021年平均D值为0.573，耦合协调度增大，表明总体协调发展越来越好。

表 3.11　区域耦合指数

省份	C				D			
	2009 年	2013 年	2017 年	2021 年	2009 年	2013 年	2017 年	2021 年
北京	0.982	0.984	0.983	0.907	0.908	0.913	0.911	0.799
天津	0.947	0.940	0.898	0.832	0.665	0.717	0.678	0.635
河北	0.882	0.915	0.953	0.986	0.493	0.569	0.567	0.603
山西	0.980	0.999	0.996	0.996	0.462	0.535	0.526	0.527
内蒙古	0.968	1.000	0.991	0.998	0.390	0.459	0.437	0.415
辽宁	0.976	0.994	0.999	0.980	0.597	0.652	0.631	0.646
吉林	1.000	0.995	0.977	0.898	0.538	0.600	0.612	0.595
黑龙江	0.978	0.998	1.000	0.998	0.543	0.563	0.551	0.535
上海	0.997	1.000	1.000	0.959	0.736	0.737	0.726	0.653
江苏	0.906	0.954	0.975	0.999	0.681	0.716	0.739	0.759
浙江	0.946	0.975	0.972	0.992	0.573	0.573	0.596	0.592
安徽	0.873	0.949	0.978	0.997	0.450	0.552	0.559	0.579
福建	0.944	0.994	0.999	0.996	0.486	0.543	0.559	0.568
江西	0.972	0.973	0.999	0.986	0.490	0.578	0.595	0.647
山东	0.856	0.908	0.967	0.988	0.581	0.626	0.675	0.705
河南	0.828	0.900	0.951	0.990	0.471	0.564	0.619	0.714
湖北	0.965	0.994	0.995	0.997	0.631	0.701	0.698	0.706
湖南	0.900	0.932	0.971	1.000	0.525	0.563	0.567	0.644
广东	0.755	0.870	0.919	0.972	0.568	0.609	0.674	0.739
广西	0.819	0.973	1.000	0.976	0.357	0.449	0.508	0.575
海南	0.982	0.958	0.929	0.929	0.345	0.429	0.414	0.470
重庆	0.999	0.994	0.964	0.941	0.472	0.571	0.597	0.592
四川	0.834	0.917	0.963	0.980	0.464	0.560	0.595	0.627
贵州	0.000	0.912	0.995	0.994	0.000	0.302	0.451	0.515
云南	0.663	0.813	0.974	0.996	0.306	0.438	0.440	0.521
西藏	0.646	0.876	0.877	0.533	0.383	0.380	0.451	0.340
陕西	0.991	0.994	0.983	0.953	0.614	0.697	0.705	0.703
甘肃	0.977	0.996	1.000	0.969	0.393	0.458	0.488	0.475
青海	0.528	0.000	0.000	0.000	0.197	0.000	0.000	0.000

续表

省份	C				D			
	2009年	2013年	2017年	2021年	2009年	2013年	2017年	2021年
宁夏	0.926	1.000	0.998	0.898	0.406	0.472	0.479	0.437
新疆	0.955	0.965	0.970	0.999	0.323	0.371	0.399	0.453

类似地，采用式(3.7)计算了不同地区的高等教育资源与规模的相对发展指数E，如表3.12所示。2009年平均E值为0.147，2021年平均E值为−0.065，相对发展指数绝对值减小，表明高等教育资源与规模协同性更好，但E值由正转负，表明从资源超前转变为规模超前，在不改变现有规模的情况下，资源配置有待于进一步加强，或者降低规模，转向高质量内涵式发展。

表3.12 区域相对发展指数

省份	E				类型*			
	2009年	2013年	2017年	2021年	2009年	2013年	2017年	2021年
北京	−0.321	−0.306	−0.311	−0.592	7型	7型	7型	7型
天津	−0.299	−0.372	−0.452	−0.537	7型	7型	7型	7型
河北	0.260	0.286	0.205	0.121	6型	6型	6型	9型
山西	0.086	0.019	−0.049	−0.052	5型	5型	5型	5型
内蒙古	0.078	0.008	0.051	0.023	2型	5型	5型	5型
辽宁	0.158	0.093	−0.027	−0.170	6型	8型	8型	8型
吉林	−0.005	−0.075	−0.165	−0.346	5型	8型	7型	4型
黑龙江	0.124	0.040	0.011	−0.041	6型	5型	5型	5型
上海	−0.089	0.018	−0.029	−0.251	8型	8型	8型	7型
江苏	0.432	0.323	0.247	0.046	9型	9型	9型	8型
浙江	0.226	0.150	0.172	0.087	6型	6型	6型	5型
安徽	0.226	0.202	0.132	0.055	6型	6型	6型	5型
福建	0.166	0.063	0.023	−0.055	6型	5型	5型	5型
江西	0.115	0.159	−0.035	−0.139	6型	6型	5型	7型
山东	0.409	0.361	0.240	0.158	6型	8型	8型	8型
河南	0.300	0.308	0.249	0.143	6型	6型	9型	9型
湖北	0.217	0.105	0.100	−0.078	9型	9型	9型	8型
湖南	0.267	0.247	0.159	−0.019	6型	6型	6型	8型

续表

省份	E				类型*			
	2009 年	2013 年	2017 年	2021 年	2009 年	2013 年	2017 年	2021 年
广东	0.560	0.420	0.390	0.263	6 型	9 型	9 型	9 型
广西	0.178	0.096	−0.001	−0.148	3 型	5 型	5 型	5 型
海南	−0.045	−0.110	−0.137	−0.175	2 型	4 型	4 型	4 型
重庆	0.023	−0.072	−0.198	−0.252	5 型	5 型	4 型	4 型
四川	0.285	0.273	0.198	0.159	6 型	6 型	6 型	9 型
贵州	0.148	0.082	0.039	−0.059	3 型	2 型	5 型	5 型
云南	0.211	0.275	0.090	−0.046	3 型	6 型	5 型	5 型
西藏	0.346	0.159	0.223	0.367	3 型	3 型	6 型	3 型
陕西	0.099	−0.109	−0.187	−0.314	8 型	7 型	7 型	7 型
甘肃	0.068	−0.039	0.007	−0.114	2 型	5 型	5 型	5 型
青海	0.125	0.164	0.211	0.168	3 型	3 型	3 型	3 型
宁夏	0.134	0.003	−0.029	−0.187	6 型	5 型	5 型	4 型
新疆	0.065	0.075	0.080	−0.017	2 型	2 型	2 型	5 型

*采用表 3.5 的 9 种类型。

根据表 3.10 所定义的类型，结合表 3.11 中的 D 值和表 3.12 中的 E 值，将不同地区的高等教育资源与规模归纳为 9 种类型，也列在表 3.12 中。从表 3.12可以看出，江苏、湖北省长期处于协调超前，目前属于协调同步，河南、广东省资源投入大、后来居上，从原来的磨合超前转换为协调超前。

根据表 3.10 的类型情况，以 2009 和 2021 年为例，分别统计了不同区域的高等教育资源与规模类型情况，如表 3.13 所示。从总体看，5 型占优转向为 6 型占优，表明 2009 年多数区域高等教育资源与规模同步，2021 年多数区域高等教育资源超前于规模，协调区域更多且趋于优化。东部地区、中部地区协调性更好；西部地区协调性有待于改善，3 型居多，主要原因在于政策倾斜，资源大量融入，超前于当地高等教育规模。

表 3.13 区域协调发展类型

项目	1 型	2 型	3 型	4 型	5 型	6 型	7 型	8 型	9 型
总体(2021)	0	0	2	4	11	0	5	5	4
总体(2009)	0	4	5	0	3	13	2	2	2
东部地区(2021)	0	0	0	1	2	0	3	2	2

续表

项目	1型	2型	3型	4型	5型	6型	7型	8型	9型
东部地区(2009)	0	1	0	0	0	5	2	1	1
中部地区(2021)	0	0	0	0	2	0	1	2	1
中部地区(2009)	0	0	0	0	1	4	0	0	1
西部地区(2021)	0	0	2	2	6	0	1	0	1
西部地区(2009)	0	3	5	0	1	2	0	1	0
东北地区(2021)	0	0	0	1	1	0	0	1	0
东北地区(2009)	0	0	0	0	1	2	0	0	0

第五节 关于高等教育资源与规模的讨论

高等教育在教育代际流动中发挥着显著作用，是社会分层流动的重要通道，既是强势阶层与上层群体实现代际保持的重要工具，也是弱势阶层与底层群体实现向上流动的关键渠道。关于高等教育促进教育公平一直以来备受关注。董泽芳等人提出重视文化观念，加强制度建设，调整教育结构，从顶层认知、制度保障、实施载体上促进高等教育公平。[①] 田媞媞等人认为采取转变思路、促进机会均等、完善制度、均衡发展教育、多管齐下等策略，能够促进教育公平、社会公平。[②] 王杰茹通过对社会分层、财政支出与高等教育均衡的综述研究，认为高等教育在某种程度上没有缩小社会分层造成的差距，甚至有加速阶层固化的趋势，地区之间、高校之间、社会群体之间差异显著，经费分配应向底层阶层和弱势群体倾斜，发挥财政的调节作用。[③] 杨娟等人利用中国住户收入分配数据库，分析发现父代受教育程度显著影响农村子女高中教育程度的可能性，通过增加公共财政经费，能够弱化家庭背景的作用，强化代际流动性。[④] 徐俊武等人利用中国健康与营养调查等数据，从收入的角度实证分析了公共教育支出对代际流动的

---

① 董泽芳，赵玉莲. 从布尔迪厄文化再生产理论看社会分层与高等教育公平[J]. 现代大学教育，2015(6)：1-6，107.

② 田媞媞，王栋. 社会分层影响下推进高等教育起点公平的策略研究[J]. 河南农业，2020(27)：6-8.

③ 王杰茹. 社会分层、财政支出与高等教育均衡：一个文献综述[J]. 公共财政研究，2017(4)：68-81.

④ 杨娟，周青. 增加公共教育经费有助于改善教育的代际流动性吗？[J]. 北京师范大学学报(社会科学版)，2013(2)：116-125.

影响,发现了公共教育支出对提升代际流动性具有显著作用。[①]

随着区域经济快速发展,国家政策体制和战略选择等共性原因、地方政治经济和社会文化等个性原因,共同作用造成了高等教育资源与规模的时空不均衡。主要表现为以下几点。

一、区域高等教育资源不均衡

虽然总体全面优化,但在普通高等学校数量、专任教师数量、在校生数量、生均教育事业经费等方面,资源分配仍然不均衡,东部地区优于中部地区,西部地区、东北地区有待改善。其中,37%的高校集中在东部地区、26%在中部地区;40%的教师归属在东部地区、26%在中部地区;37%的在校生在东部地区、28%在中部地区;生均公共教育经费基本能够保持对等投入,且西部总体高于东部、南部高于北部。区域高等教育资源存在空间依赖性和异质性,呈现明显空间正相关。

二、区域高等教育规模不均衡

虽然整体规模不断优化,但受各种因素的制约,规模仍然不均衡。不同区域的每十万人口平均高等学校在校生数约为,东部地区 3009 人、中部地区 2006 人、西部地区 1573 人、东北地区 2543 人,HH 和 LL 聚集区共 19 个省份,约占总数的 60%。每十万人口平均高等学校在校生人数存在空间依赖性和异质性,呈现显著空间正相关。

三、区域高等教育协调不均衡

虽然高等教育资源与规模的系统耦合度不断增大、耦合协调度逐步增大、相对发展指数绝对值依次减小,整体发展更有序,但区域协调仍然不均衡。东部地区、中部地区协调性更好;西部地区协调性有待改善,3 型居多,主要原因在于政策倾斜,资源大量融入,超前于当地高等教育规模。此外,E 值由正转负,表明从资源超前转变为规模超前,在不改变现有规模的情况下,资源配置有待于进一步加强,或者降低规模,转向高质量内涵式发展。

高等教育进入全面普及化阶段,在“十四五”期间要提升高等教育质量,提高社会代际流动性,故而高等教育的区域均衡发展等仍然任重道远。为此,至少可以从以下三个方面着力。

---

① 徐俊武,易祥瑞.增加公共教育支出能够缓解“二代”现象吗?——基于 CHNS 的代际收入流动性分析[J].财经研究,2014(11):17-28.

一是区域统筹规划，统一资源配置。高等教育发展要跳出省份、城市的各种局限，在更高层次、更大范围强化统筹设计，按城市圈整体优化普通高等教育布局，发挥重点省份的空间溢出带动作用，强化区域内部相对均衡化。

二是适度控制规模，兼顾规模与质量。高等教育发展、教育代际流动并不意味着单纯盲目扩大规模，盲目扩大规模容易导致学历内卷。从目前看，规模化已经初具成效，在稳定规模的情况下，还要兼顾人才培养质量。根据产业结构、经济水平等区域发展实际，加强人才创新能力培养，适当增加研究生规模。

三是保持经费倾斜，注重使用效益。高等教育规模与经费资源区域间不协调，矛盾日益突出。一方面，要稳定中西部政策倾斜，保持公共财政投入，另一方面，重视东部地区与中部、西部地区的源头差异，有效提高经费使用效益，做到资源与规模协调发展。

第四章 乡村教育代际流动与乡村振兴

第一节 乡村教育代际流动概述

“乡村振兴，人才是关键。”其中内生人才的培育和外生人才的引进是人才引育的两大渠道，教育是乡村内生人才培育的重要手段，具有举足轻重的重要意义。也因此，乡村教育是乡村振兴的基石。乡村教育代际流动是指乡村同一家庭中子代相对于父代受教育程度的流动情况，这一概念属于教育代际流动的范畴，是乡村进步和发展的重要衡量指标，其流动性从根本上刻画了教育公平的程度，不仅直接反映了乡村教育的优质均衡发展状况，而且还一定程度上决定了乡村振兴的成败。从这个意义上说，乡村教育的整体向上流动才有可能促进乡村振兴，反之，乡村教育的整体向下流动将具有极大的风险抑制乡村振兴。乡村教育代际流动性越低，子代受教育程度与父代的相关性越强，教育传承作用越明显，父代受教育程度等家庭原因对子代教育的影响越大。一方面，从目前的整体受教育程度看，乡村父代本身就处于低阶层，乡村子代向下流动的空间有限，向下的流动并不能显著提升其流动性；另一方面，从城乡教育均衡化的角度看，一旦乡村教育代际流动性弱化，乡村子代比城镇子代更难从教育上突破父代的阶层，不能打开有效向上流动的通道，教育的机会公平性越低。

目前，与乡村教育代际流动的研究大致在乡村教育代际流动性的度量分析、乡村教育代际流动的影响分析、乡村教育与代际流动的互动分析等三大方面。

王小红研究了农村学生教育代际与社会阶层流动的关系，关注农村学生的地位获得，尝试构建社会分层理论体系，提出保障教育机会和就业机会的平等，促进社会代际收入流动。[①] 余秀兰从新的“读书无用论”出发，从教育机会、地位

---

① 王小红. 教育社会分层与农村学生社会流动研究：回溯和展望[J]. 上海教育科研，2012(9)：28-31，9.

获得等影响因素探讨了教育促进底层升迁的功能。① 徐俊武等人利用中国综合社会调查 2010 年的数据，通过构建一种新的指数测算城乡教育代际的流动水平差异，并通过转移概率矩阵计算了惯性率、亚惯性率、加权平均移动率、卡方值等，验证了农村的教育代际流动水平，并指出了教育代际流动的城乡差异呈现扩大化的趋势。② 赵红霞等人利用中国家庭收入调查 2013 年的数据，通过转移概率矩阵和线性回归分析的方法，挖掘了子代教育对于农村贫困代际流动的影响，提出通过提高子代的受教育程度阻断农村贫困的代际传递作用。③ 彭骏等人利用中国家庭收入调查 2013 年的数据，通过转移概率矩阵的方法分析了农村的教育代际流动水平，通过回归分析法挖掘了教育政策对农村教育代际流动性的影响。④ 周向伟等人利用中国综合社会调查 2015 年的数据，通过 OLS 回归分析挖掘了教育与家庭背景对农村代际流动的影响机理，提出要重视主观阶层感知。⑤ 李芳芝等人从代际次序相关性指标的角度考察不同地区的代际流动状况，实证分析了代际流动对主观幸福感的影响机理，指出代际流动能有条件地提升主观幸福感，但并非直接正向相关。⑥

乡村教育代际流动的研究形成了多种结论以及若干有针对性的建议策略，总体上，这些成果为开展新的研究提供了良好的基础。但至少还存在以下可拓展的研究空间：一是将客观量化指标与主观自我感知结合起来考察乡村教育代际流动性；二是从乡村教育代际流动的视角下考察乡村教育与乡村振兴问题。鉴于此，本章从教育代际流动的视角，将研究对象限定在乡村个体，并与城镇个体进行比较，结合客观量化指标与主观感知数据，通过转移概率矩阵的方法探索了乡村教育赋能乡村振兴的可能性，试图揭示乡村教育代际流动水平及其对乡村振兴的重要意义。

---

① 余秀兰. 教育还能促进底层的升迁性社会流动吗[J]. 高等教育研究，2014，35(7)：9-15.

② 徐俊武，黄珊. 中国代际教育流动性的地区、城乡与阶层差异研究[J]. 统计与决策，2016(8)：87-91.

③ 赵红霞，高培培. 子代教育对中国农村贫困代际传递的影响——基于 CHIP2013 的实证分析[J]. 教育学术月刊，2017(12)：26-32.

④ 彭骏，赵西亮. 教育政策能促进农村教育代际流动吗？——基于中国微观调查数据的实证分析[J]. 教育与经济，2021，37(5)：20-31.

⑤ 周向伟，张天雪. 感知与突围：教育场域中农村家庭的阶层代际流动——基于 CGSS 数据的实证分析[J]. 教育发展研究，2020，40(6)：1-8.

⑥ 李芳芝，张焕明. 代际流动影响主观幸福感吗？——基于 CGSS2015 的经验证据[J]. 统计研究，2021，38(3)：107-121.

第二节　数据样本描述性分析

数据对象来源于中国综合社会调查(CGSS),为了分析的时效性,仅利用了CGSS 2017 年度的调查数据,包含 12582 个样本数据。每个样本包含了子代的最高受教育程度、性别、城乡属性、出生年份、目前的幸福感评分、采访地点,以及父亲和母亲的最高受教育程度等字段信息,且未对数据进行任何抽样处理。

为保证数据足够的相关性和可用性,仅对数据进行了清洗和预处理,剔除其他、无填答、不回答、不知道、说不清、不适合等各种原因造成的不适宜数据。考虑到不同时期的实际情况,如学制等影响,受教育程度与教育年限没有明确的严格对应关系,无法精确量化,本章采用惯常的处理方式将受教育程度的数据粒度划分为共 7 个等级类别,包括没有受过任何教育(含私塾、扫盲班等)、小学、初中、高中(含职业高中、普通高中、中专、技校等)、大学专科、大学本科及研究生,其中父代的受教育程度以父母双方的最高程度为准。

经过数据清洗后,2017 年的 CGSS 数据保留 11578 个样本,其中城镇样本 7346 个、乡村样本 4232 个。具体的样本分布情况描述性统计如表 4.1 所示,城镇样本按出生年龄组分为两个子样本集,分别包含 4054 个、3292 个样本;乡村样本按出生年龄组分为两个子样本,分别包含 2927 个、1305 个样本,此外,为进一步研究义务教育等政策对个体的影响,将 1971 年后出生的乡村样本个体按性别和出生年龄组两个维度进行更细粒度的分别进行研究。

表 4.1　数据样本的描述性分析

<table>
<tr><td>样本类型</td><td colspan="8">样本数/个</td></tr>
<tr><td rowspan="3">城镇样本</td><td colspan="2">1971 年前出生</td><td colspan="6">4054</td></tr>
<tr><td colspan="2">1971 年后出生</td><td colspan="6">3292</td></tr>
<tr><td colspan="2">小计</td><td colspan="6">7346</td></tr>
<tr><td rowspan="7">乡村样本</td><td colspan="2">1971 年前出生</td><td colspan="6">2927</td></tr>
<tr><td rowspan="5">1971 年后出生</td><td rowspan="2">性别</td><td colspan="3">男(儿子)</td><td colspan="3">女(女儿)</td></tr>
<tr><td colspan="3">607</td><td colspan="3">698</td></tr>
<tr><td rowspan="2">年份</td><td>1971—1975</td><td>1976—1980</td><td>1981—1985</td><td>1986—1990</td><td>1991—1995</td><td>1996—2000</td></tr>
<tr><td>360</td><td>262</td><td>226</td><td>214</td><td>150</td><td>93</td></tr>
<tr><td>小计</td><td colspan="6">1305</td></tr>
<tr><td colspan="2">小计</td><td colspan="6">4232</td></tr>
<tr><td>合计</td><td colspan="8">11578</td></tr>
</table>

除了第二章中描述的惯性率、亚惯性率、向上流动率、向下流动率、平均加权阶差等指标外，这里再增加一个指标，即式(4.1)所示的流动比。

流动比是向上流动率与向下流动率的比值，刻画了教育代际流动的大小和方向，流动比大于1，表明教育代际的整体向上流动；反之，流动比小于1，表明教育代际的整体向下流动。理想情况下，流动比等于1，是一种流动的稳定均衡态。流动比越接近1，教育代际流动越趋于稳定。

$$M_6 = M_3 / M_4 \tag{4.1}$$

第三节　乡村教育代际流动实证结果与分析

一、转移概率矩阵分析

根据CGSS 2017年调查数据，计算了教育代际流动的转移概率矩阵，如表4.2所示。从表内数据直观地看，不考虑其他因素，子代受教育程度与父代受教育程度呈现显著正向相关性。当父代受教育程度位于低层时，子代接受越高层次教育的概率越小；当父代受教育程度位于高层时，子代接受越低层次教育的概率越小。当父代受教育程度为小学和未受教育时，子代受教育程度为小学及未受教育的概率分别为25.027%、57.211%，子代受教育程度为本科及研究生的概率仅分别为7.093%、1.908%。反过来，当父代受教育程度为未受教育本科和研究生时，子代受教育程度为小学及未受教育的概率仅为5.050%、0%，子代受教育程度为本科及研究生的概率分别为54.545%、66.667%。

表4.2　教育代际流动的转移概率矩阵(全样本)

项目		子代受教育程度						
		未受教育	小学	初中	高中	专科	本科	研究生
父代受教育程度	未受教育	24.527	32.684	27.221	11.169	2.488	1.796	0.112
	小学	4.933	20.094	37.738	21.029	9.111	6.481	0.612
	初中	2.232	7.671	27.189	28.849	15.684	16.943	1.431
	高中	1.101	4.488	18.204	23.539	19.136	29.635	3.895
	专科	0.462	1.851	5.556	12.962	23.148	48.611	7.407
	本科	2.020	3.030	12.121	17.172	11.111	41.414	13.131
	研究生	0.0	0.0	0.0	6.667	26.667	40.0	26.667

从边缘概率看，父代受教育程度的边缘概率，从未受教育到接受研究生教育，依次为 46.2％、24.0％、15.1％、10.2％、1.9％、2.6％、0.1％；子代受教育程度的边缘概率，从未受教育到接受研究生教育，依次为 13.0％、21.6％、28.0％、17.6％、8.4％、10.0％、1.3％。总体上，子代的受教育程度明显高于父代，子代受教育程度为初中以上的机会明显增加。

为了考察样本个体教育代际流动的城乡差异，我们分别计算了城镇样本的转移概率矩阵和乡村样本的转移概率矩阵，如表 4.3 所示。从表 4.3 可以看出，当父代受教育程度位于低层时，乡村子代比城镇子代更难接受高层次的教育。当父代受教育程度为小学和未受教育时，乡村子代受教育程度为本科的概率仅分别为1.867％、0.193％，且研究生的样本缺失；相同情况下，城镇子代为本科及研究生的概率则分别为 9.872％、3.519％，远高于前者。当父代受教育程度为小学及以下时，乡村子代受教育程度为初中及以下的概率明显高于城镇子代。同等情况下，乡村子代更容易发生较低层次的教育。此外，在乡村样本中，子代接受本科以上教育的比例，父代受教育程度为初中、高中、专科的反而高于父代为本科以上，与城镇样本相比，一方面，说明乡村父代受教育程度为本科以上的样本量较少，另一方面，也正好说明乡村子代受教育程度仍然存在较大的向下流动风险。

表 4.3　教育代际流动的转移概率矩阵(城乡样本)

城镇样本		子代受教育程度						
		未受教育	小学	初中	高中	专科	本科	研究生
父代教育程度	未受教育	17.961	26.124	31.204	16.835	4.354	3.302	0.217
	小学	2.978	13.182	34.969	26.365	12.631	8.935	0.937
	初中	1.552	3.959	22.826	30.591	18.401	20.807	1.863
	高中	0.805	2.316	13.192	24.672	20.845	33.836	4.330
	专科	0.492	0.985	4.926	12.315	23.152	50.246	7.881
	本科	0.716	1.075	11.469	18.279	10.752	43.727	13.978
	研究生	0.0	0.0	0.0	7.142	21.428	42.857	28.571
乡村样本		子代受教育程度						
		未受教育	小学	初中	高中	专科	本科	研究生
父代教育程度	未受教育	31.517	39.667	22.981	5.137	0.502	0.193	0.0
	小学	8.609	33.091	42.946	10.995	2.489	1.867	0.0
	初中	4.139	18.082	39.433	23.965	8.061	6.100	0.217
	高中	2.659	15.957	44.681	17.553	10.106	7.446	1.595
	专科	0.0	15.384	15.384	23.076	23.076	23.076	0.0
	本科	22.222	33.333	22.222	0.0	16.667	5.556	0.0
	研究生	0.0	0.0	0.0	0.0	100.0	0.0	0.0

城镇样本中子代的受教育程度边缘概率，从未受教育到接受研究生教育，分别为7.9%、14.1%、26.7%、22.6%、11.9%、14.8%、2.0%。与城镇样本相比，乡村样本中子代的受教育程度边缘概率分别为21.9%、34.7%、30.2%、9.1%、2.4%、1.6%、0.1%。乡村个体未受教育的可能性更大，约为城镇个体的3倍；在接受过正规教育的情况下，乡村个体接受专科、本科、研究生教育的约为4.1%，城镇个体高达28.7%，正好是乡村样本的7倍；总体上乡村个体普遍受教育程度低于城镇样本。

为了分析不同时期出生的样本个体受教育政策的教育代际流动影响，分别计算了1971年后出生的城乡样本转移概率矩阵，如表4.4所示。这里取1971年作为出生时间分界线，原因在于：国家义务教育法于1986年颁布实施，考虑到学龄和学习年限，当年年龄不超过15岁者会不同程度地受到该政策、法律的影响。

表4.4 教育代际流动的转移概率矩阵(1971年后出生的城乡样本)

城镇样本(1971年后出生)		子代受教育程度						
		未受教育	小学	初中	高中	专科	本科	研究生
父代受教育程度	未受教育	8.395	23.456	37.037	18.271	7.654	4.691	0.493
	小学	2.378	9.988	33.055	25.208	14.744	12.722	1.902
	初中	0.955	2.866	19.532	28.768	19.957	25.796	2.123
	高中	0.651	1.043	11.212	22.294	20.860	38.591	5.345
	专科	0.649	0.000	1.948	9.740	18.831	59.090	9.740
	本科	1.176	0.000	1.764	13.529	8.235	54.117	21.176
	研究生	0.000	0.000	0.000	7.692	15.384	46.153	30.769
乡村样本(1971年后出生)		子代受教育程度						
		未受教育	小学	初中	高中	专科	本科	研究生
父代受教育程度	未受教育	12.742	45.152	35.180	5.263	1.108	0.554	0.000
	小学	4.068	25.481	50.535	12.419	4.068	3.426	0.000
	初中	2.727	11.515	41.212	24.545	11.212	8.484	0.303
	高中	1.515	12.121	43.939	16.666	12.878	10.606	2.272
	专科	0.000	16.666	0.000	33.333	16.666	33.333	0.000
	本科	12.500	25.000	12.500	0.000	37.500	12.500	0.000
	研究生	0.000	0.000	0.000	0.000	100.000	0.000	0.000

从表4.4可以看出，受到教育政策、法律的约束，个体接受高中以上教育的机会显著增加，接受专科、本科及研究生教育的概率分别增至不分年龄组前的3

倍。从边缘概率看，城镇子代受教育程度的边缘概率，从未受教育到接受研究生教育，依次为2.2%、6.5%、21.4%、23.3%、16.6%、25.9%、4.1%；乡村子代受教育程度的边缘概率，从未受教育到接受研究生教育，依次为5.9%、26.0%、42.8%、13.9%、6.3%、4.8%、0.3%。

与表4.3的样本数据相对比，1971年以后出生的个体未受教育的概率明显减少，降幅达八成以上，其中城镇样本从7.9%下降到2.2%，乡村样本从21.9%下降到5.9%。在接受过正规教育的情况下，城镇个体、乡村个体获得本科及研究生教育分别约为30%、5.1%，两者之间从原来的7倍关系降低到6倍的关系，义务教育等政策对于乡村的正向影响更加显著。

即使父代受教育程度位于低层，子代也有机会接受高层次的教育。当父代受教育程度为小学和未受教育时，城镇样本的子代接受高中及高中以上教育的概率分别从48.868%、24.708%提升为54.576%、31.109%，乡村样本的子代接受高中及高中以上教育的概率分别从15.351%、5.832%提升为19.913%、6.925%。从这个角度说，教育政策普遍提升了高层次教育获得的机会，但城镇对父代为未受教育的子代提升更显著，而农村则对父代受教育程度为小学的更为显著。

与乡村全样本类似，1971年后出生的乡村个体子代接受本科及研究生教育的比例，父代受教育程度为高中、专科的仍然高于父代为本科及研究生，但从比例上看已有降低的趋势。

此外，我们统计了1971年后出生的乡村个体受教育程度，如图4.1所示。从总体分布看，随着经济社会的发展和教育事业的进步，子代受教育程度明显优

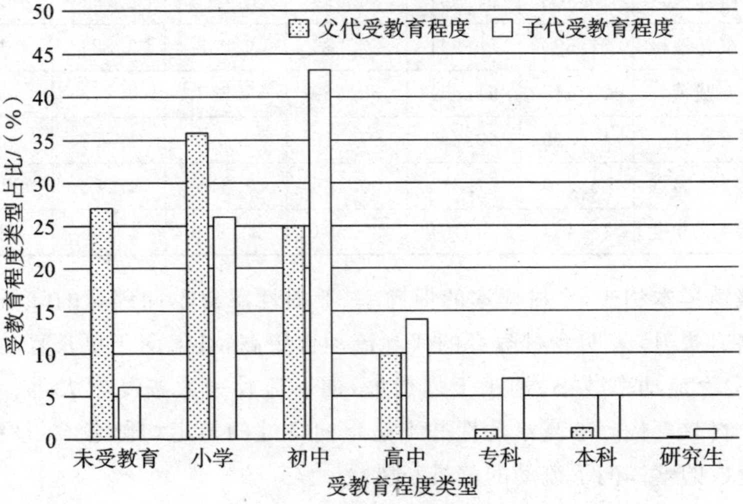

图4.1　1971年后出生的乡村样本受教育程度

于父代，教育整体呈现向上层发展的趋势，具体为从父代的未受教育、小学为主，转向为子代的以初中为主，专科及以上从“基本无”到“明显有”，子代未受教育比父代低 20 个百分点，子代受教育程度为小学比父代低 5 个百分点，同时，子代受教育程度为专科和本科均高出父代各 5 个百分点。以上结果表明，义务教育政策的全面普及和高等教育政策的深入推进，教育事业取得了长足的发展和进步，不断推动乡村教育代际流动水平的提升。

二、代际流动性测算

为了进一步度量教育代际流动性，我们从不同维度分析整体流动水平，分别计算了不同样本集的惯性率、亚惯性率、向上流动率、向下流动率、流动比、平均加权阶差等指标，如表 4.5 所示。从全样本看，随着社会的进步和教育的发展，教育代际整体向上流动，但是，与理想值相比，惯性率、亚惯性率偏高，平均加权阶差较低，表明教育代际传递作用过强，受教育程度的跨阶层长程流动不足。

表 4.5　不同样本的流动性测算

样本类型		惯性率	亚惯性率	向上流动率	向下流动率	流动比	平均加权阶差
全样本		26.654	65.945	47.881	11.909	4.021	20.385
城镇		24.871	62.415	52.665	10.171	5.178	21.742
乡村	总体	21.461	57.301	29.622	33.043	0.896	24.841
	东部地区	12.653	37.053	34.364	29.892	1.149	27.096
	中部地区	18.399	67.918	36.564	2.613	14.004	15.218
	西部地区	15.408	61.661	36.594	13.299	2.751	19.382
	东北地区	23.690	52.941	27.289	9.663	2.824	12.473
1971 年后出生	城镇	23.418	61.561	58.669	6.399	9.168	22.642
	乡村	17.895	60.295	37.335	26.147	1.428	23.863
	乡村(男性)	16.320	61.331	39.463	9.214	4.283	17.821
	乡村(女性)	18.489	56.104	35.591	31.619	1.126	27.152

与城镇样本相比，乡村样本的惯性率、亚惯性率有不同程度的降低，平均加权阶差略有提升，表明乡村教育的代际流动性更高，且偏向于更长程的流动；与此同时，向上流动率减小、远小于理想值，向下流动率大幅度增大，流动比小于1，表明乡村教育代际的高流动性并不是走向良性的稳定均衡态，而是存在因各种原因造成的整体向下流动的危机和风险。

为了从地区差异的角度考察乡村教育代际流动性，参照国民经济和社会发展统计公报的准则，我们这里将乡村样本划分为东部地区、中部地区、西部地区、东北地区。结果发现:东部地区惯性率最低,亚惯性率最接近理想值,向下流动率最大,流动比最低,平均加权阶差最高,与前述乡村样本集特征相似,表明该区域的人口样本极大地影响了乡村样本的整体教育代际流动性;中部地区亚惯性率最高,向下流动率最小,流动比最大,表明该区域的教育相对传递作用最显著,整体重视教育的促进作用,子代普遍比父代接受了更高层次的教育;西部地区向上流动率最高,惯性率次低,亚惯性率次高、向下流动率次高,优势家庭持续向上层流动,劣势家庭明显向下流动,呈现出近似两极分化的趋势;东北地区惯性率最大,向上流动率、平均加权阶差最低,表明该区域的教育直接传递作用最显著,教育代际流动情况有待改进。

需要特别说明的是,东部地区包含了北京、天津、河北、上海、江苏、浙江、福建、山东、广东、海南等省份,多属于经济发达地区,一般外来人口较多。因此,造成上述情况的原因尚不一定在于本地人口样本这方面,研究仅以采访地而非户籍地为基准考察区域差异,难免存在一定的结果偏差。但乡村教育代际流动的地区差异是显著的。

为了从性别差异的角度考察乡村教育代际流动性,对于1971年以后出生的乡村样本集,我们根据转移概率矩阵计算了对应的量化指标值(见表4.5),可以看出,女儿相对于父代的教育代际向下流动更大,在其他指标近似的情况下,平均加权阶差明显更大,表明女儿相比父代的受教育程度可能更多地存在跨层下行,由此可见,乡村女性的受教育程度处于明显低层次的地位,乡村女性是影响城乡教育代际流动差异的重要因素。因此,在城乡对比中,乡村处于劣势,在乡村男性和女性对比中,乡村女性又处于劣势。可以断定乡村女性是乡村教育中的薄弱环节,没有获得到应有的教育机会,极大地抑制和阻碍了城乡教育公平,乡村家庭的女儿教育问题更需要引起关注。

为了从年龄组差异的角度考察乡村教育代际流动性,对于1971年以后出生的乡村样本集,按照五年一组,根据转移概率矩阵计算了对应的量化指标值,统计结果列在图4.2中,其中各年龄组向上流动率明显高于向下流动率,整体向上流动趋势显著,同时,1996—2000年组向下流动率为0,为了统一显示的需要,图中忽略了各组样本的流动比。

从图4.2可以看出,不同年龄组的教育代际流动性各有差异,但总体趋势相对近似一致。除1996—2000年组外,其余各组惯性率、亚惯性率表现为下降的趋势,向上流动率逐步增加,向下流动率略有减少,平均加权阶差缓慢增大,表明得益于教育政策和教育环境等因素的影响,该阶段乡村教育代际的流动性持续向好。

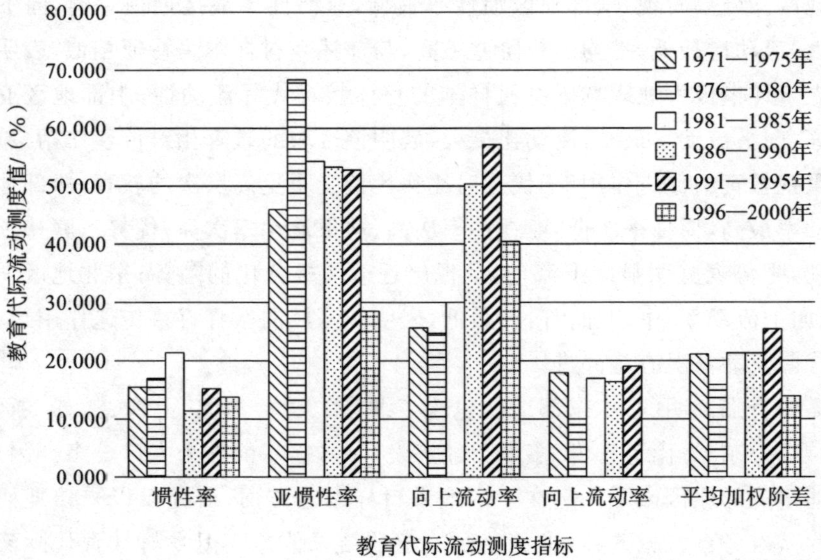

图 4.2　1971 年后出生的乡村样本各年龄组流动性测算

三、主观感知分析

为了进一步分析教育及其代际流动对于自我阶层感知、主观幸福感知等的影响，统计了不同样本集的三个指标均值。幸福感是个体对目前的幸福感评分，评分越高代表自我感知越幸福，最高 10 分，最低 0 分。阶层感是个体认为目前处于社会的哪一层，最高 10 分代表最顶层，最低 1 分代表最底层。阶层期望感知是个体认为 10 年后处于社会的哪一层，计分方式与阶层感相同。结果如表 4.6 所示，可以看出城乡样本存在明显差异。阶层感与城乡状态呈显著正向相关关系，乡村群体的阶层感知、主观幸福感均不同程度地低于城镇群体，其中幸福感自评分平均少近 10 个百分点，阶层感少约 15 个百分点，阶层期望感知少约 13 个百分点，可以反映出，相对城镇子代来说，目前乡村子代的主观幸福感知与自我阶层感知仍存在困境。

表 4.6　不同样本的阶层感自评分

<table>
<tr><th>指标类型</th><th>全样本</th><th>城镇</th><th>乡村</th><th>城镇(1971 年后出生)</th><th colspan="2">乡村(1971 年后出生)</th></tr>
<tr><td rowspan="3">幸福感</td><td rowspan="3">2.308</td><td rowspan="3">2.383</td><td rowspan="3">2.179</td><td rowspan="3">2.375</td><td colspan="2">2.271</td></tr>
<tr><td>受教育程度高中以下</td><td>2.183</td></tr>
<tr><td>受教育程度高中及高中以上</td><td>2.529</td></tr>
</table>

续表

<table>
<tr><th>指标类型</th><th>全样本</th><th>城镇</th><th>乡村</th><th>城镇(1971 年后出生)</th><th colspan="2">乡村(1971 年后出生)</th></tr>
<tr><td rowspan="3">阶层感</td><td rowspan="3">4.132</td><td rowspan="3">4.332</td><td rowspan="3">3.782</td><td rowspan="3">4.436</td><td colspan="2">3.905</td></tr>
<tr><td>受教育程度高中以下</td><td>3.571</td></tr>
<tr><td>受教育程度高中及高中以上</td><td>4.061</td></tr>
<tr><td rowspan="3">阶层期望感知(10 年后)</td><td rowspan="3">4.895</td><td rowspan="3">5.107</td><td rowspan="3">4.522</td><td rowspan="3">5.716</td><td colspan="2">5.281</td></tr>
<tr><td>受教育程度高中以下</td><td>4.521</td></tr>
<tr><td>受教育程度高中及高中以上</td><td>5.630</td></tr>
</table>

即使如此,对于 1971 年后出生的样本个体,各类主观感知显著优于总体样本,同时,乡村群体的主观感知提升大于城镇群体。从受教育程度来看,在 1971 年后出生的乡村个体中,受教育程度高中以下的群体大幅落后于受教育程度高中及高中以上。阶层感与受教育程度也呈正向的相关关系,其自我阶层感知、主观幸福感知均已不同程度地高于城镇群体,甚至主观幸福感知高于同龄的城镇群体,幸福感自评分平均高出近 6 个百分点,表明教育能提升整体阶层感知、主观幸福感知,个体的受教育程度越高,自我幸福感越强,阶层自我感知也越向上,对未来的阶层期望也更优。可以反映出,相对低层次的教育获得者来说,更高层次的教育将有效提升个体自我幸福认同的初心和恒心、自我阶层突围的信心和决心,在未来为乡村子代提升主观幸福与阶层认知提供了巨大的前景。

毫无疑问,乡村振兴的出发点是人民,落脚点也是人民。乡村教育应该以办好人民满意的教育为根本遵循。事实上,已有文献充分论证了乡村教育对于乡村振兴和贫困代际流动的重要意义。段义德研究了教育与农村相对贫困的代际传递问题,利用中国家庭收入调查 2013 年的数据,以排序位测算相对贫困,通过回归分析的方法挖掘了教育对农村相对贫困的影响机制,提出加大农村教育投入,增加子代的正规教育,可以显著促进代际流动性。[①] 朱月季等人研究了教育、社会资本对中国农村家庭代际流动的影响,同样利用中国家庭收入调查 2013 年的数据进行实证分析,结果认为儿子的受教育程度明显正向影响家庭代际流动性,由此提出以乡村教育质量为路径之一——促进农村代际流动。[②] 何

① 段义德.教育与农村相对贫困的代际传递——基于工具变量法的检验[J].农村经济,2020(9):67-75.

② 朱月季,张颖,陈新锋.教育、社会资本对中国农村家庭代际流动的影响 ——基于 CHIP 数据的实证分析[J].华中农业大学学报(社会科学版),2020(1):75-83.

爱霞等人从继续教育的角度探讨了农村贫困代际传递的影响机理，包括职业培训、观念更新、合作互助等，指明了继续教育促进农村代际流动的若干路径。[①]也就是说，乡村教育最终能够在一定意义上促进社会代际流动、阻隔贫困代际传递、赋能乡村振兴，并推动和促进乡村振兴顺利实施。

结合表 4.6 的结果分析，从主观感知的角度来说，乡村教育能够提升乡村个体的幸福感、阶层感以及未来期望。乡村教育能提高个体幸福感，实现乡村子代的自我认同，有助于增强乡村子代爱国爱乡的情怀，从思想上有信心、有意愿为乡村建设出力，为乡村振兴留住心。乡村教育能提高个体阶层感，增强乡村子代的阶层感知，有助于提升乡村子代创业的激情，从行动上攻坚克难、奋发有为建设好乡村，为乡村振兴留住人。乡村教育能提高个体未来期望度，提升乡村子代的未来期望，有助于培养乡村子代返乡入乡的热情，从心理上达成城乡一体化优质均衡发展、追求融合发展的城乡物质文明和精神文明，为乡村振兴吸引人。

第四节　乡村教育代际流动讨论

本章利用 CGSS 2017 年的样本数据，通过转移概率矩阵的方法，对比分析了城乡教育代际流动的客观测度指标，包括惯性率、亚惯性率、向上流动率、向下流动率、流动比、平均加权阶差等；利用幸福感、阶层感、阶层期望感知等，对比分析了城乡的自我阶层感知、主观幸福感知等主观认知指标。总体分析结果表明：一是从全样本看，子代受教育程度与父代受教育程度呈现显著正向相关性，教育代际整体向上流动，受教育程度向更高层次发展，子代的受教育程度明显高于父代，子代受教育程度为初中以上的机会明显增加，有效维持了整体教育素质和质量。二是从 1971 年后出生个体的城乡样本看，普及义务教育等教育政策对乡村的正向影响更加显著；但城镇比乡村更容易获得高层次教育的机会。乡村教育代际传递作用仍然过强，受教育的跨阶层长程流动不足。乡村教育代际流动的地区差异显著，部分地区的高流动性并不是走向良性的稳定均衡态，而是存在因各种原因造成的整体向下流动危机和风险。在乡村男性和女性对比中，乡村女性处于劣势，没有获得到足够的教育机会，极大地抑制和阻碍了城乡教育公平。乡村样本分年龄组的分析结果表明，乡村教育整体向上流动趋势显著，代际流动性持续向好。三是从主观自我感知来看，子代的阶层感知与城乡状态呈显著正

① 何爱霞，孙纪磊. 继续教育阻断农村贫困代际传递的作用机理及发展路径[J]. 现代远程教育研究，2021，33(3)：91-99.

向相关关系，乡村子代的主观幸福感知与阶层认知仍存在困境。教育能提升整体阶层感知、主观幸福感知、未来期望等，相比低层次的教育获得者来说，更高层次的教育将有效提升个体自我幸福感知认同的初心和恒心、自我阶层突围的信心和决心。

研究局限性在于简单地以1971年出生为分界线，由此考察义务教育等政策的影响，难免造成不精确，但考虑到CGSS的数据抽样方案及样本量，上述局限性不会影响总体趋势的分析及结果。

乡村教育代际流动是教育公平的重要表现，既是低层完成社会阶层向上流动的重要途径，也是高层实现社会阶层地位传承的关键渠道，是社会不同阶层博弈竞争的必然体现，对于实现"公平而有质量的教育"具有非常深远的意义。因此，针对上述研究结论，特提出以下供讨论的政策启示。

第一，建立健全乡村教育代际流动的主客观评价机制，不断提高个体幸福感，为乡村振兴留住人心。乡村教育代际流动性从根本上刻画了乡村教育公平的程度，是社会进步和发展的重要衡量指标。乡村教育代际流动性越高，子代受教育程度与父代的相关性越弱，父代受教育程度等家庭原因对乡村子代教育的影响越小，教育传递性越弱，乡村子代才有更多可能从教育上突破父代的阶层，打开有效向上流动的通道，从本质上提升幸福感。因此，全面实施乡村教育代际流动的主客观监测，既要关注客观量化指标，也要关注主观感知评价，从根本上逐步缩小教育代际传承的累积效应带来的社会阶层差异、城乡区域差异，为乡村振兴留住人心。

第二，建立健全乡村教育代际流动的多元化实现渠道，不断提高个体阶层感，为乡村振兴留住人。在基础教育方面，控辍保学、兜牢底线，坚持立德树人、落实"五育"并举，强化乡土文化教育，既扶志也扶智，增强乡村学校师生的内生文化自信，推进教师、课程、评价的改革，夯实乡村教育高质量发展的根基。在职业教育方面，广泛实施乡村振兴技能帮扶项目，培育面向乡村的职业教育，鼓励乡村子代通过弹性学制、工学结合接受职业教育。在高等教育方面，继续实施公费定向等乡村子代的扶持政策，弥补其在专业选择、家庭资源等方面的不足，最大限度地保障乡村振兴的人力资源。在女性教育方面，消除乡村女性群体在地位意识、职业发展、价值定位方面的自我障碍、自我排斥，同等情况下尽可能为乡村女性创造更多的受教育机会。在继续教育方面，加大对农业大户、家庭农场经营者、农民专业合作社带头人等的培养力度，打造一批扎根农村、建设农村的本土专家型人才。因此，全面落实乡村教育代际流动的多元化手段，基础教育、职业教育、女性教育、继续教育、高等教育等多措并举，全方位不断降低因教育代际传承作用导致的受教育程度差异，为乡村振兴留住人。

第三，建立健全城乡教育代际流动的一体化融合发展，不断提高个体未来期望度，为乡村振兴吸引人。在基础教育阶段，加快乡村学校教育数字化转型，实施城乡教育一体化战略，是建设高质量教育体系的必然要求，有效兼顾乡村、乡土文化与城市、工业文化，两者互相融合、共同发展。推动基础设施升级改造，综合利用人工智能、云计算、大数据、虚拟现实等现代信息技术，不断推进“互联网＋教育”，强化信息技术与课程教学整合，探索新形态下的新型教学模式，聚焦线上线下的高质量教师教育合作共同体，实施城镇学校与乡村学校结对、高等学校与乡村学校结对等，推进师范院校师生云支教，共享各类优质教育资源，促进乡村学校的长效发展，逐步缩小城乡以及校际差距，最终让乡村学校与城镇学校共同高质量发展。因此，全面推动城乡教育代际流动的一体化发展，补短板、强特色，全面消除因城乡差异导致的城乡学校教育资源不均衡和教育质量差距，建设好乡村学校，为人才解决后顾之忧，为乡村振兴吸引人。

第五章 乡村教育信息化资源的时空演绎分析

第一节 数字鸿沟与教育公平

实施教育数字化战略行动是新时期推动教育高质量发展、构建高质量教育体系的重要举措。[①] 教育数字化也被认为是缩小城乡教育差距、推动乡村教育振兴、促进教育公平的有效途径。《数字乡村发展行动计划(2022—2025 年)》提出,要继续夯实教育信息化基础,提升乡村教育服务效能。一直以来,小学教育基础资源建设备受重视,整体建设取得了巨大的成效,也为技术赋能的教育过程和结果公平提供了有力的基础性支撑。《全国教育事业发展统计公报》(2020 年)表明,全国共有普通小学 15.8 万所,在校生 10725 万人,小学学龄儿童净入学率 99.96%。《中国教育事业统计年鉴》(2021 年)显示,城镇、乡村小学的微机室面积分别为 1189 万平方米、730 万平方米,共计 1919 万平方米,分别比十年前增长了 176%、37%、99%;城镇、乡村小学的计算机数量分别为 1057 万台、433 万台,共计 1490 万台,比十年前分别增长了 296%、149%、237%。尽管如此,小学教育数字化转型的地区差异、城乡差异仍然普遍存在,表现为总体不平衡、不充分的现象。基础资源配置的均衡化是当前教育数字化转型亟须解决的首要基础性问题。小学教育信息化基础资源配置,体现了每百名小学生能够享受到的硬件资源情况,是教育数字化转型是否公平的重要指标,也是造成数字鸿沟、扩大不公平的潜在因素。教育信息化基础资源配置不均衡不仅不利于义务教育高质量发展,还可能对区域教育均衡发展、保障义务教育公平造成阻碍,有悖于教育协调可持续发展的理念。近十年来,小学教育信息化基础资源配置的时序演化轨迹是怎么样的?在空间上是否呈现集聚?城镇与乡村之间、区域与区域之间的资源配置是否均衡?究竟是超越还是滞后?这些问题的研究无疑具

① 祝智庭,胡姣.教育数字化转型的实践逻辑与发展机遇[J].电化教育研究,2022,43(1):5-15.

有重要的现实意义。

事实上，教育信息化的均衡问题一直以来受到广泛关注。按照本研究所使用的数据分成两类，一类使用自建问卷调查数据，另一类使用公开发布的教育统计数据。

因问卷数据来源不一致，获得的研究结果也不尽相同。胡小勇等人利用问卷和访谈调查，分析了中小学教育信息化资源配置情况，提出了解决数字鸿沟、区域锁入、发展错层等问题的政策建议。① 吴砥等人利用5省14市的抽样调查数据，从数字资源、信息化教学应用、基础教育管理信息化等指标的角度，实证分析了中部地区教育信息化发展水平，发现了城市之间的教育信息化水平差异显著。②

利用教育年鉴统计数据分析获得的结果更具有比较延续性，但所针对的学段包含了小学、中学、大学。李葆萍利用2001—2010年的省级面板数据，从微机室面积、教学用计算机台数、电子藏书数等指标的角度，分析了义务教育信息化资源配置情况，发现了义务教育信息化基础设施建设总体呈上升趋势，但城乡差距、区域差距显著。③ 张屹等人利用2003—2010年的省级面板数据，从生机比（学生数与计算机数量之比，下同）、微机室面积占比、语音室面积占比等指标的角度，实证分析了中学教育信息化资源配置情况，发现生机比逐年下降（东部优于中部、西部），微机室建设不断增强（中部、西部反超东部），语音室建设逐步加强。④ 周平红等人利用2003—2010年的省级面板数据，实证分析了高等教育信息化资源配置情况，东、中、西部总体差距缩小，东部领先、西部发展，均优于中部，但区域内和区域间的差距增加。⑤ 陈纯槿等人利用2006—2016年的省级面板数据，实证分析了基础教育信息化均衡发展状况，发现中小学教育信息化基础设施城乡差距逐年缩小，中部地区发展水平和均衡水平较低。⑥ 白文倩等人利用2001—2018年的省级面板数据，从建立校园网百分比以及每百名学生拥有计算机台数、网络多媒体教室、信息技术教师数等指标的角度，分析了义务教育信

① 胡小勇，卞金金．信息化进程中教育资源配置的区域性差异研究[J]．远程教育杂志，2010，28(3)：64-68.

② 吴砥，李枞枞，周文婷，等．我国中部地区基础教育信息化发展水平研究[J]．中国电化教育，2016(7)：1-9.

③ 李葆萍．我国义务教育信息化建设均衡性研究——基于2001—2010年中国教育统计年鉴数据分析[J]．中国电化教育，2012(3)：37-42.

④ 张屹，范福兰，杨宗凯，等．我国中学教育信息化基础设施建设水平的测评与预测[J]．电化教育研究，2012，33(7)：5-10.

⑤ 周平红，张屹，仰盼盼．我国高等教育信息化软硬件资源建设区域差异研究[J]．现代教育技术，2012，22(11)：48-53.

⑥ 陈纯槿，郅庭瑾．我国基础教育信息化均衡发展态势与走向[J]．教育研究，2018，39(8)：129-140.

息化资源配置情况，发现在每百名学生拥有计算机台数、网络多媒体教室数等方面，乡村反超城镇。[①]

此外，部分研究者单纯从发展水平的角度分析，但不进行区域差异比较。徐显龙等人提出教育信息化就绪指数，从投入、配置和应用的角度，以上海某中学为例分析了基础教育信息化发展水平。[②] 宣小红等人利用问卷调查数据，从信息化设施与数字资源、师生信息化素养、应用服务、保障机制、信息安全等指标的角度，以 215 所中小学为例，实证分析了中小学教育信息化水平。[③]

更一般地，泛化至小学教育资源配置的角度，谢蓉等人利用 2009 年的省级面板数据，从师资力量、经费与设备水平、校舍条件等指标的角度，实证分析了小学教育资源配置水平，发现区域配置极不均衡，省际差异显著，并聚类为四个等级[④]；孔庆鹏等人利用 2013—2020 年的省级面板数据，从生师比、生均教育事业费、生均占地面积、生均固定资产值等指标的角度，实证分析了小学教育资源配置效益，发现综合效益总体提升明显，但区域差异显著，东部、西部地区优于中部地区，人均 GDP、生均计算机台数、新建校舍面积等资源配置的布局对效益产生正向影响。[⑤]

在这样的背景下，与已有成果相比，目前至少还存在两个方面的拓展研究问题：一个是研究数据的拓展，在更新的时间跨度内拓展研究视角，通过更大范围的样本数据，在时序维度上展示小学教育信息化基础资源配置不同时期演变的总体趋势；另一个是研究方法的拓展，针对不同地理空间区域，通过空间维度的拓展呈现小学教育信息化基础资源配置空间迁移、空间聚集的特征。为此，本章用更新的数据，从更多的维度，以拓展的研究视角探索小学教育信息化基础资源配置问题，试图揭示小学教育信息化基础资源配置的时空演绎特征。

---

① 白文倩，徐晶晶. 义务教育信息化资源配置均衡性研究[J]. 现代教育技术，2019，29(10)：108-114.

② 徐显龙，孙妍妍，吴永和. 教育信息化就绪指数研究[J]. 开放教育研究，2016，22(5)：86-94.

③ 宣小红，石邦宏，纪效珲，等. 区域基础教育信息化水平评价实证研究[J]. 课程. 教材. 教法，2021，41(9)：123-129.

④ 谢蓉，孙玫璐. 我国小学教育资源配置水平评价及区域差异研究[J]. 上海教育科研，2012(8)：17-19.

⑤ 孔庆鹏，庄甲鹏. 2013—2020 年我国小学教育资源配置效率及影响因素[J]. 教育测量与评价，2022(4)：11-20.

第二节　研究数据与方法

一、研究数据

研究的测度对象为全国31个省(自治区、直辖市，不含港澳台)的所有小学，研究数据来源于国家统计局，包括《中国统计年鉴》《中国教育经费统计年鉴》，数据时间间隔设为4年，共选取全国各地区2009年、2013年、2017年和2021年的数据，包含了31个省(自治区、直辖市)的记录。具体数据分为城镇、乡村两个类别，统计指标包括学校数(所)、小学在校学生数(人)，小学办学条件:(1)微机室面积(平方米)和教学及辅助用房面积(平方米)、(2)计算机数(台)，同时，据此计算生成了每百名生均微机室面积(平方米)、微机室面积比(微机室面积与教学及辅助用房面积之比，下同)(%)，每百名生均计算机数(台)、校均微机室面积(平方米)、校均计算机数(台)。这些统计指标都在一定程度上反映了小学教育信息化基础资源配置的水平。一般来说，指标值越大，表征教育信息化基础资源配置水平越高。

二、研究方法

(一)空间重心模型

利用空间重心模型分析各地小学在教育信息化基础资源配置方面的差异，以归属地省份为划分标准，计算每百名生均微机室面积、微机室面积比、每百名生均计算机台数等量化指标的地理重心，计算公式如式(5.1)所示，通过空间重心与地理重心的比较，挖掘教育信息化基础资源配置在空间重心变化轨迹上的分布规律。

$$\begin{cases} X_t = \dfrac{\sum_{k=1}^{K} M_k^t x_k}{\sum_{k=1}^{K} M_k^t} \\ Y_t = \dfrac{\sum_{k=1}^{K} M_k^t y_k}{\sum_{k=1}^{K} M_k^t} \end{cases} \tag{5.1}$$

其中K代表空间单元数量，以归属地省份为基准，根据数据情况这里K一般取值为31;M_k^t为第k个空间单元的第t个量化指标的得分值;x_k和y_k分别为第k

个空间单元的地理坐标经度值、纬度值；X_t和Y_t分别为第t个量化指标的经度加权、纬度加权结果，(X_t, Y_t)为第t个量化指标的空间重心。

（二）空间自相关分析

对生均计算机台数的全局 Moran's I 指数进行分析，计算公式如式(5.2)所示，全局 Moran's I 指数在[-1,1]之间取值，正数代表空间正相关性，负数代表空间负相关性，绝对值的大小代表空间相关性和聚集程度的强弱，据此可管窥乡村小学教育信息化基础资源配置的空间关联及差异程度。

$$I = \frac{\sum_{i=1}^{K}\sum_{j=1}^{K} W_{ij}(x_i - \bar{x})(x_j - \bar{x})}{S^2 \sum_{i=1}^{K}\sum_{j=1}^{K} W_{ij}} \tag{5.2}$$

其中K代表空间单元数量，x_i和x_j分别为对应空间单元的生均计算机台数，$\bar{x}$，S^2分别代表K个空间单元生均计算机台数的均值和方差，W_{ij}为地理单元相互之间邻接关系的权重矩阵元素，这里的空间权重矩阵根据区域之间的距离标准确定。

局部 Moran's I 指数从更微观的角度探明局部区域的空间相关性，计算公式如式(5.3)所示，其取值意义与全局 Moran's I 指数相似，通过绘制散点图可以直观呈现空间邻域的关联关系，分成四个象限，依次为 HH、LH、LL、HL，第一象限 HH 反映了正相关热点聚集区，可据此从生均计算机台数的角度判定乡村小学教育信息化基础资源配置的聚集冷、热点区域。

$$I = \frac{(x_i - \bar{x})\sum_{j=1}^{K} W_{ij}(x_j - \bar{x})}{S^2} \tag{5.3}$$

其中的变量含义与式(5.2)完全一致。

第三节　时序演绎特征

根据 2009—2021 年的相关数据，我们统计了每百名生均微机室面积、微机室面积比、每百名生均计算机台数，如表 5.1 所示。2009—2013 年，城镇、乡村的每百名生均微机室面积年增速分别为 3.42%、9.86%，城镇、乡村的每百名生均计算机台数年增速分别为 6.10%、15.65%，城镇、乡村的微机室面积比年增速分别为 1.65%、5.39%。2013—2017 年，持续保持增长势头，城镇、乡村的每百名生均微机室面积年增速分别为 5.37%、17.75%，城镇、乡村的每百名生均计算机数年增速分别为 11.74%、34.41%，城镇、乡村的微机室面积比年增速分别为 2.02%、10.03%。2017—2021 年，增长趋势放缓，甚至出现了负增长，城镇、乡村的每百名生均微机室面积年增速分别为1.59%、9.69%，城镇、乡村的每百名生均计算机台数年增速分别为3.74%、13.89%，城镇、乡村的微机室面积比年增速分别为-0.56%、4.71%。

表5.1 生均统计表

年度	每百名生均微机室面积/平方米			微机室面积比/(%)			每百名生均计算机数/台		
	小计	城镇	乡村	小计	城镇	乡村	小计	城镇	乡村
2009	9.33	9.78	9.01	2.83	3.48	2.46	4.27	6.07	2.94
2013	11.66	11.12	12.56	3.38	3.71	2.99	6.51	7.56	4.78
2017	15.83	13.51	21.48	4.07	4.01	4.19	11.18	11.11	11.36
2021	17.90	14.37	29.81	4.27	3.92	4.98	13.89	12.77	17.67

时间序列统计图如图5.1所示，可以看出，从2009年至2021年，每百名生均微机室面积不断增长，从9.33平方米增长到17.90平方米。其中，城镇从9.78平方米增长到14.37平方米，乡村从9.01平方米增长到29.81平方米，乡村一直显著超越城镇。每百名生均计算机台数同样保持增长趋势，2009年至2021年从4.27台增长到13.89台。其中，城镇从6.07台增长到12.77台，乡村从2.94台增长到17.67台，乡村在2017年左右逐步超越城镇。微机室面积比表现为先增后减的趋势，从2009年至2021年，微机室面积占教学辅助用房的面积比从2.83%增长到4.27%。其中，城镇从3.48%增长到4.01%，然后又减少到3.92%，乡村从2.46%增长到4.98%；从绝对发展速度上看，乡村从2017年左右逐步超越城镇。

但是，从2009年至2021年城乡学校的在校生人数出现了巨大的变化，城镇从4406万人增长到8274万人，乡村从5925万人减少到2450万人，乡村小学在校生人数长期表现为负增长，整体下滑趋势十分明显。另一方面，城镇通过新增校舍，教学及辅助用房面积总量扩大，淡化了城镇小学微机室面积比，乡村小学校舍改善不足、教学及辅助用房面积总量变化不大，放大了乡村小学微机室面积比，因此，即使乡村教育信息化基础资源不变、甚至略有减少，仍然不影响乡村每百名生均微机室面积、微机室面积比、每百名生均计算机台数等指标持续走高。为了进一步分析，引入校均微机室面积(平方米)、校均计算机数(台)两个指标，从学校的角度考察乡村教育信息化基础资源配置情况。

根据2009—2021年的相关数据，我们统计了校均微机室面积、校均计算机台数，如表5.2所示。2009—2013年，城镇、乡村的校均微机室面积年增速分别为0.32%、10.10%，城镇、乡村的校均计算机台数年增速分别为2.72%、15.86%。2013—2017年，持续保持增长势头，城镇、乡村的校生均微机室面积年增速分别为11.44%、24.30%，城镇、乡村的校均计算机台数年增速分别为19.05%、43.54%。2017—2021年，增长趋势放缓，城镇、乡村的校均微机室面积年增速分别为6.07%、11.33%，城镇、乡村的校均计算机的数年增速分别为

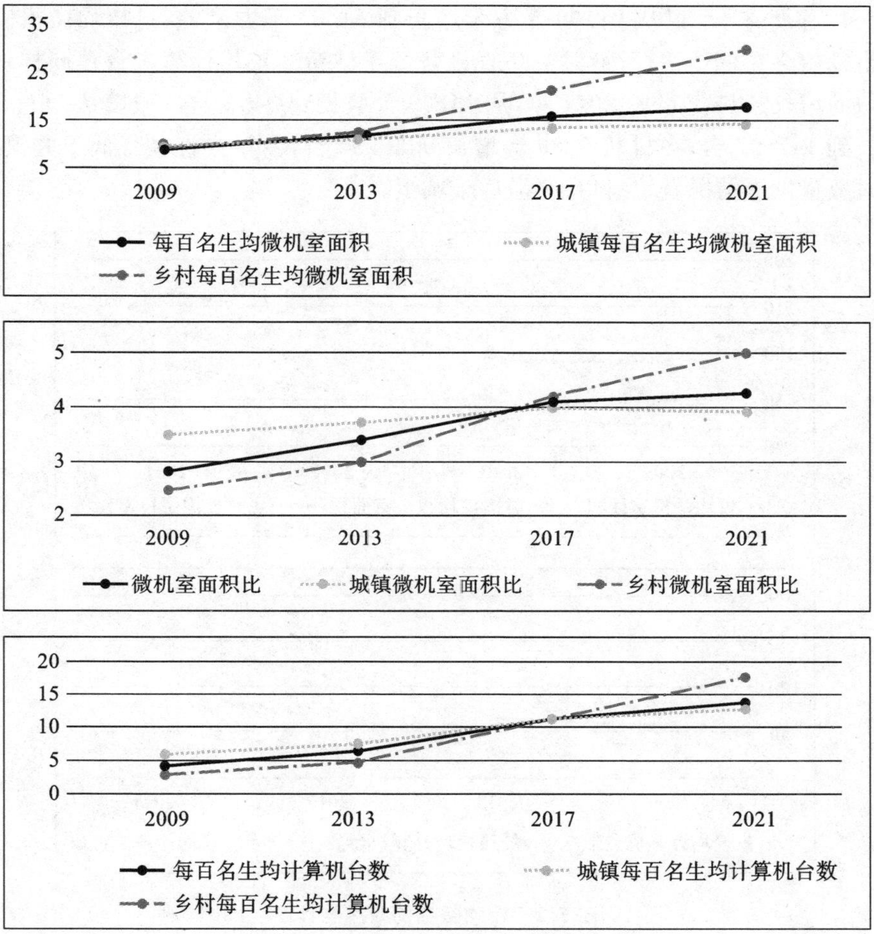

图 5.1　每百名生均指标的时序统计图

8.59%、15.74%。但从绝对数量看,实际上乡村严重滞后于城镇。

表 5.2　校均统计表

年度	校均微机室面积/平方米			校均计算机数/台		
	小计	城镇	乡村	小计	城镇	乡村
2009	32.06	90.16	21.09	14.69	56.03	6.89
2013	49.48	91.33	29.61	27.63	62.12	11.26
2017	88.36	133.13	58.39	62.39	109.46	30.88
2021	121.54	165.47	84.85	94.35	147.07	50.32

时序统计图如图 5.2 所示。可以看出,2009 年至 2021 年,校均微机室面积不断增长,从 32.06 平方米增长到 121.54 平方米,城镇从 90.16 平方米增长到

165.47 平方米，乡村从 21.09 平方米增长到 84.85 平方米，乡村校均微机室面积指标始终在低位运行，绝对数一直显著低于城镇。校均计算机台数同样保持类似的增长趋势，2009—2021 年，从 14.69 台增长到 94.35 台，城镇从 56.03 台增长到 147.07 台，乡村从 6.89 台增长到 50.32 台，乡村一直显著低于城镇，从绝对数量发展情况看，乡村持续滞后于城镇。

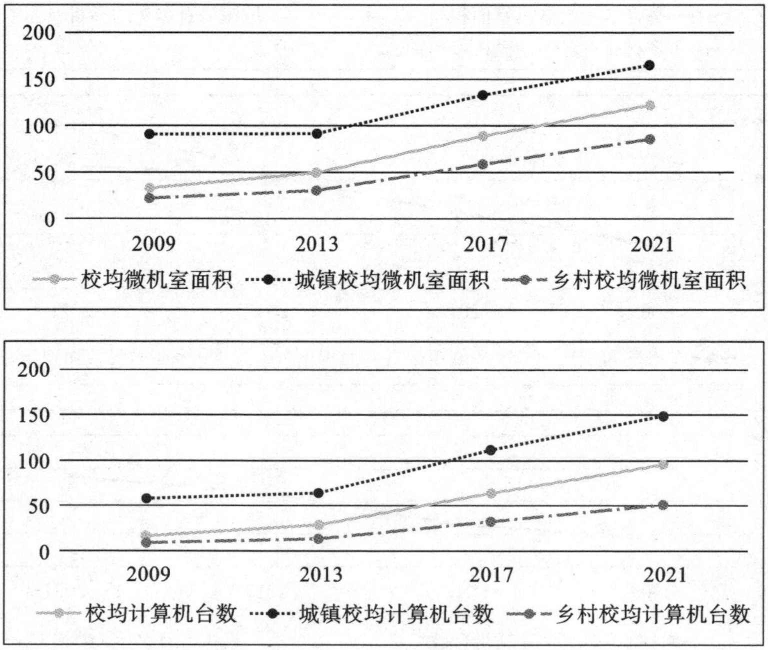

图 5.2　校均指标的时序统计图

2009—2021 年，城乡小学的学校数也出现了不尽相同的变化，城镇小学数量不断波动，从 47813 所增长到 73577 所，再回落至 71230 所，然后再次增长至 71894 所，乡村小学数量逐年递减，从 253041 所持续减少到 86085 所。

极差是用来衡量数据变异程度的，通常是一组数据最大值与最小值之差。如表 5.3 所示，从归属的地区来看，城镇相关指标的极差不大，变化趋势较为平缓，但不同省份的乡村学校绝对差距较大，乡村每百名生均微机室面积的极差维持在 25 以上、每百名生均计算机台数的极差维持在 20 以上，2021 年资源优势省份的乡村每百名生均微机室面积、生均计算机数比资源不足省份分别多出了 32.13 平方米、28.02 台。从指标上看，微机室面积比的极差变化相对不大，且趋势较为稳定。从总体趋势上看，三者的极差均表现为先增加、后减少，且乡村远高于城镇，表明乡村学校组间差异大。

表 5.3　极差统计表

年度	每百名生均微机室面积/平方米		微机室面积比/(%)		每百名生均计算机数/台		校均微机室面积/平方米		校均计算机数/台	
	城镇	乡村	城镇	乡村	城镇	乡村	城镇	乡村	城镇	乡村
2009	9.02	24.95	2.56	4.66	14.61	22.22	125.37	84.16	131.55	53.41
2013	10.11	27.75	2.62	4.65	20.96	30.72	166.61	117.11	170.31	88.08
2017	11.21	35.92	3.09	4.76	21.33	35.07	227.68	138.74	248.58	113.20
2021	10.52	32.13	2.36	4.48	17.70	28.02	249.41	266.21	250.59	246.25

虽然从时序上看，每百名生均微机室面积、微机室面积比、每百名生均计算机台数，极差趋势相似，但考虑到量纲不同，极差尚不便于观测各指标的相对差异。为此，这里引入变异系数，以考察统计数据的离散程度。各指标对应的变异系数如表 5.4 所示。

表 5.4　变异系数统计表

年度	每百名生均微机室面积/平方米		微机室面积比/(%)		每百名生均计算机数/台		校均微机室面积/平方米		校均计算机数/台	
	城镇	乡村	城镇	乡村	城镇	乡村	城镇	乡村	城镇	乡村
2009	0.24	0.52	0.16	0.41	0.56	0.93	0.31	0.74	0.55	1.13
2013	0.22	0.43	0.18	0.38	0.54	0.79	0.37	0.71	0.64	1.11
2017	0.21	0.32	0.17	0.27	0.36	0.46	0.34	0.45	0.47	0.65
2021	0.18	0.25	0.15	0.20	0.31	0.31	0.31	0.49	0.41	0.68

从表 5.4 可以看出，2009—2021 年，每百名生均微机室面积、微机室面积比、每百名生均计算机台数等变异系数在时序上明显表现为逐步减小的趋势，校均微机室面积、校均计算机台数等变异系数在时序上总体也在不断减少，但略有波动。从城乡对比看，乡村与城镇的相关指标变异系数从原来的 2 倍，甚至 3 倍，逐步缩小到接近或不到 2 倍，乡村内部差异趋于降低，与城镇内部差异近似持平。从统计学的角度看，2021 年城镇每百名生均微机室面积、微机室面积比两个指标的变异系数接近 0.15，表明不同省份的城镇基础资源配置校际总体均衡；2021 年的乡村校均微机室面积、校均计算机台数两个指标的变异系数仍然接近或超过 0.5，表明不同省份的乡村基础资源配置校际差异较大。

为了直观考察变异系数的变化趋势，我们将相关统计结果绘制于图 5.3 中。需要说明的是，每百名生均微机室面积、微机室面积比与每百名生均计算机数台的趋势基本一致，且总体变异系数每百名生均计算机台数最小，因此，考虑篇幅，这里仅列出了每百名生均计算机数的变异系数时序变化。从图 5.3 可以看出，2009—2021 年，每百名生均计算机台数的变异系数持续降低，从不均衡走向基本均衡，但城乡每百名生均计算机台数的变异系数依然维持在 0.31，表明省级层面每百名生均计算机台数分布还不均衡，仍有较大的改善空间。校均微机室面积、校均计算机台数的变异系数整体也是基本呈下降趋势，但有一定的波动，乡村有增长的迹象，低水平的相对均衡性存在被打破的可能，值得关注。城乡特别是乡村的指标变异系数均长期处在高位，基础资源配置均衡性仍需不断改善。

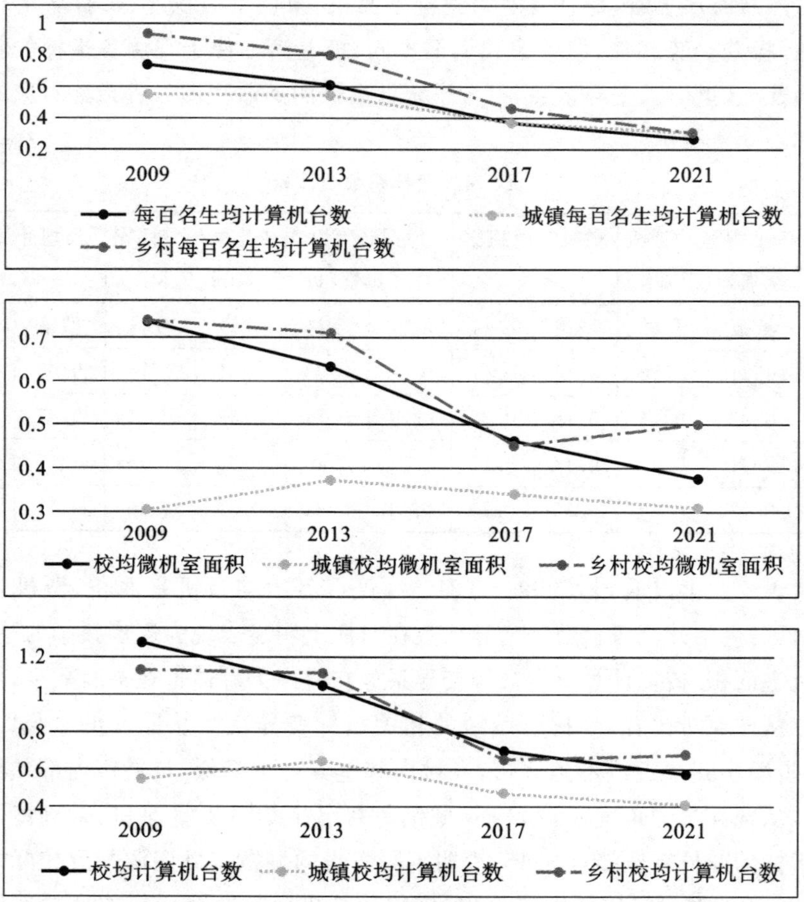

图 5.3　部分指标变异系数时序图

第四节　空间演绎特征

一、空间重心轨迹

为了分析不同地区的乡村小学教育信息化基础资源配置变化情况，考察了随着时间的变化空间重心演化轨迹。以学校属地省份为划分标准，根据前述公式依次计算量化指标的重心坐标，绘制了乡村小学教育信息化基础资源配置在空间重心变化轨迹上的分布散点图，如图 5.4 所示。

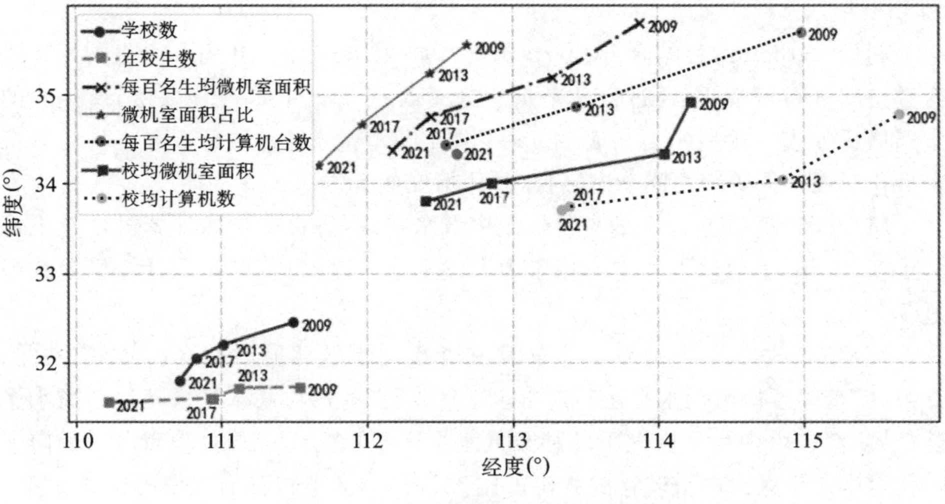

图 5.4　各指标空间重心轨迹图

从图 5.4 可以看出，相关的指标重心经度在 110°～116°之间、纬度在 31°～36°之间变动，与陆地地理几何中心（约东经 103°、北纬 36°）存在明显差异，且整体偏向东南，表现为不均衡的趋势。

学校数的重心先向西、再向南，经度在 111°左右，纬度在 31°～33°之间，乡村学校数的南北方向变化差异大于东西方向，东西分布变化不大，南北方向表现为逐步偏向南部。在校生数的纬度变化不大，在北纬 31°左右徘徊，经度在 110°～112°之间，乡村在校生数的南北分布变化并不显著，略偏南部，重心总体表现为由东至西移动，乡村在校生数的东西方向变化差异大于南北方向，相对而言，东部、西部乡村学校的在校生数大于中部地区。

学校数与在校生数的重心位置更为接近，总体更靠近西南。每百名生均微机室面积、微机室面积比、每百名生均计算机台数、校均计算机台数、校均微机室面积的重心更偏向东北，纬度在33°～36°之间，经度在111°～116°之间，但总体上都表现为逐年向西南移动。相比而言，微机室面积比的重心移动更为明显，呈直线持续向西南下移，每百名生均微机室面积、校均微机室面积的重心迁移轨迹与微机室面积比基本相似，但每百名生均微机室面积的重心、校均微机室面积的重心都在2013年左右在直线迁移的同时发生了斜率上的变化，更倾向于西部，表明西部倾斜政策取得了明显的成效。每百名生均计算机台数、校均计算机台数的重心迁移略有不同，在2021年出现了波动，向东部小幅折返，表明东西部的计算机投入比出现了反弹。从均衡的角度来说，相关指标的重心本应该维持向西迁移，这种反弹值得引起足够重视，需要保障基础资源建设的持续性。

二、空间演化特征

利用Python编程结合ECharts开源库将2009—2021年每百名生均计算机台数空间分布可视化，通过自然断点法分成低、中、较高、高4个等级，所生成的空间格局如表5.5所示。从表5.5可以看出，大部分省份的每百名生均计算机台数相对在不同等级之间动态转换，具体情况如下。

(1)2009年，75%以上的省份位于中低水平区，每百名生均计算机台数不足6台；2021年，半数以上的省份位于中等以上水平区，每百名生均计算机台数超过20台。

(2)2009—2013年，递次向上转移和递次向下转移同时并存。西藏、湖北、甘肃、广东等省份由低水平区转向中水平区，浙江省由次高水平区转移到高水平区，黑龙江省由中水平区向下转移至低水平区，河北、辽宁省由较高水平区向下转移至中水平区。向上转移的省份占比16.13%，向下转移的省份占比9.67%，等级维持的省份占比74.19%。

(3)2013—2017年，以向上转换为主、递次向下为辅。山西省从中水平区跨次向上转移到高水平区，内蒙古、辽宁、山东、广东、西藏、陕西、宁夏等省份由中水平区上升到较高水平区，安徽、黑龙江、海南、新疆等省份由低水平区上升到中水平区，天津市、浙江省递次下降到较高水平区，江苏省递次下降到中水平区。向上转移的省份占比38.71%，向下转移的省份占比9.67%，等级维持的省份占比51.61%。

(4)2017—2021年，以递次向上转换为主、递次向下为辅。吉林、黑龙江、安徽、重庆等省份递次向上转换至较高水平区，广西、云南等省份递次向上转移到中水平区，福建、西藏、新疆等省份递次向下转移到中水平区。向上转移的省份占比19.35%，向下转移的省份占比9.67%，等级维持的省份占比70.97%。

(5)2009—2021年,北京一直处于高水平区,上海稳定在较高水平区,青海省保持在中水平区,河南、江西、湖南、四川、贵州等省持续处于低水平区。

表5.5　空间演化特征

年度	等级	量化数(台)	区域
2009	1	11～24	(1)北京
	2	7～10	(7)天津 江苏 浙江 福建 上海 辽宁 河北
	3	4～6	(9)吉林 黑龙江 山东 内蒙古 陕西 重庆 山西 宁夏 青海
	4	0～3	(14)西藏 湖南 新疆 广东 甘肃 四川 湖北 海南 江西 安徽 贵州 河南 云南 广西
2013	1	16～33	(3)北京 浙江 天津
	2	11～15	(3)江苏 上海 福建
	3	5～10	(14)西藏 山东 宁夏 陕西 辽宁 湖北 河北 内蒙古 重庆 山西 青海 吉林 广东 甘肃
	4	1～4	(11)黑龙江 新疆 海南 四川 湖南 安徽 云南 贵州 河南 广西 江西
2017	1	23～41	(2)北京 山西
	2	16～22	(11)上海 宁夏 浙江 陕西 山东 广东 天津 西藏 辽宁 福建 内蒙古
	3	10～15	(11)吉林 青海 海南 重庆 江苏 湖北 安徽 河北 甘肃 黑龙江 新疆
	4	4～9	(7)云南 贵州 四川 湖南 广西 江西 河南
2021	1	29～39	(2)北京 山西
	2	21～28	(13)辽宁 安徽 浙江 宁夏 陕西 山东 上海 广东 内蒙古 天津 重庆 吉林 黑龙江
	3	15～20	(10)福建 甘肃 西藏 青海 河北 江苏 海南 湖北 云南 广西
	4	9～14	(6)四川 新疆 贵州 河南 湖南 江西

为了从地区差异的角度考察乡村小学基础设施空间分布,参照国民经济和社会发展统计公报的准则,将乡村学校划分为东部地区、中部地区、西部地区、东北地区。2021年东北地区均为较高水平区,东部地区没有省份位于低水平区,中部地区、西部地区在低水平区中各占半壁江山,中部地区极不均衡。

总体上，一是随着时间的推移，每百名生均计算机台数的空间分布演化渐成常态，此消彼长；二是每百名生均计算机台数的绝对量在不断提高，低水平省份减少、较高水平省份增多，但空间分布仍不均衡，东部地区、东北地区优于中部地区、西部地区，中部地区一半以上省份位于低水平区，且内部分化较为严重。

三、空间聚集特征

如表 5.6 所示，2009—2021 年全局 Moran's I 指数分别为 0.1274、0.0933、0.0468、0.0572，Z 得分值分别为 4.6475、3.6599、2.3177、2.6173，表明每百名生均计算机台数呈现空间正相关，且通过统计显著性检验，2017 年前的空间相关性更明显，相邻区域的每百名生均计算机台数呈现较强的空间聚集性趋势，但总体维持在较低的水平。全局 Moran's I 指数逐年波动减小，每百名生均计算机台数与空间分布的相关性逐渐减弱。

表 5.6　区域 Moran's I 指数分布表

年度	Moran's I 指数	象限	区域
2009	0.1274	第一象限 HH 聚集	(8)北京 天津 河北 辽宁 吉林 黑龙江 上海 浙江
		第二象限 LH 聚集	(5)山西 内蒙古 安徽 山东 河南
		第三象限 LL 聚集	(14)江西 湖北 湖南 广东 广西 海南 重庆 四川 贵州 云南 西藏 陕西 甘肃 青海
		第四象限 HL 聚集	(4)江苏 福建 宁夏 新疆
2013	0.0933	第一象限 HH 聚集	(7)北京 天津 辽宁 上海 江苏 浙江 山东
		第二象限 LH 聚集	(9)河北 山西 内蒙古 吉林 黑龙江 安徽 江西 河南 新疆
		第三象限 LL 聚集	(11)湖北 湖南 广东 广西 海南 重庆 四川 贵州 云南 甘肃 青海
		第四象限 HL 聚集	(4)福建 西藏 陕西 宁夏
2017	0.0468	第一象限 HH 聚集	(9)北京 天津 山西 内蒙古 辽宁 上海 浙江 山东 宁夏
		第二象限 LH 聚集	(8)河北 吉林 黑龙江 江苏 安徽 河南 甘肃 新疆
		第三象限 LL 聚集	(10)江西 湖北 湖南 广西 海南 重庆 四川 贵州 云南 青海
		第四象限 HL 聚集	(4)福建 广东 西藏 陕西

续表

年度	Moran's I 指数	象限	区域
2021	0.0572	第一象限 HH 聚集	(9)北京 天津 山西 内蒙古 辽宁 上海 浙江 山东 宁夏
		第二象限 LH 聚集	(8)河北 吉林 黑龙江 江苏 河南 甘肃 青海 新疆
		第三象限 LL 聚集	(10)福建 江西 湖北 湖南 广西 海南 四川 贵州 云南 西藏
		第四象限 HL 聚集	(4)安徽 广东 重庆 陕西

全局 Moran's I 指数刻画的是整体每百名生均计算机台数空间分布情况，但并未能反映局部区域的空间聚集特性。为此，进一步利用局部 Moran's I 指数进行分析可以发现，2009—2017 年，冷点区域多，热点区域少，热点仅位于京津冀地区；2017—2021 年，冷点区域收缩，热点区域扩张，西部地区冷点区域减少，热点区域整体向西南迁移，西部地区学校基础教育资源配置明显提升。但也要注意到从总体看，中部地区冷点地区凸显，河北、河南、安徽、广东等省持续位于相对冷点区域，表现为两种情况。一方面是类似河北、河南省，自身每百名生均计算机台数少、排名靠后，远低于整体平均水平并且没有改善的趋势；另一方面是类似安徽、广东省，近邻区域每百名生均计算台机数少、与平均水平存在差距。

2009—2021 年，北京、天津、辽宁、上海、浙江等省份始终位于 HH 聚集区，湖北、湖南、广西、海南、四川、贵州、云南等省份始终位于 LL 聚集区，河南省一直处于 LH 聚集区。HH 和 LL 聚集区共 12 个省份，约占总数的 39%，表明每百名生均计算机台数存在空间依赖性和异质性，呈现显著的空间正相关。HH 聚集区的北京、天津、辽宁、上海、浙江等省份对区域的空间溢出带动影响比较明显。以上海市为例，近年来，抢抓教育数字化转型的契机，提出建设数字底座生态，赋能教育教学，背后是强有力的基础设施支撑，具备了大范围优质资源供给能力，形成了数据赋能教育改革的新范例。LH 聚集区的河南省偏离了全局的空间正相关性，周边省份空间溢出效益对其产生的影响微乎其微，由此形成了局部洼地，且持续时间较长。此外，与河南省类似，处于 LH 聚集区的省份数量波动增长，约占总数的 30%，表明这种情况具有一定的普遍性。从 2017 年开始，宁夏回族自治区由 HL 聚集区转向 HH 聚集区，广东、陕西省始终处于 HL 聚集区。宁夏回族自治区的象限转向体现了西部支持政策的成效以及其对区域的辐射影响，宁夏回族自治区是全国首个“互联网＋教育”建设示范区，整体教育数字化水平、师生信息素养全面提升，通过资源共享打造迈向公平而有质量的教育，为欠发达地区的发展提供了一条可复制的新路径①。广东、陕西省从第三象限转向第四象限，一方面体现了其自身的教育基础设施资源配置的增长，另一方面也反映了其对近邻省份的空间溢出影响力有限。

总体上，2021 年东部地区有一半省份位于 HH 聚集区；中部地区除山西、安徽省位于 HH、HL 聚集区外，其余省份均处于 LL 聚集区；西部地区也有近半数省份位于 LL 聚集区；东北地区除辽宁省位于 HH 聚集区以外，其他均为 LH 聚集区。

第五节　教育信息化资源配置的启示

使用 2009 年、2013 年、2017 年、2021 年的省级面板数据，从微机室面积、计算机台数等方面分析了乡村小学教育信息化基础设施配置的时序演绎特征，利用空间重心法、空间自相关法量化分析了其空间重心轨迹、空间聚集分布。主要结论包括以下几点。

(1)时序特征上，教育信息化基础资源配置总体全面优化，但城乡差异明显、区域差异显著，乡村绝对数的变化过程逐步超越城镇，但与城镇的绝对数相比仍然滞后；东部地区持续领先、西部地区发展提速、东北地区稳中有进、中部地区改善缓慢。

(2)空间特征上，空间重心与地理几何中心存在明显差异，且整体偏向东南，表现为不均衡，但具有逐年向西南方向迁移的改良趋势，每百名生均计算机台数的空间分布演化渐成常态，绝对量不断增加，但发展分布仍然相对滞后，东部地区、东北地区优于中部地区、西部地区，中部地区一半以上省份位于低水平区，且内部分化较为严重，逐步形成了洼地。

(3)空间聚集上，冷点区域收缩，热点区域扩张。西部地区冷点区域减少，热点区域整体向西南迁移；中部地区冷点地区凸显，逐步陷入了狭缝，河北、河南、安徽、广东等省持续位于相对冷点区域，且表现仍不均衡。东部地区一半位于高值聚集区，东北地区主要属于低值被高值包围区，中部地区、西部地区多处于低值聚集区。

为了提升乡村小学教育数字化转型能力、实现教育信息化基础资源的优化配置，建议精准、持久、全面地夯实乡村小学的教育数字化设施建设，统筹打破城乡、区域的樊篱，深化城乡小学的教育数字化区域治理，加强指标体系研制和数

① 张艳弟，解光穆. 宁夏基础教育信息化资源优化配置研究[J]. 中国教育信息化，2022(3)：86-92.

据平台部署,完善城乡小学的教育数字化水平监测,以学校管理、师资培养为抓手,促进乡村小学的教育数字化能力提升,强化乡村教师的教育数字化素养培养,具体包含以下五个方面。

第一,夯实乡村小学的教育数字化设施建设。

计算机、微机室等是教育数字化转型的基本硬件条件,体现了乡村小学有无的问题,在这个问题未根本解决的前提下实施教育数字化转型很有可能导致城乡数字鸿沟从基础设施向数字素养传递,并且被极度放大。根据前述结论,乡村与城镇小学在基本条件保障上仍然存在着较大的差距,中西部地区与东部地区呈现出新的不平衡,特别是中部地区已经表现出洼地的趋势。因此,应本着基建先行的原则,精准、持续、全面夯实乡村小学的基础设施建设,避免城乡数字鸿沟从基础设施传导到数字素养。[①]

一是提高建设的精准性。国家已经掀起了一轮新基建的高潮,从算法、算力、算据三个层面加强新一代信息基础设施建设,其中算力是基础性保障,计算机、微机室等又是硬件基础中的基础,针对乡村教育数字基础设施建设薄弱问题,推动乡村地区数字校园、数字化社区等教育环境建设,持续改善乡村地区网络教育环境。同时,针对中西部特别是中部的基础设施严重不足的问题,加强对中西部政策的倾斜力度,既要避免一刀切式的投入,也要避免撒胡椒面式的帮扶,根据实际需求和特点,制定建设规划,真正提供用得上、用得起、用得好的新型基础设施与服务。

二是确保建设的持久性。教育数字化转型是一项长期、复杂的系统性工程,不能重敲一锤就完事。虽然取得了巨大的成效,但还远没有到收工的时机,不能被一时的成绩动摇了持续建设的决心。事实上,根据前述分析,一方面,乡村小学在基础设施配置方面整体远没有达到、更没有超越城镇小学;另一方面,新疆等地区的每百名生均计算机台数等基础性指标已经呈现出反弹的趋势。基础教育数字化转型均衡发展的重点仍然在乡村、在中西部,应重视程度不减弱、投入强度不降低、工作力度不减少,进一步加大对困难地区、薄弱环节和弱势群体的支持力度,持续缩小义务教育差距,巩固优势、补齐弱项、迈向一流分类施策,从根本上解决有没有的问题,保障低位公平。

三是提升建设的全面性。目前的分析更多是从数量上展开,最先关注的是数量,首要问题是有没有。但是建设不能仅仅关注数量,质量尤为重要,还要解决好不好的问题。同时,教育不只是学校的事情,家庭和社会同等重要。已有文

---

① 王倩,陈唤春.跨越数字鸿沟:美、日、英三国教育信息化政策的比较分析[J].比较教育学报,2022(4):42-57.

献表明，家庭是否拥有计算机等设备对学生的习得成效产生正向影响。① 因此，还应顾及建设的全面性，既要注重校内设施的数量和质量，也应当注重校外设施的建设。

第二，深化城乡小学的教育数字化区域治理。

“农远工程”“三通两平台”等国家层面的政策和项目实施，已经实践证明了信息技术赋能教育公平是一条可行的路径。② 但是，在资源有限的情况下，需要深化城乡小学的教育数字化区域治理机制。区域治理的一个关键在于弱化、打破省份之间、城乡之间、学校之间的对立关系，构建和谐稳定的区域、城乡、校际共生关系。共生的原则是一方受益、另一方无损，或者双方受益。

从城乡关系看，在城镇学校保持优势发展的同时不以弱化或牺牲乡村学校的建设为代价，在强化乡村学校建设的同时也不能牺牲或忽视城镇学校建设。城镇学校在地理位置、经济发展、资源储备、前期基础等方面具有先天的优势，优于乡村学校；反之，乡村学校受益于政策导向，短期瞬时发展速度或许一定程度上优于城镇学校。一方面，乡村学校引进大量资源，但受制于人力资本等原因，远没有发挥足够的效能，增加了建设成本；另一方面，受制于政策、经费等原因，城镇学校存在相对滞后。构建优势学校、中等学校、薄弱学校之间的有序循环机制，在解决有没有的问题上，可以把校际、城乡的部分资源，以低成本轮转输送到资源薄弱的乡村学校，缓解乡村学校基础资源匮乏的困境。

从区域关系看，也是如此。加强顶层统筹设计，明确不同省份的战略定位，促进区域城乡学校教育数字化转型实现高水平空间趋同发展。构建 HH 集聚区域、HL 和 LH 区域、LL 集聚区域之间的有效互动机制，在解决好不好的问题上，鼓励各个地区、各类学校等参与资源共享共建，促进闲置资源、置换资源等以捐赠、借用等形式跨区域、跨城乡、跨学校流转，尤其为中部地区、乡村教学点输送资源，有利于缩小区域、城乡、校际差距，扩大资源覆盖面。广东、陕西等省虽然自身配置水平较高，但邻近省份处于较低水平，类似地，黑龙江、吉林等省自身不具备高配置，但被 HH 聚集区域包围，充分发挥区域带动优势，对于前者，有针对性地辐射周边，带起头；对于后者，有效吸纳周边省份的溢出效益，促成资源高效配置，加快空间优质均衡。

第三，完善城乡小学的教育数字化水平监测。

教育数据是教育数字化转型的重要支撑，数据采集的全方位、全过程显得尤

---

① Fairlie R W, Beltran D O, Das K K. Home Computers and Educational Outcomes: Evidence from the NLSY97 and CPS[J]. Economic Inquiry, 2010, 48(3): 771-792.

② 韩世梅. 我国教育信息化促进教育公平的政策演进、问题分析和发展建议[J]. 中国远程教育, 2021(12): 10-20, 76.

为重要。教育数字化转型的投入产出效益的评价和监测是乡村小学可持续发展的重要保障。2012 年出台的《县域义务教育均衡发展督导评估暂行办法》将每百名学生拥有计算机台数列入评估指标；2017 年出台的《县域义务教育优质均衡发展督导评估办法》将每百名学生拥有网络多媒体教室数列入评估指标；2021 年出台的《义务教育质量评价指标》提出保障教学设施，加强学校教育信息化建设。目前的教育年鉴统计指标基本沿用了 2001 年以来的几个指标，仅有计算机台数、微机室面积、电子藏书数量等。城乡小学互联网接入率已达 100%，但是每所学校的联网质量如何？城乡学校都配备了计算机，乡村学校生均数甚至高于城镇学校，乡村学校基础硬件设施建设是否已经超越城镇？城乡学校的软硬件配置质量如何？每所学校的实际应用效果如何？这些在现有统计指标体系下都不得而知。事实上，根据前述结论，乡村小学超越城镇小学仅仅是表象，受到近年来乡村小学的学生数量逐步减少的直接影响，所谓的超越似乎并不具备实际意义。

现有指标严重缺失，不足以支撑教育数字化水平监测，同时容易造成重硬件、轻应用，重数量、轻质量，重投入、轻产出的不良倾向，不利于教育数字化转型的顺利推进。因此，迫切需要完善城乡小学的教育数字化水平监测，建立多角度、多层次、多元化的统计指标体系，通过大数据平台，在不改变教育教学习惯的前提下无感采集过程性和结果性数据，从投入、配置、产出等多个角度，在省份、县市、学校等多个层次，用计算机数量和性能、网络接入和带宽、网络课程与平台的建设和使用、智慧教育平台线上线下课程整合数量和比例、师生数字化素养等更多元的指标，形成发展性、常态化评价与监测，促进城乡教育数字化转型内涵式、均衡化发展。

第四，促进乡村小学的教育数字化能力提升。

乡村小学在教育数字化转型中起着承上启下的重要纽带作用，一方面实施上级的政策部署，另一方面，引领师生开展教育数字化转型。《义务教育质量评价指标》明确要求，学校要提高教师队伍素质，落实教师全员培训制度，提高教师队伍信息化应用水平，如何提高和落实，关键在学校。文献表明，在管理层面，部分学校只重视硬件建设，学校管理和内涵发展相对落后，部分农村学校功能室、教学仪器、计算机使用率不高，教师运用信息技术手段开展教学的能力不足。这就需要管理者从学校层面对教育治理的体制机制、方式流程、手段工具进行全方位系统性重塑，杜绝设备闲置，特别推进课堂教学过程数字化。

一是树立数字化治理理念。学校管理方式是否具备数字治理理念是决定转型能否产生红利的首要因素。梳理数字化转型与学校治理的契合点，以数治理，从经验化治理转向数字化治理，形成良好的数字治理文化氛围。

二是强化数字化教学融合。教师教学方式是否深度融入数字化技术是决定转型能否成功的核心因素。打通课堂教学流程的各环节，从教学目标、教学内容、教学资源、教学过程、教学反思等方面实现数据采集、分析和应用，使得信息技术与教育教学融合成为自觉常态。

三是秉承数字化育人导向。不管采用什么方式转型，立德树人一定是根本任务，不能动摇。要辩证看待数字化转型的作用，避免算法霸权，杜绝技术盲从，在学生学习上，教师在启迪、情感等方面仍然是不可或缺的。做好人机协同定位，在教师教学和学生学习上，师生是主、机器是辅，坚守育人初衷。

四是重视数字化隐私保护。数字化转型过程中，数据在采集、存储、处理、分析、共享的过程中都不可避免、不同程度地存在泄露、滥用的风险，学校要重视隐私保护，遵守规范和标准，形成有效保护屏障。

第五，强化乡村教师的教育数字化素养培养。

乡村教师是乡村小学教育数字化转型的主力军，乡村教师的教育数字化素养对转型成败起举足轻重的作用，高素质的乡村教师才有可能助力乡村教育数字化。但目前部分乡村教师对教育数字化转型的概念认知不清、内在动力不足、网络研修效果欠佳、专业背景欠缺，极大地影响了乡村学校教育数字化转型的实施成效。《义务教育质量评价指标》要求教师优化教学方式，积极学习应用优秀教学成果和信息化教学资源，推进信息技术与教育教学深度融合。重视自身专业成长，加强学习必备的信息化素养和信息技术应用能力。

随着人工智能等信息技术的快速发展，人类社会正在经历“数字空间”的数字化转型。在教师的教学、学生的学习以及师生的互动中已经明显富含了人机交互，人机协同的数字化素养是新时代的新需求，这就需要乡村教师把数字素养提升作为必修课，不断提高数字化适应力、胜任力、创造力。可以从以下三个方面融合着力。

一是线上与线下融合。乡村学校特别是乡村小学，师资并不充足，工作和学习的矛盾尤为突出，传统单一的线下培训并不适合，应根据培训内容，将部分课程以线上的形式实施，从单一线下走向线上线下融合，根据教师的职业发展阶段对线上和线下的比例进行精准调配，满足个性化学习需求，既可以充分发挥互联网的优势缓解工作和学习的矛盾，又能实现线上培训与校本研修深度。

二是职前与职后融合。在师范院校把教育数字化素养纳入通识教育体系，加强公费定向师范生的职前数字化素养培训。建立师范院校与地方教育行政管理部门的有效沟通机制，实施组团融入式帮扶，开展结对教研、区域教研，共建虚拟教研室，打造互联网＋教研，打通教师发展中心，教师教育与基础教育相融互促，培养造就一批具备良好数字化素养的乡村种子教师，促进信息技术与教学实践深度融合，提高教师信息化教学能力和信息素养。

三是培训与评价融合。建立健全乡村教师的教育数字化素养的实时评价和预警机制，逐步缩小数字鸿沟的累积效应带来的差异。在信息技术和人工智能迅猛发展的新时代背景下，人工智能和教育大数据平台为乡村教师教育数字化素养的实时评价与预警提供了可能，国家、省、市、县等都可以在不同层面获取本级教师的教育数字化素养水平，通过建立科学合理的指标体系，达到实时评价的目的，防止城乡教师的教育数字化素养因数字鸿沟的累积而不断拉大差距。同时，根据所设定的安全阈值，对乡村教师的教育数字化素养实施自动预警。对构成预警的群体进行全过程跟踪，分析挖掘触发预警的原因，并通过学业互助、职业培训等方式进一步提升教育数字化素养，切实降低乡村教师教育数字化素养的累积效应所带来的巨大差异。

第六节　网真信息共享空间建设

随着现代信息获取技术和通信方式的飞速发展，现代远程教育作为学习型城市建设的重要手段之一，打破了时空、地域和对象的限制，直接有效地延伸至社会的各个角落。远程教育的发展无疑对真正实现教育的社会化、构建虚拟学习型社会具有至关重要的现实意义。在现有的远程教育体系下，电话能够传送声音实现有声教学、电邮能够发送文字实现资源共享、远程视频课堂能够传输影像实现声像同步教学，大规模开放在线课程（Massive Open Online Courses，MOOC）正是在这样背景下形成的一种远程教学最新形态。这些方式有效地运用了现代信息技术，作为传统课堂教育的补充，为现代教育技术的进步发挥了举足轻重的作用。

尽管如此，从麻省理工学院的网络开放课程、到国内精品课程建设、再到目前风靡全球的MOOC，教学课程和资源开放了，但教学课堂却并没有真正意义上开放。尽管用户看到了课件，看到了学习资源，看到了授课视频，但却根本无法身临其境地体验真实自然的课堂。也就是说，MOOC环境下的现有远程教育模式仍然无法给人一种身临其境的感觉，无法让人们真切地感受到课堂的存在、更无法真实地体验到课堂的交互。

将自然科学和社会科学研究交叉融合，利用“网真”（telepresence）技术重构了信息共享空间（information commons，IC）的概念，称之为网真信息共享空间（telepresence information commons，TIC），试图从根本上克服现有远程教育模式的瓶颈，以实施“面对面在一起上课”的沉浸式网真教学目标，通过网真技术向远程IC终端开放与本地IC的联系，并实现双向沉浸式实时交互，有利于不同文化、不同地域背景之间的MOOC用户进行互动交流，增强知识流动与转化，促进

MOOC 高效良性发展,并一定程度上促进教育公平。

一、MOOC 的知识流动缺陷

随着 MOOC 研究与实践的不断深入,喧嚣过后呈现的是理性和冷静,MOOC 在国内外的发展并未如其推崇者所想象的那样激流勇进,反而在其质疑者、甚至是反对者的批评声中步履蹒跚。总体上看,目前 MOOC 所反映出的表象问题主要包括以下几个方面。

(1)MOOC 学习资源获取存在障碍。一方面,目前 MOOC 学习资源众多,但尚无统一规范的设计和制作标准,商业、公益类的 MOOC 课程资源参差不齐;另一方面,MOOC 所谓的高度个性化导致了用户需求学习资源的多样性,由此导致大多数图书馆用户的 MOOC 学习资源获取存在较大障碍。此外,时间碎片化的 MOOC 课程学习还存在资源关联性不强的问题。

(2)MOOC 缺乏实时互动。反对者质疑 MOOC 缺乏实时互动,使其无法替代传统的课堂教育。因为无法知晓 MOOC 的用户是否在听课,但在现实的课堂里不会存在这种困惑,学生之间、学生与教师的交流讨论会产生很多知识碰撞。Ilian Mihov 等人认为一种学习者面向计算机屏幕的网络学习过程,缺少实时互动和思想的传播。[①] 当然,MOOC 也在做出改进,Coursera 新掌门 Rick Levin 宣称其平台将增加远程视频讨论版块,通过在线视频的渠道与教师实时在线交流互动,甚至足够人数的小型在线座谈会。[②]

(3)MOOC 真实感不足。Carl Zeithaml 极端保守地认为 MOOC 是学生被动接受知识的一种形式,真正的学习过程不会产生于 MOOC 这类教学方式下,而是在教室旦在面对面讨论中。[③] 因为 MOOC 缺乏身临其境的感受,没有现场感知的冲击力的美。毕竟,MOOC 真实感不足,缺乏情感的互动,课堂对学生的真实刺激并不是可预期的,在传统课堂里,学生作为社会化的人参与课堂的情感交互是 MOOC 不可逾越的。

(4)MOOC 完课率极低。虽然不少用户对 MOOC 发生浓厚兴趣,数量上体量较大,但是最终完成课程的人数并不尽如人意,质量并不高。据不完全统计,首次注册学习 MOOC 者当中,只有 10%学完了他们的课程。事实上,这是前述三点问题的必然结果。

---

① 赵怡雯.在线教育冲击传统 MBA[N].国际金融报,2015-03-23.

② 姜强,赵蔚.MOOCs:从缘起演变到实践新常态——兼论创客、互联网+时代的发展机遇与挑战[J].远程教育杂志,2015(3):56-64.

③ 徐华洋.基于课程大规模开放的图书馆在线学习支持及其应用技术研究[J].现代情报,2015,35(12):134-138.

抛开表象、深究其本质，仍然是 MOOC 的知识流动和转化过程中存在若干缺陷：(1) MOOC 深度交流的学习群体较少，知识社会化、外部化功能欠缺。MOOC 的学习群体一般有两种构成方式，一种是线上学习朋友圈，多为虚拟社区中相同学习兴趣爱好自发诱导的社群结构；另一种是线下学习社交圈，这是因各种实际学习活动引导的社群结构。但商业 MOOC 平台开放性不足，必然导致学习资源获取障碍，公益 MOOC 用户黏性不够，学习群体表现为线下松散耦合，缺乏线上实时互动，因此知识社会化、外部化功能欠缺。(2) MOOC 立体设计的学习情境缺乏，知识结合化、内部化能力不足。知识结合化是对学习的分析总结，内部化是演绎升华，目前 MOOC 因真实感不足，学习情境缺乏激情动力，学习深度广度有所欠缺，失去了知识流动的萌发环境，知识结合化、内部化能力不足。

事实上，真正有效的 MOOC 课堂需要在信息技术、课堂体验和教学效果之间构成多模态平衡。人是社会性的，传统课堂教育中的知识流动十分有助于学生社会化、拓展知识视野，通过聆听、辩论、碰撞、交流，与同学和老师共同产生新知识。显然，仅仅依托互联网开展的纯线上 MOOC 学习无法替代这种面对面的交流。

二、TIC 建设框架

将网真课堂的概念引入信息共享空间建设，利用网真技术建立虚拟空间与实体空间的过渡状态，称之为网真空间①。所谓网真 TIC 是指利用网真技术把多个位置不同的实体 IC 空间通过宽带网络连接成为一个整体 IC 空间，并利用大屏幕拼接、虚拟现实等计算机技术能够实现远程实时、高清互动的 TIC 空间。网真 TIC 的示意图如图 5.5 所示，单个 IC 可以师生面授、生生交流，多个 IC 在网络开放的基础上可以以网真的形式实时同步协作、交流和互动，更可以以传统的远程方式在不同 IC 上异步协作、交流和互动。简单地理解，TIC 是在网真技术基础上对传统 IC 的改进，并不是对传统 IC 的全盘否定，已有的基础设施也仍然可用。例如，以电子阅览室、公共讨论区等为建设基础，辅以网真必需的额外设备，就能构成 TIC。总体上，TIC 是新技术环境下的 IC 改革创新。同时，网真云平台还可以记录整个 TIC 中教与学的行为大数据，以便更好地开展个性化推送等深层次服务等。

TIC 的核心要素包括人（教师、学生、管理员）、技术装备、教学资源、教学环境等方面，本文仅探讨教师、学生之间的知识流动，即知识在人的范畴演化路径，

---

① 金义富，张子石，王伟东. 网真课堂体系结构及其教育传播模式研究[J]. 中国电化教育，2013(11)：132-136.

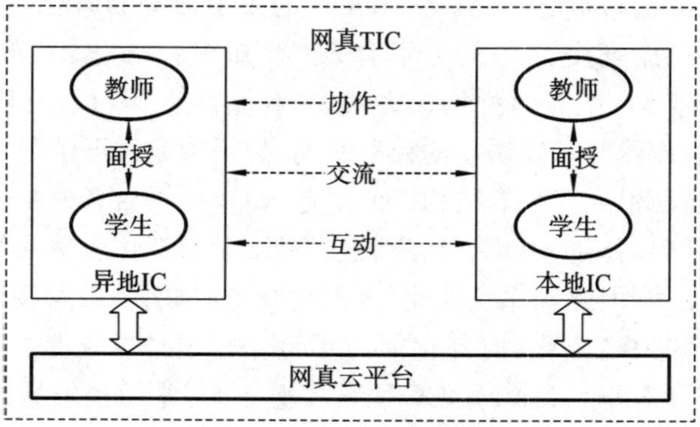

图 5.5　网真信息共享空间示意图

其他要素虽然也可能影响知识流动及其路径，但其信息流不宜列入，应归属于交互范畴。TIC 的知识流动以知识势位差为基础，对于 TIC 的教师和学生来说，知识流动的重要性表现为两个方面：(1)从相对静止的视角理解，如果 TIC 中某个物理独立的教室里学生之间知识势位差过大，那么该课堂中将形成典型的木桶效应，阻碍课堂在网真体系中有效运行，因此，就单个教室而言，知识流动催生学生知识均衡化，形成相对平衡态，但该流动过程及路径只在内部完成，对整个网真知识流动体系属于相对静止。(2)从绝对运动的视角理解，知识势位差是 TIC 参与各方知识流动的源泉，通过各个课堂之间的知识迁移、知识碰撞、知识交流、知识扩散等共同构成 TIC 的知识流，以 TIC 体系知识总体获得增量为目标，该过程是绝对运动的，保证 TIC 知识流动的生命力。

三、TIC 知识流动影响因素

从一般意义上说，TIC 的知识流动主要影响因素有知识主体、知识受体、知识内容、知识载体等四大方面，具体包括知识内容的形式、主体流动特征和意愿、受体接收能力和意愿、主受体贴近度、载体环境传输能力等。

(一)知识内容形式

显性知识易于表达和传播、流动性强；但隐性知识量大，只能潜移默化、流动性弱，需要亲身参与、亲身感受，与 TIC 的沉浸感一脉相承。传统课堂无法打破地域空间上限制，不利于教育资源和知识共享；隐性知识的流动存在局限性，远程课堂适合传播显性知识，但无法突破虚拟的瓶颈，缺乏情感交流，根本无法实现隐性知识的流动。TIC 能尽最大限度地保持传统课堂真实感，发挥远程课堂物理空间差异的优势，适合两种知识内容形式的流动。

(二)主体流动特征和意愿

知识主体的势位越高、掌控力越强、知识流出的主动性越大，则知识流动越快速、越高效。TIC 的参与方是高校课堂与中小学课堂、传统课堂与远程课堂、城市课堂与农村课堂、普通教育课堂与继续教育课堂，通常存在较大的势位差，知识鸿沟很大，但鉴于 TIC 以自愿参与为原则，以知识共享为目的，因此，知识主体的主动性极高，可供选择的知识数量多、质量高，有利于加快知识流动速度、提高知识流动效率。

（三）受体接收能力和意愿

在 TIC 中，高水平课堂与本地课堂、高校课堂与中小学课堂、传统课堂与远程课堂、城市课堂与农村课堂、普通教育课堂与继续教育课堂都不会是单纯的知识主体，两两相互之间都有优劣异同，存在互补性。因此，知识势位仅仅是一个相对概念，在某个角度或领域的高势位知识主体，换个角度，通常演变成低势位知识受体，从补的角度理解，知识主体提供的知识量越多，知识受体的吸收也越强，失真越少。当然，知识受体也存在意愿问题，知识吸收的主动性越强，知识流动越快速、越高效。

（四）主受体贴近度

知识贴近度主要反映在主受体之间的知识深度和广度差异，本质上是一个两难的问题。知识贴近度越大，主客体在知识视角越相似，主客体的知识势位差越小，但两者对知识的理解越同质化，便于知识交流，即流动率高、但流动量小。反之，知识贴近度越小，主客体在知识视角越相异，主客体的知识势位差越大，但两者对知识的理解越异质化，不利于知识交流，即流动率低、但流动量大，具体的平衡点还依赖于其他贴近度因素。信任贴近度主要指 TIC 知识流动主体和受体的信任程度，知识主体和受体相互越信任，知识交流的意愿越强烈，越有利于知识交流，反之亦然。互动贴近度本质上是知识主体和受体的沟通方式可行性和有效性，交互方式越多、越高效，越能促进知识流动。文化贴近度特指知识主体和受体之间的文化认同程度，认同度越高，越能提升知识流动率；反之，阻碍知识流动、降低知识流动率。根据 TIC 的构建特点，各参与方具备足够的信任基础，存在知识共享的动力，各种技术支持的交互方式多样化，文化认同通常也较高、甚至是某种程度上的好奇与崇拜，总体上，知识主受体贴近度有益于增强知识流动量、增加知识流动率。

（五）载体环境传输能力

载体环境对于知识流动和共享无疑具有至关重要的影响，特别是隐性知识。TIC 介于实体空间与虚拟空间之间，本质上仍然具有远程课堂的特点，知识流动以网络途径为主，但又有别于传统远程课堂，追求真实实时呈现，获得沉浸式体验，能保证知识流动的良性循环。

四、TIC 知识流动过程与路径

TIC 的知识流动遵循知识迁移共享、知识整合交流、知识扩散吸收、知识碰撞创新等阶段和过程，具体的知识流动螺旋如图 5.6 所示。在知识迁移共享阶段，完成隐性知识到隐性知识的转换，表现为知识的社会化，包括准备积累、知识迁移、自我体验、自我反思等具体环节。在知识整合交流阶段，完成隐性知识到显性知识的转换，表现为知识的外部化，包括知识交流、形式转化、寻求表达、知识整合等具体环节。在知识扩散吸收阶段，完成显性知识到显性知识的转换，表现为知识的结合化，包括分析总结、经验分享、知识扩散、知识吸收等具体环节。在知识碰撞创新阶段，完成显性知识到隐性知识的转换，表现为知识的内部化，包括归纳演绎、模拟实践、知识碰撞、知识升华等具体环节。

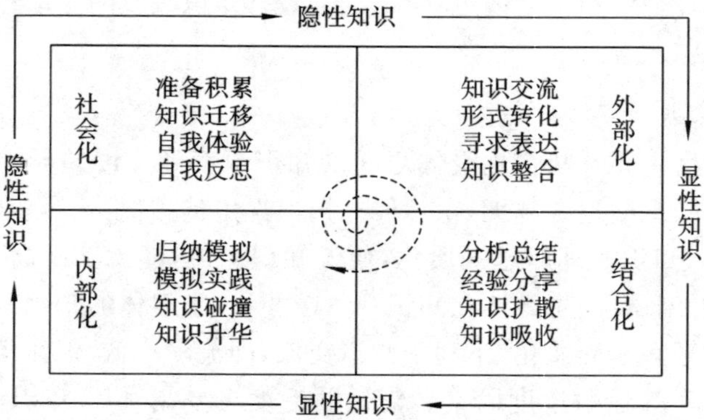

图 5.6 网真信息共享空间知识流动螺旋图

在 TIC 知识流动的演化过程中，存在着上述四种类型的知识流动随着时间变换而形成的运行轨迹，产生若干与知识演化有关的时序数据信息，通过记录知识在该过程的时间、位移、类型等索引信息，即知识流动路径，可以是物理的、也可以是逻辑的。将知识流动的主体、受体视作图论中的节点，知识流动的载体视作边，所构成的拓扑图可以简单、形象地描述知识流动的输入输出配置、知识流动通路以及主客体之间的相互连通关系，即为知识流动路径的拓扑结构。

知识流动路径的类型按知识在主体到受体之间的流动方向可以分成 T-S（教师学生型），T-G（教师小组型），S-G（学生小组型），S-C（学生课堂型），G-C（小组课堂型），S-S（学生互助型），G-G（小组互助型），C-C（课堂互助型）等。按路径拓扑结构可以分成星形、环形、总线形、树形、网状、混合形等，如图 5.7 所示。其中常见的星形结构以知识领袖为中心，成员之间通过知识领袖实现知识流动，这种结构是传统课堂中最常见的一种知识流动方式，即 T-S 型、T-G 型，也存在于 TIC 的主从式架构中，多表现为 S-C 型、G-C 型。其特点是易于实现、扩展方便、管理集中，缺点是在某些情况下过于依赖知识网络的中心节点。将星形结构去掉中心节点，即构成了总线形结构。这种形式表现为S-G型，存在于传统分组课堂、远程课堂、协作学习小组等，也存在于TIC的对等式架构中，多以S-G型、G-C型形式存在，其特点是知识共享程度极高、知识外部化趋势明显，节点成员之间根据自身的理解运用各种方法将自我内在知识明晰化，并形成共享知识流。树形结构是TIC所特有的一种形式，属于S-G-C型知识结合化，通过单个学习者扩大到学习团队再到课堂组织，将知识整合并不断赋予新的内涵使其适合整个群组，直至演变为宏观常识。环形结构在知识的准备阶段、传统课堂S-S型、分组课堂、远程课堂G-G型等都有不同形式的呈现，TIC增加了C-C型环，包含S-S、G-G、C-C型三种形式的内部化，是对知识的内部消化过程，将群体交互获得的显性知识经过总结反思内化为个体自身的隐性知识，达到扩展知识量的学习目的。网状结构也是常见的一种知识流动形式，在传统课堂、远程课堂、TIC中同样存在，是知识的社会化过程，表现为学习观察群体其他成员，模仿、分享并建构社会化知识。将两种或几种网络拓扑结构混合起来构成的一种网络拓扑结构称为混合型拓扑结构（也有称之为杂合型结构）。

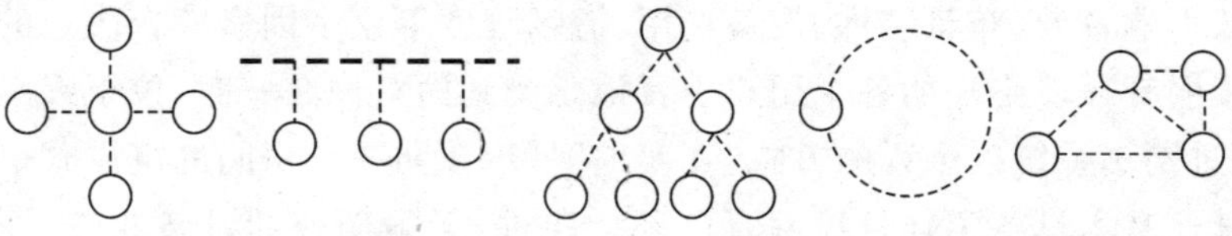

图5.7　网真信息共享空间知识流动路径结构

五、TIC知识流动服务

（一）面向TIC知识流动的软硬件条件优化

TIC以网真技术为基础，是信息技术足够发展、软硬件环境足够丰富的阶段性匹配产物。虚拟现实、增强现实等技术的使用可以有效增强用户的沉浸感，激发知识迁移的动力，促进知识扩散的活力。QQ、微信、微博等新媒体社交软件可以有效增加用户的黏性，激活知识交流的凝聚性、促进知识扩散的集约性。因此，在互联网＋时代，要从知识管理的视角部署和优化TIC，以用为本，整合计算、存储等资源，利用软硬件技术完善和优化知识流动的环境与条件。在传统IC已有的实体空间、虚拟空间主要是整合完善，在新增的网真空间以新建为主，强调真实沉浸感。具体实施可以从以下三个方面展开。

一是在实体空间中，以现有IC设备为基础，适当升级软硬件条件，提升公用计算机性能，加大网络带宽，完善打印机、复印机、投影机、显示器、扫描仪等输入输出设备，甚至可以引入会话机器人，尽可能使 TIC 的实体空间设备配置略高于当前普通平均水平，并与 MOOC 背景下的用户需求无缝对接。

二是在虚拟空间中，以现有软件平台为基础，增设各类社交公众号，强化用户连通功能。考虑到目前的虚拟系统在建设初期各自为政，每个系统一个账号，人为设置障碍一定程度上减少了活跃用户数量，也事实上降低了用户圈的黏度，不利于知识流动与升华。建议整合已有 IC 的虚拟环境，打破现有数据的壁垒，使用 Web 3.0 等技术手段以支持第三方登陆的形式构建深层次的图书馆 TIC 虚拟环境，数据在各类社交工具内部交互与更新，用户不再受制于资源积累的限制，最大限度地促进用户隐性知识的显性化。

三是网真空间有利于通过"面对面"交互的方式将经验、感悟等隐性知识扩散，在网真空间中，可以添置虚拟现实设备，增强用户真实感体验，提升 TIC 的沉浸感。单个 TIC 场景中的基础硬件设备包括全彩显示及控制单元、LED 显示控制工作站、LED 演播控制系统、智慧教室云终端、视频展台、无线扩音系统、环境降噪拾音器、主互动视频终端、高清云台一体化摄像机等。网真包括沉浸式、自适应式、轻量式等三类不同级别的解决方案。沉浸式处于最顶层，是指包含光照条件、声响音效、布景装饰、设备选用、流畅程度等众多因素综合决定的完整方案，位于网真环境终端的各个用户逼真地感受到面对面在一起，位于天南地北的用户通过网真系统以远程的方式"真实地"呈现在同一个房间的沉浸式交流。一般 IC 已经基本具备了轻量级网真的环境条件，无须额外的设备改造，但是要达到完全沉浸式的效果，还需要一番努力。建议以 TIC 分场景的环境装饰一致性、局部颜色协调性、声音逼真感、焦点跟踪实时性、视角变换准确率、交互时延率、远程设备操纵感等指标作为决策变量，根据焦点跟踪实时性、视角变换准确率、声音逼真感、交互时延率、远程设备操纵感等，构建合适的目标函数，最终保障 TIC 分场景的最优沉浸感。

（二）面向 TIC 知识流动的共享环境优化

知识流动需要建构共享的土壤，共享环境优化对推动知识流动具有非常重要的载体作用。为此，TIC 需要利用其丰富多样的实体空间、方便快捷的虚拟空间以及真实沉浸式的网真空间，打破时间和空间的桎梏，构建面向 TIC 的全方位、全天候共享环境。与前述软硬件条件相对应，共享环境优化的实施也可以分成三个方面。

一是，实体空间的共享环境优化主要从多样性、人性化、舒适度等三个维度来建设。多样性体现在 TIC 实体空间的功能，集咨询、互动、协同、休闲于一体，包括多对一的参考咨询，多对多的交流互动，一对一的协同学习。另外，在物理空间规划上，尽可能改造使其科学合理，在实物选用上以可移动、可变形、多颜色为主，避免单一的传统桌椅等造成单调厌倦感，应考虑多人自由知识交流等人性化需求，在材质使用上，尽量使用环保节能的绿色材料，提高舒适度。

二是，虚拟空间的共享环境优化主要是一户、多维、连通等三个方面的建设。在 TIC 全方位地部署免费移动网络，有效保障虚拟空间必备的网络基础设施。构建多维在线交互渠道，包括学习社区、博客、QQ 群、微信群、微信公众号、微博等，在 TIC 提供一键式或扫描二维码等简单便捷的访问方式。进一步，利用虚拟现实技术将 TIC 分块，将历史、文化、语言、建筑等类课程融入游戏体验资源，最终整体打造成面向 MOOC 的教学及其交互平台。平台特有的开放、自由等特点有利于用户的互联互通，并为用户群树立知识重用与共享理念，创新合作机制，加强多方交互，增强相互信任度，并进一步加速知识流动、知识产生。

三是，网真空间的共享环境优化核心仍然在于沉浸感，在 TIC 分场景的基础上，以教育云平台作为支撑，将计算、网络、软件、存储、数据、特定教育等各类资源虚拟化构建资源池并形成资源云，将无处不在的智能终端设备和设施通过各种通信网络实现互联互通，建立基于物联网的互动反馈学习共同体。此外，面向用户服务构建服务层，消除用户的“距离感”和“孤独感”，从远程协同的角度提供“真实”呈现，构建物联网环境下的协同学习模式，包括一般用户服务（数据传输、搜索导航、用户管理等）和用户协同服务（协同感知、协同工具、协同上下文管理等）。另一方面，动态实时交互也是 TIC 体现“真”的重要部分，分析一般人机交互以及面部表情、手势、肢体、语言等多模态情感交互之间的潜在关联关系，为大规模场景的自然式交互提供可能。对于 MOOC 环境下 TIC 场景之间的情感交互与协同学习来说，其沉浸感主要由交互的有效性、协同学习的效率等因素决定，通过交互管理和交互反馈机制，将所有参与者的交互感联合，并形成 TIC 情感计算的最优化模型，利用社会情感优化算法构建 TIC 沉浸式情感，所有参与者组成一个虚拟的 TIC，可以视作一个虚拟社会，其中个体参与者从协同环境中获取交互感和学习体验，通过调整自己的情感将这种感知，影响社会群体并反映给其他参与者，最终为 TIC 共享环境优化提供决策依据。

（三）利用 TIC 的主动开放合作

当前所处的互联网＋时代主要特点是主动、开放、合作。利用 TIC 提供主动开放合作的平台和空间，通过各种 TIC 线上线下活动，诱导开放开源的知识流动理念，可以主动采取多种形式。其中，在实体空间，定期举行小型的线下 MOOC 交流，有针对性地邀请相关领域专家、优秀用户参与活动，交流的内容和形式可以丰富多样，例如 MOOC 学习经验、MOOC 学习反思，主题演讲、分组讨论等。在虚拟空间，定期组织小型线上视频研讨会，或根据当前 MOOC 的热点问题，非定期举办大型线上分享会，组织地处多地的机构和用户展开知识碰撞与交流，录制相关的视频资源并存储在TIC的云端，供后期有需要的用户随时下载离线查看。此外，定期召开半线上、半线下的网真互动空间活动，吸收各种知识背景的用户群体，逼真地感受和体验物理上分隔的“面对面”交流。同时，针对一些无法用文字表述的经验、反思等隐性知识，通过图像展示、远程视频或网真互动的形式呈现为多媒体显式知识。

一方面，TIC主动为用户创造知识分享的机会；另一方面，TIC主动为用户提升知识转移的意愿。还可以鼓励知识创新，建立特色资源交换策略，增强用户知识释放意识与能力，将软硬件资源向知识流动路径予以倾斜，采用荣誉激励激发不同用户群的知识流动活力，为优秀的知识流动群体授予相应的能力证书，达到主动传播知识、推送资源的目的，改被动学习为主动学习。

（四）利用**TIC**的深层技术服务

TIC的核心是服务。利用TIC提供深层次的技术服务，通过各种线上线下培训，引导用户积极参与，增强知识迁移水平。例如，非定期召开信息能力提升活动，定期举办线下读书会、辩论会、演讲赛、朗诵赛等，非定期采用网真技术实施MOOC课堂模拟、发布信息能力交流征文，在特定用户对象中开展特定形式的信息能力培训等，如针对学生的阅读培训、针对教师的课题申请培训、针对非信息专业用户的办公自动化培训等。通过主动提供教育技术服务，提高受体知识吸收能力，增强TIC沉浸感，变一般服务为深层服务。

在互联网＋时代，TIC服务的关键在于个性化。在前述基础性服务的前提下，基于Web 3.0技术利用一户多维的线上线下系统，根据用户使用TIC及其MOOC学习的各种学习过程数据，例如，形成用户MOOC线上线下学习行为的大数据池，据此实施大数据分析，挖掘用户的MOOC学习模式，探索TIC服务的个性化。例如，向用户推送感兴趣的MOOC资源，为用户提供适应性导学，辅助MOOC教师的教学诊断与反思，优化教师的教学风格和路径，改善MOOC的管理、评价和维护机制，最终建立基于TIC的MOOC教、学、管的个性化服务体系。

在分析MOOC知识流动及TIC建设的基础上，利用网真技术重构了信息共享空间的概念，提出了网真课堂支持下的网真信息共享空间TIC及其若干服务策略。研究可望从根本上克服包括MOOC在内的现有远程教育模式的瓶颈，以“面对面在一起上课”的沉浸式网真教学为目标，实现以MOOC和翻转课堂、网真课堂为基础的混合式协作学习，一定程度上缓解教育公平，促进城乡教育均衡化发展。

第六章

教育代际流动的历史学演绎

第一节　质性研究与量性研究

通常按照科学研究对象是“质”还是“量”，把研究分为质性研究和量性研究。

质性研究以研究者作为研究工具，在自然情境下采用多种资料收集方法，对社会现象进行整体性研究，主要使用归纳法分析资料和形成理论，通过与研究对象互动对其行为和意义建构获得解释性理解的一种活动。质性研究多用于社会科学领域。社会科学的研究范畴包括经济、历史、社会、政治、文化、心理等，针对以人及人构成的社会，探讨社会运行组织和协调发展。

量性研究一般把研究对象的结构特征转变为可测量的变量，运用统计分析技术、数学模型、计算机算法等，揭示各变量之间真实关系和事物本质属性，验证理论和假设。量性研究多用于自然科学领域。自然科学的研究范畴包括物理、数学、化学、天文、地理、生物、信息等，针对自然界物质形态及结构，探讨自然性质规律和持续发展。

不管是哪种方法、哪个学科，单一的角度无疑都存在一定的相对局限性。例如，量性研究一般样本量大，有代表性，但对个体缺乏深入认识；质性研究一般样本量小，灵活深入，但对群体缺乏全面把握。随着现代科学的发展和进步，新的技术和方法不断涌现，社会科学与自然科学紧密融合、互相渗透，质性研究与量性研究交叉整合、互为补充，自然科学广泛利用质性研究人类行为和社会现象，社会科学也逐步引入量化模型和手段。

本书侧重于利用量性研究方法，从计算社会科学的角度探讨教育代际流动问题，但也难免不够深入、不够透彻，为此，本章结合质性研究的方法，从历史演绎的角度以清代著名官员陈瑸为例展开微观探索。

科举考试对明清时期的社会流动有重要的推动作用。[①] 父子间的代际流动更是社会流动的关注焦点。讨论代际流动的一个核心因素是家世,家世作为先赋因素,对科举考试和入仕都产生影响。以往的研究主要使用明清时期留存下来的朱卷、同年录等史料,采用量化的方法分析家世与科举考试的关系,从而推导出代际流动的趋向。[②] 数据的量化分析可以帮助理解中国传统社会中家世、科举与代际流动的关系,从整体上呈现中国传统社会代际流动的特征与趋势。同样有研究显示,寒门子弟通过科举实现了向上流动。[③] 两项研究对比可知,家世与科举对代际流动的影响和作用,仅有量化的讨论是不够的,需要更多具体案例的实证研究来补充。

本章以清代著名官员陈瑸为例,具体探讨了清代的寒门子弟如何实现代际的向上流动,以期说明量化研究中认为影响代际流动的先赋因素——家世与科举考试,在具体的个案中发挥了多大程度的影响与作用。如果没有家世的作用和影响,寒门子弟是否可以通过其他渠道获得教育资源促成科举考试的成功,从而实现代际向上流动。

第二节 以清代官员陈瑸为例的教育代际流动微观研究

一、陈瑸的家世和科举经历

陈瑸是清代以清廉著称的名臣,也是中国传统社会寒门子弟鱼跃龙门的典型例子,他通过科举考试,实现了从寒门子弟到精英阶层的跃升。陈瑸于顺治十三年(1656 年)出生在广东雷州府海康县(今广东雷州市)的东湖村,康熙三十三年(1694 年)中举成为进士,从此走上仕途,先后在福建古田县、台湾、四川、福建厦门、湖南等地担任官职,从知县官至巡抚、总督[④]。康熙五十年(1711 年),康熙

① 潘光旦,费孝通.科举与社会流动[J].社会科学,1947(1):1-22.

② 郑若玲.科举对清代社会流动的影响——基于清代朱卷作者之家世分析[J].厦门大学学报(哲学社会科学版),2007(5):72-79.

③ 林上洪,刘海峰.寒门子弟何以考取科举功名——基于清代浙江科举人物朱卷履历的定量分析[J].北京大学教育评论,2021(3):60-80.

④ 清史编纂委员会.清史(第 3-8 册)[M].北京:国防研究院,1961.

皇帝召见陈瑸，在了解他的宦迹和功绩之后，称赞他为“国家祥端”。[①] 康熙五十七年(1718 年)，陈瑸在任上病逝，被追赠礼部尚书，予祭葬如尚书礼，赐谥“清端”，立碑墓道。雍正十一年(1733 年)，特诏入京师贤良祠，春秋享祀。

由于得到康熙皇帝与雍正皇帝的赞同与嘉奖，陈瑸在家乡雷州府亦声名斐然，被当地学人称为“胜代名臣，岭表间气”。[②] 陈瑸既受到清代统治者的嘉奖，又受到雷州当地人的尊重与敬仰，主要原因是陈瑸从底层的农家子弟上升为社会精英后仍能做到清廉。

清廉与底层出身是时人评价陈瑸时着重强调的事情。康熙皇帝曾问陈瑸“汝先世有做官人么?”陈瑸回答:“臣世为农家，无做过官的人。”康熙皇帝称赞他:“察其言语举动，实系清官，且瑸生长海隅，非世家大族、无门生故旧，而天下皆谓其清;非实行，曷克臻此!”陈瑸出身底层，家世寒门的事实，在嘉庆年间雷州后学丁宗洛为其纂修年谱中引载的《陈清端公家传》有记:世族单寒，祖、父皆德弗耀。而嘉庆《雷州府志》中提到:陈宁以子瑸贵，赠奉政大夫、福建台湾厦门道;妻郭氏、继妻林氏，赠恭人。[③] 从家传与地方志的记载可见，陈瑸是真正的寒门出身，祖父、父亲完全是没有功名的平民。不仅祖父、父亲是普通平民，而且祖上无做官之人，母亲与继母也是平民。陈瑸世族单寒，没有可以依靠的家族力量。

显然，家世对陈瑸实现代际向上流动不能提供任何助力，因而教育资源的获得对陈瑸实现向上流动显得极为关键和重要。清代士子获得教育资源的方式主要是通过应考各级考试获得相应的身份与资格。首先是童试，这是考取生员身份的第一道考试。

童试三年两考，丑、未、辰、戌年为岁考，寅、申、巳、亥年为科考，试未取者可再考。[④] 考试的次序是县试、府试、院试。初考县试，考官为本县之县官，取列第一者为县案首，院试时相沿取以入学;县试考后，续考府试，考官为管辖本县的知府(或知州、同知)，取录者即可应考院试，院试之考官为学政。也就是说从童生考取生员需要经历至少两到三次考试，通过院试后录取为生员，即入府学，成为府学生，一是可以接受府学的教学资源与待遇，二是生员还须应岁、科两试，获得乡试的考试资格，进而考取举人，再到更高级的会试、殿试，考取功名。

陈瑸 7 岁开始接受蒙学教育，12 岁学举子业，15 岁首次参加童子试，直到 39 岁参加会试考中进士，历经了 32 年的时间达成了科举的成功。具体的经历过程如表 6.1 所示。

---

① 陈瑸. 陈瑸全集(下册)[M]. 唐友伯，龙鸣，点校. 广州:广东人民出版社，2020.

② 邓碧泉，编选·校注. 陈瑸诗文集[M]. 北京:人民日报出版社，2004.

③ 雷学海，陈昌齐，等. 雷州府志(嘉庆)[M]. 中国地方志集成(影印本). 上海:上海书店出版社，2013.

④ 商衍鎏. 清代科举考试述录[M]. 北京:故宫出版社，2014.

表 6.1 陈瑸科举经历

时间	年龄	学习内容与考试	师从
康熙元年(壬寅)	7岁	受《四书》	黄瞿滟(生员)
康熙五年(丙午)至康熙八年(己酉)	11岁至14岁	通《五经》、习《尚书》、学举子业	吴日赞(生员)
康熙九年(庚戌)	15岁	举业成,初应童子试	吴日赞(生员)
康熙十一年(壬子)	17岁	益肆力于《史》《汉》、八家,而文日进	吴日赞(生员)
康熙十二年(癸丑)	18岁	又应童子试	余振翰(知县) 吴盛藻(知府)
康熙十三年(甲寅)	19岁	迟学道岁考入学,科考补增。应童子试,列府案第二名者再。补郡学生(府学生)	迟学政
康熙十五年(丙辰)	21岁	洪泮洙“尝与海康陈瑸讲举业”	洪泮洙(进士)
康熙十六年(丁巳)	22岁	少游泮水,面命耳提	汪澄清(教谕)
康熙十七年(戊午)	23岁	科考一等一名,食饩。(廪生)	王学政(按察司)
康熙二十二年(癸亥)	28岁	岁、科两试,皆一等一名	于觉世(学政) 萧介臣(府学教授)
康熙二十三年(甲子)	29岁	乡试不第	
康熙二十六年(丁卯)	32岁	乡试不第	
康熙二十八年(己巳)	34岁	黄学道科考,领贡;奉例免赴部廷试。(岁贡) 观风试,被首录	黄学政 孔衍海(知府)
康熙二十九年(庚午)	35岁	乡试不第	
康熙三十二年(癸酉)	38岁	癸酉科乡试,中式第三十四名举人	谢陈常、王奂曾(主考) 耿惇(房官)
康熙三十三年(甲戌)	39岁	甲戌科会试,中式第一百二十四名进士。(第三甲第三十一名)	徐潮、王维珍、杜臻、熊赐履(主考) 樊咸修(房官)

资料来源:《海宸陈清端公年谱》《广东贡士录》《清朝进士题名录》《听雨丛谈》等书籍。

从表 6.1 可见,陈瑸 7～15 岁的蒙学阶段可类比为现代社会的小学阶段,15 岁初次参加童生的考试到 19 岁考取生员,这一阶段可类比是中学阶段。陈瑸从童生考取生员的过程是比较顺利的,按部就班地参加各级考试并顺利晋级。这与陈瑸的刻苦学习是密切相关的，他的同乡后学丁宗洛就听闻：相传公苦学，冬不炉、夏不扇。每日夜支颐而读，所凭之儿，左右肘迹积久洼然。陈瑸 19 岁考取了府学的生员，这也是中国传统社会大部分士子的学习经历。但是陈瑸从生员考取举人的过程就相对漫长，花费了近 20 年的时间，经历了三次乡试不中，第四次乡试才考中举人。过程如图 6.1 所示。从图 6.1 可以看出，陈瑸 19 岁成为生员之后，按照生员的岁、科两考的考核，依次获得廪生、岁贡的身份。生员身份的不同，意味着获得的教育资源也不同。清代廪生的人数有限定名额，廪生名额以府、州、县大小为多寡之差，大约府有 40 名。廪生一方面说明陈瑸的成绩优异，以科举考试一等一名获得廪生身份，可以受到府学学官的亲自指导；另一方面陈瑸可以获得官府给予的廪膳，生活上得到补助，物质条件上为参加高一级的乡试提供了一定保障。

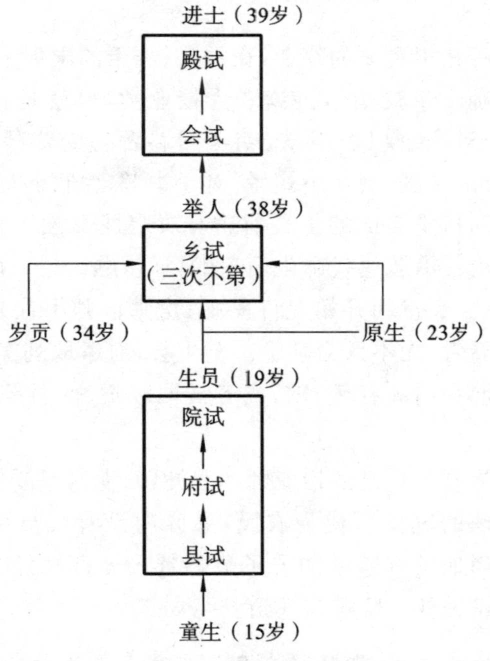

图 6.1　陈瑸学习经历图

府、州、县学廪生食饩十年后挨次升为岁贡。陈瑸从 23 岁获得廪生身份到 34 岁领取岁贡身份，正好 11 年。这 11 年的时间，陈瑸一边在家乡雷州设馆教学，一边参加乡试。乡试是省一级的考试，乡试三年为一科，逢子、午、卯、酉年为正科。陈瑸分别在康熙甲子(1684 年)、丁卯(1687 年)、庚午(1690 年)年参加乡试，皆不中，第四次参加康熙癸酉(1693 年)年乡试，考中成为举人，获得了参加会试的资格。会试是国家级的考试，由礼部备试卷，三年一科，以丑、未、辰、戌年为会试正科。陈瑸考中举人的第二年正好是康熙甲戌年(1694 年),会试正科开考,陈瑸中式第一百二十四名进士(第三甲第三十一名)。[①]

综上所述,陈瑸在没有家世的帮助下,依靠自己的努力获得了地方和官府的教育资源,虽然经历乡试三次不中的挫折,但是最终考取了进士,进入仕途。成功从寒门子弟跃升为精英阶层,实现了社会阶层的向上流动。科举是陈瑸实现向上流动的唯一途径与重要条件。毫无家世背景的陈瑸,取得科举成功的很大一部分原因在于老师的提拔。

二、陈瑸的师从关系及对科举考试的影响

科举是陈瑸实现阶层跃升至关重要的途径与因素。陈瑸科举考试的成功,除了自身的刻苦努力,很大程度还与他应考过程中遇到的老师、学官及教导的赏识与提携密切相关。

清代科举的老师是很重要的存在,在举人、进士的朱卷中专门详细列明中式者的授业师和受知师。亲授指示讲读者为授业师,也就是日常所谓的夫子、先生。入学及中举、中进士、复试、殿试、朝考阅卷者为受知师。受知师是主持考试、参与阅卷的官员。乡试、会试中式者,对于主考、房官例称师生。

受知师是对参加科举考试的生员前途有决定性影响的人物,所谓受知就是知遇之恩的意思。清代沿袭明代师生门户的风气,顺治时一度被朝廷禁止,但是积习已深,难以杜绝。雍正朝开始允许座师、房师以师生往来,后发展到凡是乡试、会试、殿试中阅卷者,无不认为师生。童生县、府考取列案首者,与县官、府官称师生。生员考取前列因此补廪、增,或者被取拔贡、优贡等,与之相关的学政,也认为师生。

清代的士子极为看重自己的授业师和受知师,尤其是受知师,是科举取得成功的关键人物。陈瑸的家世历代为农民,家族内没有成员可以为他提供师资。他的授业师是雷州当地负有盛名的夫子吴日赞。吴日赞是明崇祯末年的附生,康熙初年在雷州设馆授徒。陈瑸自述道:

> 瑸自出就外傅之年,即师事东皋吴先生。先生为郡著姓,家世诗礼,虽卜居城东偏,绝迹不入城门,岁以授徒为业,郡人子弟远近负笈者,岁以百计。[②]

他入仕之后郑重地表达了对授业师吴日赞的感激:

> 第为叙述瑸之受教于先生,及先生之所以造成瑸之今日者,俾人知师道

---

① 江庆柏. 清朝进士题名录(上册)[M]. 北京:中华书局,2007.

② 梁成久. 海康县续志[M]//广东历代方志集成. 广州:岭南美术出版社,2009.

之重，果与君亲并，而思所以不负教育，图报师恩于一二，其亦未可轻忽忘之也。[①]

可见吴日赞对陈瑸的教导，为他实现科举的成功起到重要作用。陈瑸详细地讲述了吴日赞在举业上对他的重视与指导：

瑸时以童子厕其中，先生每心异之，称于众曰：是能背诵四书，注解不差一字者，尔曹勿轻若小也。愧瑸禀姿钝甚，下笔累赘，每课文，先生必加圈点，亦必涂抹一二行，未能得一篇全文通顺可观，如此者数年，直至十五岁以后，始略能去其累字累句。应童子试，列府案第二名者再，先生犹以入泮为瑸虑。是科道试，幸进府庠，时康熙甲寅岁也，予时年十有九矣。

陈瑸得到雷州当地名师吴日赞的尽心指导，学业得以长进，18 岁第三次参加童试，获得海康知县余振翰与雷州知府吴盛藻的青睐。陈瑸在这次童试考核中被拔列前茅，为县官、知府所器重。由于名列前茅的成绩，于 19 岁顺利被府学录取，获得了生员的身份。

知府吴盛藻的器重，使陈瑸文声甚盛，从而获得与吴盛藻交往密切的文人洪泮洙的赏识与提点。洪泮洙是顺治十三年(1656 年)的进士，被誉为清代雷州的第一个进士。康熙十五年(1676 年)，洪泮洙从新安任上回到雷州，卜寓府城外西南隅之古楼巷。他见到陈瑸的文章后，大加赏识。两人的交往日渐密切，洪泮洙给陈瑸讲举业。虽然陈瑸并未正式称洪泮洙为先生，但当时人都认为陈瑸是洪泮洙的学生。另外时任雷州府学教授的汪澄清对陈瑸也多有指导。

陈瑸有知府、知县、府学学官等人的赏识，加上进士洪泮洙的指导，学业日渐进步，更加受到府学学官的重视。康熙二十年(1681 年)，初任雷州府学教授的萧介臣，"见公课文，大加奖异；闻公艰苦，时助薪水之费"。康熙二十二年(1683 年)，岁、科两试，陈瑸得到广东学政于觉世的赏识。于觉世(字铁樵，济南人)批阅陈瑸的试卷，题其试卷曰："和平精实，居然大家，且布置开阖，处处得法，何意海隅得此佳士"。得到广东学政于觉世欣赏的陈瑸，岁、科两试皆获得一等一名的考核成绩，且与于觉世结下知己的交情。

陈瑸在府学期间，与广东学政于觉世、雷州知府吴盛藻、雷州府学教授汪澄清、萧介臣和进士洪泮洙结成师生关系。这些师生关系帮助陈瑸在雷州当地士子中脱颖而出。省、府学官和地方官员的认可，对陈瑸参加更高一级的乡试有积极作用。但是这种关系能否真正产生作用，也取决于乡试的主考和房官。

陈瑸自康熙二十三年(1684 年)开始应考乡试，一共考了三次，均落第。到

---

① 张小迂. 广东贡士录(1 函 3 册)[M]. 广东省社会科学院图书馆藏稿本. 北京：国家图书馆出版社，2017.

了康熙三十二年(1693年),癸酉科乡试开考,陈瑸第四次应考,主考官为谢陈常、王奂曾,分阅陈瑸试卷的房官为耿惇。房官耿惇是陈瑸中举的关键人物,陈瑸视耿惇为有知遇之恩的座师。

陈瑸在《耿师母贺寿文》中写道:癸酉之役,谬为夫子所赏识,荐之主司;摈弃者再,幸而不致抱刖者,夫子力也。可见,陈瑸最开始并未获得主考官的垂青,但是房官耿惇坚持向主考官推荐陈瑸。陈瑸很清楚如果没有耿惇的力荐,他就不可能中举,他在《祭耿夫子文》中回忆细节:

> 癸酉秋闱,吾师分校,得予卷,独击节咨赏。而是科粤文非清脱流利者不售,予方板迂重之习未改,故予卷荐至再,主司驳亦再;最后,始幸甄收。嗟夫!清脱流利者信得矣;吾师独不弃方板迂重之习,岂非虽有丝麻、不弃菅蒯之苦心,有可感且泣者乎!榜后谒见吾师,亟以为言;且云"子若不遇予,几无以自见"。

耿惇十分欣赏陈瑸的文章:

> 其文理精醇,则根底紫阳也;文势浩瀚,则仿佛眉山也;文词条达而剀切,则又如陆宣公之奏议焉。有佩玉垂绅之度、有排山倒海之势,而无矜张嚣凌之习:心闲手适,纵横出之;皆成名理名言。盖其涵濡于诗书者久,故其为文也巧寓于法,而奇不诡正。

耿惇对陈瑸的欣赏不仅在于文章,更在意其人品。耿惇为陈瑸的文集写序,详细道出了固荐陈瑸的缘由:

> 癸酉秋,奉调入闱分校《尚书》,得士五人;陈子眉川与焉。维时海康尹张凤文为予贺得人,曰:"此雷州佳士也;德行文艺,不愧古人。"予闻之色喜。越数日陈子来谒,见其貌肃而词温、体直而气和,恂恂谨谨无所伪饰;知其涵濡于诗书久矣。问其年,则强仕叩其学,则邃深;考其行,则端方。始信海康之言不我欺也。方予初披陈子卷,得而复失者再;陈子不遇予,亦几无以自见。虽曰一时之遇合偶然,然其中有天焉,非人之所能为也。

耿惇并不讳言陈瑸中举是缘自他的作用,直言"陈子不遇予,亦几无以自见。"充分说明了陈瑸中举的关键因素是批卷房官的推荐。在房官耿惇的力荐之下,陈瑸得以中式第三十四名举人。耿惇对陈瑸有知遇之恩,且对陈瑸多加勉励和帮助。

陈瑸中举后参加第二年的康熙甲戌科会试,主考官熊赐履、房官樊咸修均对陈瑸作出了很高的评价。会试中发挥作用亦是房官樊咸修,他批阅陈瑸的试卷,评价陈瑸文章"力能避俗,而气复轩举,有鸾翔凤翥、岳峙渊淳之概"。陈瑸得到樊咸修、熊赐履的推荐,中式第一百二十四名进士。

综上所述，对毫无家世背景的陈瑸而言，老师是帮助他实现科举成功的核心因素。清代科举的老师及师从关系是一种教育资源。陈瑸的授业师为其提供了学业的教导，学政、知府、知县、府学教授、主考官、房官这些受知师在陈瑸的各项考试中发挥了提拔的作用。陈瑸在自身努力基础上，通过授业师和受知师的指点与拔擢，实现了科举的成功。但是陈瑸科举上的成功，不仅仅是因为自身努力与老师的赏识与提拔，也是顺应了清初地方社会发展的需要。

三、陈瑸从寒门实现向上流动的外部因素与条件

陈瑸从寒门子弟通过科举入仕，成为国家和社会的精英，这一过程与结果既是陈瑸个人社会阶层的跃升，也是国家选拔治理人才的需要。陈瑸所处的时期是清朝建立初期，地方秩序的恢复与国家统治的稳固急需社会精英的支持。陈瑸的家族发展、自身成长与清代广东地方社会秩序的恢复与稳定紧密联系。

(一)清初雷州地方社会秩序与陈瑸的成长

陈瑸出生于顺治十三年(1656 年)，这一年清廷申严海禁，广东沿海地区深受影响，一部分海边民众向内陆迁移。顺治十四年(1657 年)清廷颁布《赋役全书》，对全国确立编户齐名。移民与赋税政策的推动，因明清鼎革动荡流离的广东沿海民众逐渐定居。顺治十八年(1661 年)，濒海迁移内地居民，酌给田地房屋。① 这一时期，陈瑸的父母开始在雷州府城外的东湖村定居，并开始积累了一定的田产。顺治后期到康熙初年，广东沿海虽然一而再地应朝廷之令，将濒海居民内迁，但是总体而言，社会秩序是在恢复与稳定中，这一时期也是陈瑸的童年和少年时期，由于时局相对稳定，陈瑸完成了蒙学并开始师从吴日赞学举子业，参加童试。

康熙十二年(1673 年)，清廷开始撤藩，吴三桂、耿精忠叛清，尚可喜留镇广东，广东的局势尚算稳定。初任雷州知府的吴盛藻为了雷州地方社会的恢复与稳定，采取“振文风，甄拔士”的措施，选拔人才，以辅助治理。② 陈瑸成为吴盛藻赏识的士子之一。

康熙十四年(1675 年)，高州总兵祖泽清叛清，雷州地方社会开始动荡，这一年陈瑸的父亲去世，陈瑸寓居东湖，接受乡绅翁孝绪的延请，为其子授学。康熙十三年(1674 年)，陈瑸入府学成为府学生，具有了参加乡试的身份与资格。但是康熙十五年到康熙十七年(1676—1678 年)，祖泽清反复叛清、降清，高雷廉三府局势不定，乡试没法正常举行。到了康熙二十年(1681 年)，三藩之乱结束，康

---

① 黄振位．广东省志・大事记[M]．广州：广东人民出版社，2005．

② 吴盛藻，洪泮珠，纂修．雷州府志(康熙)[M]//广东历代方志集成．广州：岭南美术出版社，2009．

熙二十二年(1683 年),广东展界,雷州地方社会秩序重新稳定,这一年陈瑸参加岁、科两试,得到广东学政于觉世的赏识与拔擢。康熙二十三年(1684 年),清廷正式开放海禁,康熙二十四年(1685 年),广东开海贸易,设立粤海关,在雷州设置海关税口,雷州地方的社会经济开始稳定发展。

稳定的社会环境使陈瑸可以顺利参加乡试,积累的才学与名声亦使得陈瑸得到学官和地方官员的重视。康熙二十八年(1689 年),雷州知府孔衍璹在观风试中首录陈瑸,并邀请陈瑸担任雷州府义学的讲师。陈瑸授徒义学对地方有建树,被广东按察司副使、分巡雷琼道的党居易所大为嘉奖。

可以说,陈瑸出生成长在清初雷州地方社会秩序逐步恢复和发展时期,这个时期,中央和地方官员主要的工作是恢复和稳固社会秩序,选举贤能是其中一项重要内容。洪泮洙指出文教的重要性,他说雷州:"自顺治丁亥迄乙未犹然版外土也,人才造就视高凉独迟之,老成者消磨殆尽,后生者初习咿唔,应试土著寥寥"。知府吴盛藻亦非常重视人才选拔,恢复学校,旨在培养本地人才,开启文教之风。陈瑸得到洪泮洙、吴盛藻的赏识与重视,顺应了地方社会发展的需要。陈瑸也积极参与地方公共事务,在维护雷州地方社会的稳定发展躬身力行。

(二)参与地方公共事务——积极倡修东洋田堤岸

清代科举的目的是选拔官员,才学固然是重要,但个人的品行也是评判、考察的重要标准。陈瑸能得到广东、雷州官员的赏识与肯定,才学是其中之一,另一原因是陈瑸在地方公共事务上的热心实践。

陈瑸家族定居的东湖村,位于雷州府城外的东洋田。雷州的东洋田也称为万顷洋,自宋代始得到持续的开发,到了明代,洋田是雷州粮食与赋税的重要来源,沿至清代,亦是如此。明末清初的屈大均详细道明了洋田的重要性,他记道:

> 雷郭外洋田万顷,是曰万顷洋,其土深而润,用力少而所入多,岁登则粒米狼戾公私充足,否则一郡告饥,然洋田中洼,而海势高,其丰歉每视海岸之修否,岁飓风作,涛激岸崩,咸潮泛滥,无际咸潮既消,则卤气复发,往往田苗伤败,至于三四年然后可耕,以故洋田价贱耕者稀少,故修筑海岸最为雷阳先务。①

历任雷州知府都非常重视洋田海堤的维修。陈瑸家处洋田之中,维护洋田堤岸更是利益攸关的事情。陈瑸进入府学之后,得到学官、知府的重视,积累了一定的声望,开始积极倡议维修洋田堤岸。

康熙二十三年(1684 年)秋,陈瑸第一次应乡试,不第,回到雷州即倡捐重修东洋堤岸。洪泮洙将陈瑸倡修洋田堤岸的事迹记载了下来,如下:

---

① 屈大均. 广东新语[M]. 北京:中华书局,1997.

石龙震怒、海若凭凌，禾稼之区荡为巨浸，沿海之众颗粒罔收。守斯土者非不仅民瘼，设法以捍御之；但发仓库之般红、而钱币不支，驱闾阎以畚插而民力易匮：其害可胜言哉！陈子瑸生斯、长斯，念切梓谊；集城社父老及附海居民，商榷计议；闻诸上宪，咸加俞允。

陈瑸积极倡修洋田堤岸，原因有三，一则家族的田产就在东洋田，洋田堤岸失修直接影响到收成与田税。他说："千里堤岸，为万顷洋田而设，乃岸之失修也，岁坏一岁，致田之被浸也，年甚一年，田浸则田荒，而民不能逃乎田之税"。二则是他作为知识分子为民请命的使命感，所谓"某以一介书生，为无可如何之计，学浮屠家募化法"。三则是回应地方官员培养人才的期待。此时的陈瑸在雷州当地颇有名气，科举目的是入仕，除了读书做文章参加考试，在地方事务上发挥影响和作用也是辅助科举的途径。陈瑸积极倡捐修堤的行为，得到雷州知府刘星、广东按察司副使分巡雷琼道的党居易的支持与称赞。

陈瑸通过积极参与雷州最为重要的公共事务——修洋田堤岸，与地方官员建立了良好的关系，维护了洋田百姓的利益，符合了地方社会经济发展的需要，同时在道德评价上提高了自身的影响力与声望，从而达到德才兼备，契合了科举取士的目的与要求。

四、陈瑸家族的代际流动

陈瑸成为进士后，完成了社会阶层的跃升。作为社会精英的陈瑸，在科举过程中建立的人际关系和科举成功经历，对下一代而言，是优质的教育资源。陈瑸生有二子，长子陈居隆，次子陈居诚。相较于陈瑸，陈居隆与陈居诚得到教育资源理应更优。但是陈瑸入仕后常年在外任职，没有亲自教学的机会，他给予下一代的教育资源主要是科举经验。

康熙三十二年(1693 年)，陈瑸乡试中举之后，当年冬季赴京准备参加第二年甲戌科的会试，赴京路途上仍不忘关注两个儿子的教育情况。中国传统社会讲究言传身教，这意味着学习资源可以通过家学和师承的方式传递。所以上一代与下一代在同一空间下的教学互动尤为重要。但是陈瑸乡试获得成功后，按照科举考试的规则，他将远离家乡和家人，到北京参加更高一级的会试。这样一来，他与下一代的分离，使得教育资源的传递显得困难。他只能通过给家里写信，督促下一代。

陈瑸自身在乡试取得成功的经历，使得他对举业的学习有了一定的经验。这些成功的经验对于其长子陈居隆、次子陈居诚来说是很好的教育资源。他一方面教育儿子"汝爹中年得举，无足甚喜，闻知仍当照常用心读书"；另一方面在自己备考的同时，尽力为留在家乡的两个儿子陈居隆、陈居诚提供读书和考试的资料。

陈瑸将自身学习的方法和经验，通过信件和学习资料一起寄送给在家读书的儿子们。陈瑸的家书，现保存流传下来的有 42 封，其中 38 封提及下一代的读书和学习举业。有 16 封家书是关于详细指导下一代如何准备科举考试的内容。指导的具体事项与内容，随着陈瑸自身经历的变化，所提供的指导意见与学习资料也随之变化，具体变化情况列在表 6.2 中。

表 6.2　陈瑸家书

序号	时间	对下一代的教导	指导程度	陈瑸的经历
1	1693	照常用心读书	简略	乡试中举
2	1693	特买小题寄回，看书、看文	简略	赴京途中
3	1695	熟读乡会墨卷，(经省城)或有新书，寄回	较为详细	往潮州府拜谒座师
4	1696	填写履历三代的格式	详细	雷州家中
5	1696	省城岁考(院试)作文三场事宜	详细	雷州家中
6	1697	岁考过后，熟读新科(丁丑，1697)会元乡墨三题，(陈瑸)圈点丙子(1696)乡墨寄省城，教授读书、作文之法，寄回作文为陈瑸批改	详细	雷州设义学
7	1698	(陈瑸连写六封家书)叮嘱在家读书作文	简略	离家赴京
8	1699	长子乡试已近，指导科场作文	较为详细	在京
9	1699	寄去山西解元文字三篇、翰林李伟林年伯窗稿与会试墨卷、(陈瑸)同门会试卷一本、北闱卷、谭启朕卷、顺天五魁卷、胡状元会试朱卷与殿试卷，己卯、庚辰墨卷明年寄去	详细	在京
10	1700	专心读书	简略	赴福建古田县任职
11	1700	目下岁试要细心体认作文	简略	福建古田县任上
12	1701	吩咐寄近日作文到福建古田	简略	福建古田县任上
13	1703	读书	简略	台湾任职
14	1704	读书	简略	在京
15	1704	将历科乡会佳文对勘，寄回原文八题	较为详细	在京
16	1704	摘出熊韩二公(吏部尚书熊赐履、癸丑科状元韩菼)各题齐订一本寄回	较为详细	在京
17	1705	关心孙辈的启蒙教育	简略	在京
18	1706	阅兄弟二人作文四本，好仔细体认评语。外偶选墨稿二本，寄去细读	较为详细	在京

续表

序号	时间	对下一代的教导	指导程度	陈瑸的经历
19	1706	为二子乡试未录发愁	简略	在京
20	1706	读书,寄岁试后文字并窗下课文到京	简略	在京
21	1707	读书,着人带去各项文卷,关心来年科考	简略	在京
22	1708	读书,寄去山左试读二本,逐题细读	较为详细	在京
23	1709	寄去书册六箱,会试同门卷草稿数篇、戊子科十五省试录	较为详细	赴四川任学政
24	1709	是科殿试第三名探花及第缪沅,乃汝父(陈瑸)本房所取士,并寄一知	简略	赴四川途中
25	1710	寄去书籍	简略	四川
26	1710	寄来作文一卷,已阅	简略	四川
27	1711	寄去男文一卷,父(陈瑸)督学观风文一卷	简略	四川
28	1711	次子陈居诚乡试中举	较为详细	台湾任职
29	1713	照旧用心读书	简略	台湾任上
30	1714	次子陈居诚中乙榜,未中进士,多读书、勤作文,寄去考卷	详细	台湾任上
31	1715	读书	简略	台湾任上
32	1717	日夜用心读书要紧	简略	福建任职

资料来源:《陈瑸诗文集》。

从表6.2中可见,在陈瑸乡试中举后,尚未参加会试取得更高功名期间,他主要是指导读书的方法。他说:

> 数事外,则惟有读书一事矣!读书之方,汝前后当已熟闻,无俟予赘。惟作文一道,则汝平日所读多是大题,最是一弊。予故特为汝多买小题寄回,并代汝择过合时宜极新雅典则者百篇。汝能熟复细玩,则文必能长进矣!有一半前朝小题文,今虽不甚合,然见识议论自可不磨,后人未有可不神明其意者。总之宜逐章、逐节、逐句看书,即宜逐章、逐节、逐句看文,方无疏略渗漏处,方是读书,方堪应试。

上述材料中陈瑸所说的"应试"是长子陈居隆的入泮考试,也就是考取生员资格的府试,这是参加科举的基础步骤。如果一次通过府试、院试,那么陈居隆就可以很快参加会试,取得功名,这是陈瑸在下一代教育上最为关心的事情。

康熙三十三年(1694年),陈瑸在甲戌科会试中式取得第一百二十四名进士，取得了读书人最高的功名。此后，他指导长子陈居隆参加科举的目的性就更直接了。康熙三十四年（1695 年），陈居隆在家乡雷州通过府试，第二年将参加在省城举行的院试。这是陈居隆第一次参加省级考试，也是科举的关键一步，陈瑸十分关注。他让陈居隆仔细熟读他的乡试、会试墨卷，并让陈居隆督促与辅导次子陈居诚学业，为陈居诚参加入泮考试做好准备。

康熙三十五年（1696 年）秋季，陈居隆到省城广州参加院试，陈居诚陪同。陈瑸在信中仔细教导陈居隆填写履历和考场作答的技巧。履历是清代科举考试考生的学籍档案，其重要性不言而喻。陈瑸在信中非常仔细地交代陈居隆如何填写履历。具体如下：

> 一填写履历三代，须要亲笔，但每行安排几多字，有一定格式，有不容增减一字者，须借他进场老成填写格式来细看，排定自己履历，先写一稿出，看明不错，方可填上，亦容易投，最宜留心。

另外有一封长信是关于考试答题的技巧和注意事项。这封长信全部是关于应试的技巧和注意事项，细致程度几乎可称为手把手教学。也是陈瑸给下一代传递科举考试经验中最为详细的一封信。兹录如下：

> 第一场，细心理会文字。内容包括如何审题、如何组织答题思路、文字的谨慎使用等。
>
> 第二场在细心安排格式。二场卷无横格，于抬头最易蒙混，必自己打一横格夹入照写，方不差错。而场中何处得纸，法在于领表题到手，即安心静坐，将卷夹铺开，偷出题目纸一板，如卷长阔，此照卷上。上下横绵打定，方将来折成二十五字横格，以便夹入作式。其写法先记写论题目低二字，论文字从顶格起，如平时抄文字式便是。论文毕，即接写表题，拟字低二字为主行，中或抬一字，或抬顶格，一照表题写出，谢表旁边，记写年号，此写表题之式也。表文伏以起，伏字照拟字低二字为主行，以后或抬一字，或抬顶格，俱宜斟酌；大约伏以后二联，必抬一字写起，或用宸衷、睿虑、帝德、皇猷等字，则必从顶格写起，亦难执定；皇帝陛下后四联，必抬一字写；伏愿后四联，必抬一字写，用不得顶格，其一定者也。中如臣等诚惶诚恐各字样，虽有平时目式，亦须将条例一查照。表文对伏要精工切当，不在堆掇冗长，且便简点。表文毕，即接写判题。其判题目亦如写论题式，低二字，判语亦如写论文式，从顶格写起。写毕记写涂注，总之二场要紧。在先打定横格式，盖格式一起草便用，旦草中文字，不必一字一格，而抬头高低断须清楚；至草中皇帝陛下四字，更要端楷如誊真一样，即诚惶等字，亦宜如誊真一样，不便草写，不可不知；又于过篇处、或主行、或抬头尤宜照管，不得忙忙写去，恐至错误。此第二场之精神，处处要周到者也。

第三场在细心体认策意。问中或有见识未及处，不妨从略，勿误立解，但须认定大意，勿至所对非问，则合式矣。

陈瑸交代陈居隆不仅要保存好该封信件，而且要在每一场考试前拿出来反复仔细阅读。这些考试技巧，在中国传统社会，通常在代际亲属关系中才有可能如此细致完整地传递。陈瑸的经验对于长子陈居隆来说，显然是优于其他没有代际亲属关系的考生。而陈居隆的经验又传递给陈瑸次子陈居诚。与父亲陈瑸、哥哥陈居隆比较，陈居诚通过乡试时的年龄更小，考试次数更少。也就意味着陈居诚在省级的考试成功率更高，这就是教育资源传递的效果。

除了应试技巧之外，对科举考试题目的熟练把握也是提高考中功名概率的关键步骤，这方面陈瑸几乎利用了自己的各种便利条件为陈居隆、陈居诚收集。从表中可以发现，试题范围涵盖乡试、会试、殿试各级考试，包括墨卷、朱卷，答题的范文既有陈瑸自己的文章，也有历科三甲的佳文。陈瑸担任四川学政期间，因职务之便，收集了督学观风文寄给下一代。观风文是科举士子的作文，也是普通人较难获得的学习资料。

特别是康熙三十八年(1699 年)陈瑸中进士后第一次进京等待任职，在北京能收集的题卷很多，他收集了山西解元文字三篇、翰林李伟林年伯窗稿与会试墨卷、同门会试卷一本、北闱卷、谭启朕卷、顺天五魁卷、胡状元会试朱卷与殿试卷，以及正在收集的己卯、庚辰两科墨卷。这些题卷是真题题库，特别是会试、殿试三甲的题卷，并不是很容易获得，需要一定的人脉与关系才能获得，而对于提高应试水平有很大作用。所以陈瑸特别叮嘱道："熟读细玩，作文章法变化备于斯矣，不必题之同也。晓得变化之法，随题用得。要收拾好，勿令人看见，易轻借去。"陈瑸也很在意下一代的习作，即使离家千里，仍然想办法批改下一代的习作，以提高他们的应试能力。

从以上的家书内容和数量来看，依靠科举成功跃升为精英阶层的陈瑸显然是极力帮助下一代复制科举考试的成功经验，以获得科举考试的成功，促成自身的资源与社会地位能继续传递给下一代，也就是推动教育资源的流动。但是中国传统社会的官仕制度，使得陈瑸必须离开家乡与下一代分离，这为教育资源的代际流动形成了阻碍作用。

在外任职的陈瑸尽管尽力克服距离的障碍，时常写信督促学业，并尽力收集科举相关的卷题寄回雷州以供陈居隆、陈居诚学习。指导内容事无巨细，包括如何习读他人的乡试卷题、如何答题、考试注意事项等。如有父子相处的机会，陈瑸亦会亲自指导。例如康熙五十六年(1717 年)，陈瑸在福建任巡抚，当时次子陈居诚在官署。陈瑸"每月必命数题课文"，对陈居诚亲自教导批阅。

但由于陈瑸的家族没有更多科举考试成功的亲属成员可以为他的下一代提

供教育资源，使得教育资源的获取渠道变得单一脆弱，缺乏长效的机制。即使陈瑸十分努力向下一代传递所有的资源，但是教育质量显然无法保障，长子陈居隆、次子陈居诚多次乡试之后才考取举人身份，更高一级的会试均未成功，最后获得的功名依靠的是父亲陈瑸的荫庇。父子三人的科举经历如表 6.3 所示。从表 6.3 可以看出，从科举年龄的比较来看，陈瑸父子三人在进入府学获得科举资格上几乎一致，并没有很大差别，也说明父子三人的天资差不多。

表 6.3　陈瑸父子科举年龄表

科举经历	陈瑸	陈居隆	陈居诚
入泮(进入府学)	19 岁	18 岁	19 岁
乡试	38 岁	40 岁	32 岁
会试	39 岁	50 岁(明通)	未中

数据来源：《陈瑸家谱》。

乡试部分则体现出一定的差距，陈瑸与长子陈居隆中举的年龄相差两岁，差别不大，从教育的代际流动而言，基本持平；而次子陈居诚比父亲陈瑸早六岁中举，根据乡试是三年一科，可以大致推导出陈居诚比父亲少考两次。陈居诚与父亲陈瑸入泮的年纪一样，都是 19 岁进入府学，但是考中举人时的年龄比父亲陈瑸年轻六岁，也就是乡试失败的次数更少，换言之，次子陈居诚乡试中举的成功率比父亲陈瑸的高。那么就次子陈居诚中举的年龄而言，陈瑸家族教育的代际流动一定程度呈现了向上流动的趋势。

会试部分，陈瑸长子陈居隆获得功名是通过会试正科额外增加的明通榜。明通榜是雍正五年(1727 年)，清廷在会试落榜卷内选出文理明通者，正榜外续出一榜。[①] 县志记：陈居隆，海康人，瑸长子，领康熙丁酉乡荐，雍正元年举孝廉方正，赐六品衔，(雍正)五年会试中明通第二。陈居隆中明通榜的时候已经 50 岁，且为正科落榜的补录，与父亲陈瑸 39 岁中式进士，有着很大的差别。陈居隆中明通榜后援例选授东莞教谕、授刑部江西清吏司主事。[②] 就会试和授职而言，陈居隆没有突破父亲陈瑸的成就，也就是未实现向上流动。次子陈居诚虽然中举早于父亲陈瑸，但是会试未取得功名，同样表明未实现向上流动。

对于陈居隆、陈居诚来说，父亲陈瑸是进士并官至巡抚，这是可以依靠的家世，但是二人的科举与父亲相比，却基本未能超越父辈。

陈瑸孙辈的功名和官职，主要依靠家世作用，通过荫封获得。如图 6.2 所示，陈瑸去世之后，广东巡抚杨宗仁以瑸长子居隆、次子居诚并举人候选，请荫孙

① 阮葵生. 茶余客话[M]. 上海：上海古籍出版社，2012.

② 刘邦柄，修. 陈昌齐，纂. 海康县志(嘉庆)[M]//广东历代方志集成. 广州：岭南美术出版社，2009.

陈子温。乾隆六年(1741 年)恩赐陈瑸之孙陈子良举人,又因陈子温未仕,补荫瑸之孙陈子恭授刑部外郎,寻迁郎中出任知府。嘉庆初年,陈瑸的曾孙陈源江选恩贡、恩赏举人,历署恩平、新兴、兴宁训导,借补翁源训导。

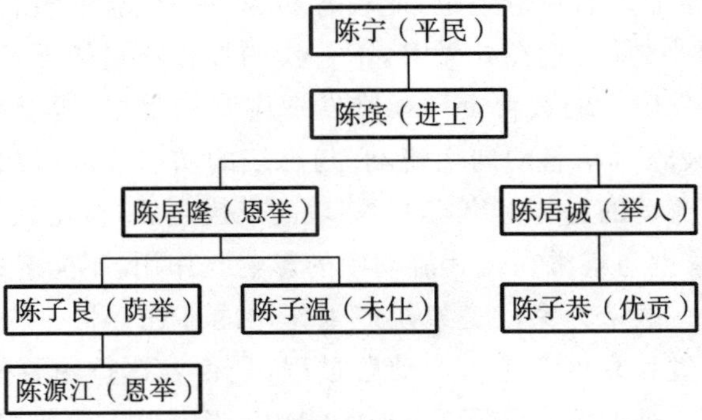

图 6.2 陈瑸家族代际流动图

综上所述,陈瑸家族的代际流动,在陈瑸这代是一个突破,陈瑸通过科举从寒门子弟向上流动成为精英。陈瑸的下一代,即使有渠道获得优质的教育资源,但是由于缺乏长效的机制保障教育资源的流动和传递,没有突破陈瑸的成就。但是依靠陈瑸的功名,儿孙辈继续获得了精英的身份和地位,体现了父辈功名对子孙后代的作用与影响。

第三节 从陈瑸看教育代际流动的影响因素

在陈瑸这个具体案例中,家世并不是毫无变化的存在。如果以陈瑸作为坐标,陈瑸的父辈视为负区间,陈瑸的儿孙辈视为正区间,家世对代际流动的影响和作用要视负区间还是正区间而论。就陈瑸而言,家世对于代际流动产生的作用并不重要,几乎没有产生太大作用,充其量父辈定居的生活给予陈瑸较为稳定的家庭环境,稳定的家庭环境只能发挥最基础的物质保障作用。家族中没有科举考取功名的亲属成员,无法给陈瑸提供更多有价值的经验与资源。家世对其社会阶层的向上流动的作用几乎是零。

促成陈瑸向上流动的主要因素是科举的成功,而科举的成功很大程度是与师从关系与地方官员的人才观念密切关联。陈瑸在家世无法助力的情况下,抓住了地方社会发展切实需求人才的契机,主动迎合地方官员人才观,积极参与地方重要事务,提前发挥中国传统社会读书人入仕为官的目的价值,从家世之外为自己营造了有利于科举考试的人际关系。这些人际关系在科举考试过程中发挥了一定的作用,帮助陈琮实现了科举考试的成功。

陈琮实现向上流动后,对于陈琮的下一代来说,家世转向正区间,陈琮的功名与身份地位在其下一代保持阶层地位中起到了重要作用。但是这个作用有限,陈琮虽然因为个人的身份地位,能较容易为下一代获取教育资源,但由于陈琮家族的力量很小,且一直在外做官,下一代的教育质量缺乏长效的保障机制。在没有长效机制保障下的教育资源很难发挥应有的效用,所以在陈琮的下一代中,没有出现突破陈琮功名的向上流动,与陈琮的功名和成就相比,甚至可认为儿孙辈呈现向下流动的趋势。事实上,陈琮的三代之后,再无人取得功名。

因此,讨论家世与科举在代际流动中的影响与作用,不能忽视家世是一个动态因素的可能。一般认为家世是累积产生作用的存在,另一个相反作用的状况是家世衰落。累世和衰落都是一个动态过程,是否发挥作用要依据具体的事实来讨论。家世和科举两者之间互相影响和作用,当家世不起作用的时候,科举是影响代际流动的核心途径,科举的成功反过来会推进家世的变化。家世可以通过科举持续功名的获得得以保存和发展,但是若科举考试功名不能继续获得,家世对代际流动的影响随之减弱。

陈琮科举成功的例子是教育影响代际流动的一面镜子,折射出教育资源代际流动中的重要意义和作用。陈琮在先赋因素家世完全不起作用的情况下,凭借教育资源的获得实现了社会阶层的跃升。家世是一个动态的概念,陈琮完成阶层跃升之后,对其下一代而言,已具备先赋因素的条件,教育资源即可通过先赋因素传递。但是依靠家世的影响并没有使得陈琮的下一代继续向更高的地位流动,充其量保持了上一代的社会阶层。其中最核心的原因在于教育在代际流动中的影响和作用缺乏长效机制。

缺乏长效机制保障的教育对代际流动难以产生积极影响和作用,这一现象具有现代的启示意义。现代社会代际流动同样大多数是通过教育实现的,而且教育资源几乎主要集中在学校教育体系内。那么这样与中国传统社会的科举制度不同,但与陈琮的例子大致相似。也就是说,家庭环境等先赋因素对教育代际流动的意义和作用不是很明显,家世是动态变化的,如果将学校教育持续转化为优质的家庭教育资源,使教育资源不断在代际实现正向流动,那么教育就会持续地对代际向上流动产生积极的作用。因此,现代的学校教育需要不断探索和发展优质教育资源的转化机制,并且这个机制一定要是长效的,确保教育对代际流动可持续地产生正面的促进作用。

第七章

认知物理学方法

第一节　认知物理学的内涵

物理学是研究物质及其行为和运动的科学，是最早形成、最基础的自然科学之一。物质的层次结构和原子的物理模型被认为是人类认识世界的五大里程碑之一，场、相互作用和统一场论也被认为是近现代物理学的重要成就之一。从力学、热力学、电磁学到近代物理，以及原子模型、场和层次结构等理论在人类认识客观世界的过程中发挥了重要的作用。李政道曾经指出“二十世纪的物理发展，是简化归纳”，李德毅认为以人工智能为代表的人类认知过程本质上也是简化归纳，人类对主观的认知可以尝试借鉴对客观的认知方法，将现代物理学中对客观世界的认知理论引申到对主观世界的认知中，这一发展方向被称之为认知物理学。

认知物理学将自然语言作为人工智能研究的切入点，借鉴原子模型、场和层次结构描述从数据到信息再到知识的人类认知过程，可以认为认知物理学的核心是云模型、数据场和可变粒度层次结构。

一、借鉴物理学中的原子模型表示概念

从开尔文模型、汤姆孙模型、勒纳德模型、长冈模型、尼克尔森模型直到卢瑟福的原子有核结构模型以及原子核模型，物理学中原子模型的提出与演进表明构思物质组成模型是一种普遍有效的科学方法。

借鉴物理学中将原子模型看成是物质组成的基本模型这个思路，认知物理学以自然语言作为切入点，将概念作为语言的基本模型，强调利用云模型表示概念，研究人类思维从定量到定性的双向转换过程。

人类的思维不是纯数学，自然语言才是思维的载体，其中饱含了不确定性。

例如，数量的多少、物体的大小、温度的高低、年龄的老少、身体的高矮、身材的胖瘦等都充分体现了人类主观认识的不确定性。云模型以概率论为基础用三个数字特征（期望 Ex、熵 En、超熵 He）在整体上表征概念。一方面，通过正向云发生器完成从定性概念到客观世界中具体存在的定量实现；另一方面，通过逆向云发生器完成从定量数值到主观世界中自然语言表达的定性概念实现。以云模型作为自然语言的原子模型，可以充分反映自然语言中概念的随机性、模糊性及关联性，对于理解概念的内涵和外延不确定性能够起到极其重要的作用。

二、借鉴物理学中的场描述客体间的相互作用

在物理学中，迄今人类所知的各种物理现象所表现的相互作用，都可归结为四种基本相互作用，即强相互作用、电磁相互作用、弱相互作用和引力相互作用。场的概念最早由法拉第提出并确立，最初用来描述电磁场，之后逐步形成了引力场、强作用场、弱作用场等其他的物质基本场，用于揭示某个物理量在空间内的分布规律。统一场论是二十世纪物理学研究的重要方向之一，它认为相互作用是由场传递并揭示其本质的。从爱因斯坦的几何统一场论、海森伯的量子统一场论再到杨振宁等人的规范统一场论，场论在物理学对于客观世界的认知中起到了重要的作用，场可以看成是现代物理学史上的一次思维革命。从哲学的范畴看，相互作用具有重要的方法论意义，认识事物意味着认识其相互作用，要揭示事物的本质属性，就必须研究事物之间具体相互作用的特殊性。

按照这个思路，借鉴物理学中的场，人们将客观世界物质粒子间的相互作用及其场描述方法引入到抽象的主观认知世界。认知物理学通过考察数据对象间的相互作用并建立场来描述原始、混乱、复杂、不成形的数据关联，揭示不同抽象程度或者概念层次上的知识，就形成了数据场的思想。数据场用场的思想形式化表达人类自身从数据到信息再到知识的认知和思维过程，通过建立认知场可视化人的认知、记忆、思维等过程。场是相互作用的产物，也是相互作用的媒介，将论域空间中的数据看成是场空间中相互作用的客体、质点或者数据对象，并在论域空间的一个区域内存在相互作用，由此在论域空间联合形成的分布就形成了数据场。

三、借鉴物理学中的粒度描述知识的层次结构

在物理学中，粒度原本是指物体颗粒的大小，不同粒度空间的物质世界是完全不同的。在认识客观世界的过程中，自发形成了一种有组织、分层次的思维方式。一方面，宏观的可以更宏观，如行星、星球、银河系，以至宇宙；另一方面，微

观的可以更微观，如分子、原子、中子、质子，以至夸克。本质上说，层次就是指物体在结构或功能方面的等级，通常可以按物质的质量、能量、运动状态、空间尺度、时间顺序、组织化程度等多种标准进行划分。不同层次具有不同性质和特征，其规律既有共同性又各有特殊性。人类认知是对复杂对象关系在不同尺度上的认识，是从微观到中观、宏观的知识发现过程。只有用不同层次和视角理解人类思维活动，才能真正看清问题的本质，从不同规模和角度分析处理论域空间中的数据，就是从不同的粒度理解数据和信息。

按照这种思路，借鉴物理学中的粒度来反映知识的规模和角度，便形成了数据、信息、规则和知识之间的可变粒度层次结构。粒度是人类在处理和存储信息能力上的一种反映，认知物理学用粒度表达语言值或概念所包含的信息量程度。不同粒度下的不同层次知识对应着不同的应用需求。人类的认知和思维的过程，实际上对应着不同粒度表述的概念在不同层次之间的转化过程，从较细的粒度到较粗的粒度是对信息的抽象化，属于数据简化，可以发现共性知识；反之，从较粗的粒度到较细的粒度是对信息的具体化，属于数据例化，可以发现个性知识。

总的来说，认知物理学的相关理论与方法为当前研究开辟了新的道路、提供了新的途径，在众多领域都有着广阔的应用前景。本章尝试建立面向教育代际流动研究的认知物理学理论框架，并在该框架下探索认知物理学支持下的教育代际流动研究新途径、新方法。

第二节　数　据　场

场是物质存在的基本形态之一，也是描述空间中对象相互作用的一个重要方式，它揭示了物理量或者数学函数在决策空间内的分布规律。场本身的性质与坐标选择无关，但对各种场的分析和计算应该选择适当的坐标系，以简化分析和计算。借鉴物理学中的场来描述数据对象的相互作用，便形成了数据场的思想。

给定空间 $\Omega \subseteq R^p$ 中包含的 n 个数据对象 $\{x_1, x_2, \cdots, x_n\}$，$x_i = (x_{i1}, x_{i2}, \cdots, x_{ip})'$，$i = 1, 2, \cdots, n$。每个对象都相当于 p 维空间中具有一定质量的质点，其周围存在一个作用场，场内的任何对象都受到其他对象的联合作用，由此在整个论域空间上确定了一个数据场。

一、数据场的势函数形态

对于不依赖时间的静态数据，其数据场可看作一个稳定有源场，一般采用向量强度函数和标量势函数描述空间分布规律。与向量运算相比较，一般情形下的标量运算更简洁、更直观，因此，可以通过标量势函数作为数据场的势函数。根据物理学中稳定有源场的势函数性质，即稳定有源场的势函数是一个关于场空间位置的单值函数，具有各向同性，空间任一点的势值大小与代表场源强度的参数成正比，与该点到场源的距离呈递减关系，根据数据场势函数形态的基本准则，理论上说，符合该准则的函数形态都可以用于定义数据场的势函数，常见的可选势函数包括拟重力场、拟核力场、拟静电场等类型，其数学形态分别如下：

$$\varphi_x(y) = G \times m_x / [1 + (|| x - y || / \sigma)^k] \tag{7.1}$$

$$\varphi_x(y) = m_x \times \exp[-(|| x - y || / \sigma)^k] \tag{7.2}$$

$$\varphi_x(y) = m_x / 4\pi\varepsilon_0 \times [1 + (|| x - y || / \sigma)^k] \tag{7.3}$$

式中，$m_x \geqslant 0$ 为数据对象的质量，代表场源强度；$|| x - y ||$ 代表两者之间的距离，包括 Euclidean、Manhattan 或者 Chebyshev 距离等；$\sigma \in (0, +\infty)$ 用于控制对象间的相互作用力程，称为影响因子；自然数 k 称为距离指数。

数据场势函数形态及其参数对于场的分布、空间全局认知能力起极其重要的作用，在实际使用过程中需要根据具体应用进行优化选择。

从数学形式与性质上看，拟重力场、拟静电场的势函数本质上并没有太大的区别，因此，本章主要比较了拟重力场和拟核力场的势函数对数据场所带来的影响。在物理学中，重力场属于长程场，即不管距离场源多远，对象之间仍存在不可忽略的相互作用力；而核力场属于短程场，随着距离的增长衰减得很快。为了测试不同影响因子对这两种类型的虚拟场势值衰减所带来的影响，在势函数中设置质量 $m_x=1$，距离指数 $k=2$，影响因子 $\sigma=1$、2、5。不同势函数形态的衰减情况如图 7.1 所示。

对于相同的影响因子，拟核力场的势值衰减要比拟重力场快得多，且拟核力场使用更普遍。论域中任意两个数据对象的距离越远，理论上其相关性应该越小，超过一定距离的数据对象相互影响几乎不存在，因此拟核力场的这一特点适合于描述论域中数据的区域关联变化关系。为此，后续章节的数据场一般选用拟核力场的势函数。

更进一步，拟核力场的数据场在数学形式上具有高斯特性，即任意数据对象的作用范围满足 3σ 规则。给定影响因子 σ，以对象为中心、影响半径为 $3\sigma/\sqrt{2}$ 的邻域是任意一个数据对象的主要影响范围，即对象间的相互作用力程为 $3\sigma/\sqrt{2}$。

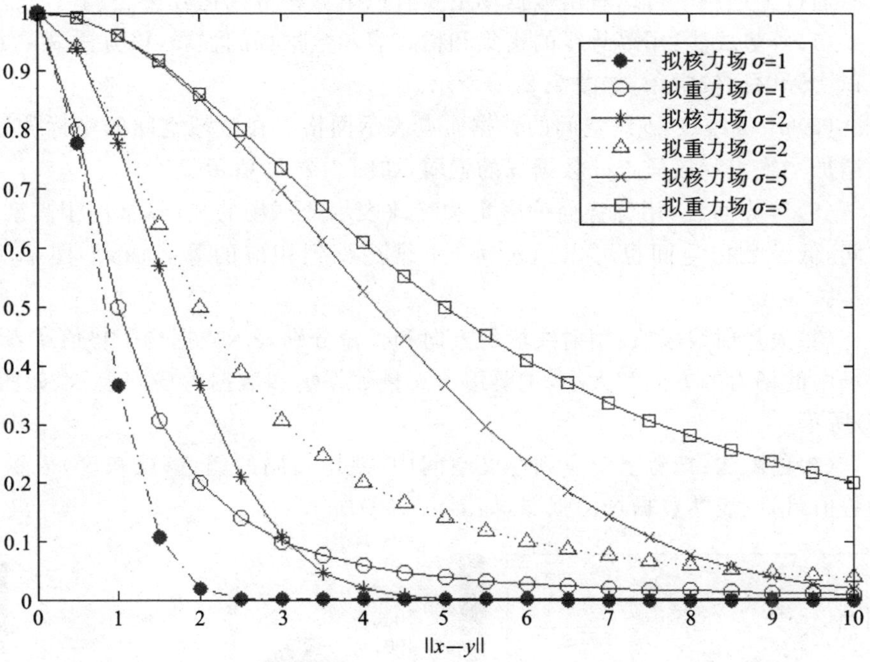

图 7.1　不同势函数形态的衰减情况

二、数据场的可视化方法

物理学中通常用等势线或者面描述势函数在空间中的分布规律，如等高线、等温面等。对于低维数据场，也能可视化地表达势函数的空间分布规律。

下面以拟核力场的势函数 $\varphi_x(y)=m_x\times\exp[-(||x-y||/3)^2]$ 为例，说明数据场的可视化方法，其中距离计算方式采用 Euclidean 距离。以三个质量为 255 的对象为例，如图 7.2(a)所示，多源数据场中数据质点呈现出抱团特性，并且所有的等势线都以不同数据对象为中心呈现自然的抱团特性，数据分布的密集区域具有较高的势值，势函数取值较大的区域附近对象也较密集。图 7.2(b)是在图 7.2(a)基础上增加一维以后形成的等势面。因为势函数可以反映数据分布的密集程度，因此从等势线的拓扑结构，可以看出空间中势场的分布规律，也可以发现数据对象自组织产生的自然类谱系结构图。此外，根据势函数的梯度是相应力场的场强函数，还可以通过矢量射线段的方法表征数据力场的场力线分析特征，如图 7.2(c)所示。当然，采用类似的方法也可以可视化表达矢量数据场的势值分布情况。类似于概率转换矩阵的色度图，因此数据场还可以采用如图 7.2(d)所示的色度图方法，通过明暗度可视化势值的分布情况，在图 7.2(d)中，越亮的位置，势值越大。

通过上述例子可以看出数据场主要有以下五种可视化方法。

(1)等势线法:用等势线的密集和稀疏表示数据场的强弱,该方法简单方便,所以实际中比较常用,如图 7.2(a)所示。

(2)$p+1$ 维法:p 维空间的数据质点表示网格点在数域空间的坐标位置,额外增加一维表示该质点处数据场的强弱,如图 7.2(b)所示。

(3)等势面法:用等势面的密集和稀疏表示数据场的强弱,常用于高维数据空间,低维数据空间也可以通过 $p+1$ 维法得到相应的等势面,如图 7.2(b)所示。

(4)矢量射线段法:用射线段的方向和长短分别表示数据场中势值或者数据力场中的场力的方向和大小,主要用于矢量数据场和数据力场的表示,如图 7.2(c)所示。

(5)色度法:把势值对应到色度空间中,使用不同的颜色(或灰度)表示不同的势值,借以表达数据场的强弱,如图 7.2(d)所示。

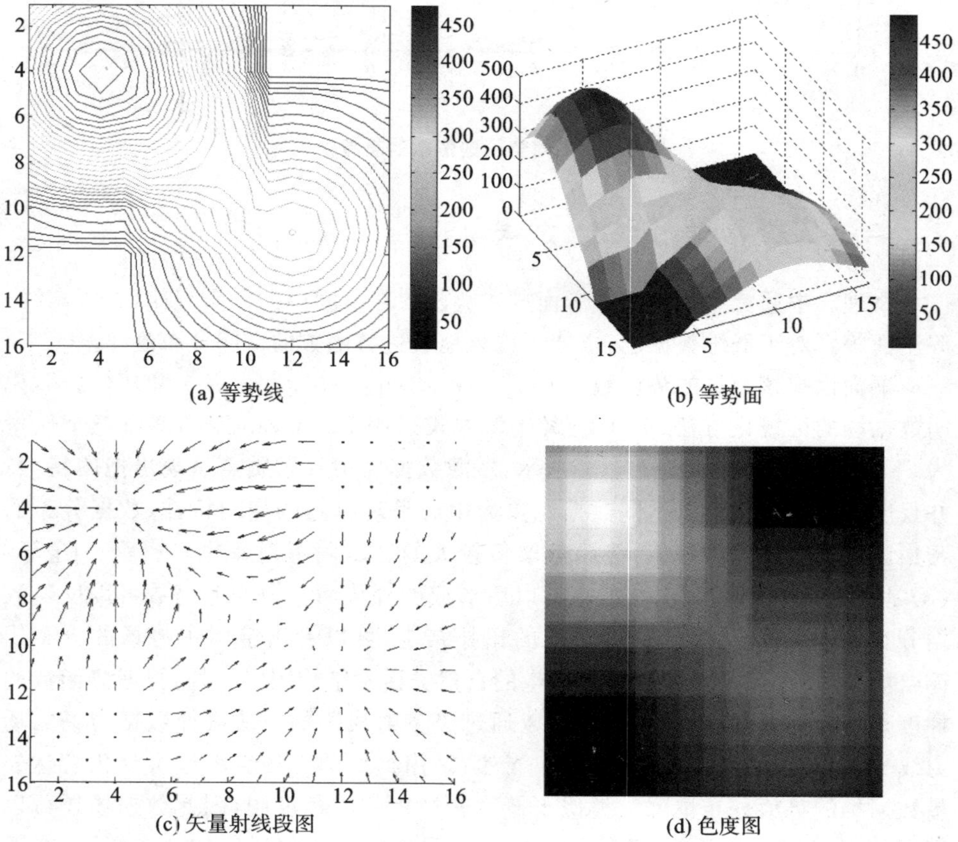

图 7.2　多源对象数据场

三、数据场的影响因子

相比较数据场的势函数形态及其参数，影响因子对于数据场的分布及其空间全局认知能力起到更为重要的作用，这是因为数据场的主要贡献在于分析数据质点之间的局部相互作用，自适应、自组织地实现决策空间全局认知，而影响因子决定了相互作用的影响范围，于是影响因子也显得相对更为关键。

图 7.2 中三个数据对象所形成的数据场是影响因子为 3 的情形，对于同样的三个数据对象，将影响因子 σ 分别设置为 1 或 10，得到如图 7.3 所示的两个等势线分布图。

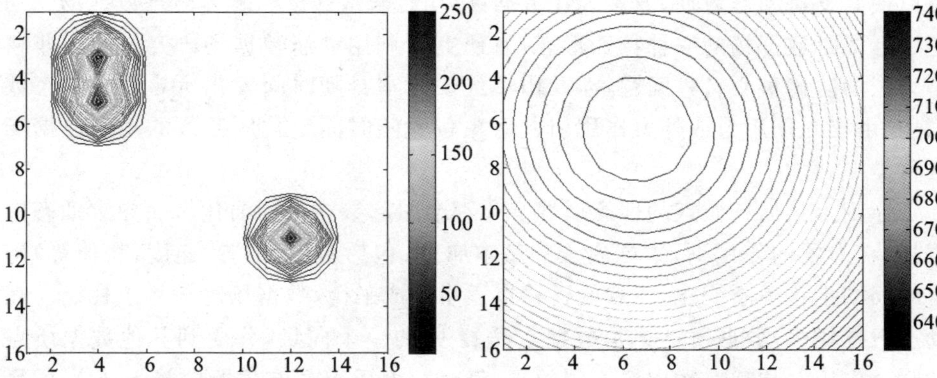

(a) 等势线（σ=1）　　(b) 等势线（σ=10）

图 7.3　不同的影响因子所对应的数据场等势线分布

当 $\sigma = 3$ 时，数据对象间具有相互作用，且作用力程在一个合理的范围内，既能够刻画每个数据对象所带来的势值分布影响，也能够表达整个论域空间上的全局关联关系。

当 $\sigma = 1$ 时，数据对象之间的作用力程极短，每个数据对象周围的势值极小。显然，对于这三个数据对象所产生的数据场，当前情况下影响因子的选取无法有效地反映数据对象的全局关联关系，如图 7.3(a)所示。因此，在影响因子偏小甚至趋近于 0 的极端情况下，对象之间的相互作用力也极小，甚至趋近于 0。

当 $\sigma = 10$ 时，数据对象之间的相互作用力很大，数据场所反映的关联关系过于紧密，如图 7.3(b)所示，数据场中大多数位置的势值近似相等，此时的数据场势值分布也不能合理地反映数据对象的全局关联关系。因此，在影响因子偏大、甚至趋近于无穷大的极端情况下，对象之间的相互作用力也极大、甚至趋近于虚拟场源的场强强度 m_x 。

综上所述，在势函数形态及基本参数确定的情况下，影响因子对于数据场的势值分布等起到了相当关键的作用。影响因子设置过大，生成的数据场等势线分布更松散、信息较抽象、更反映整体，可以认为是粒度过粗的表现；反之，影响因子过小，数据场等势线分布更密集、信息较具体、更反映细节，此时是粒度过细的表现。针对数据聚类问题，有研究者在 Shanon 熵的基础上引入势熵的概念，提出了最小化势熵的影响因子优选算法。[①] 尽管如此，在实际使用过程中，影响因子的优选仍然具有一定的相对性，严格依赖于具体的应用问题。

四、动态数据场

前文从一般意义上阐述了数据场的关键要素，其中主要涉及与时间无关的静态数据，对应于物理学中的稳定有源场。实际上，在数据场中引入时间属性，可以使其支持动态数据，或者说让数据场“动起来”，这被称之为动态数据场。动态数据场是数据场的一种特殊形态，有研究者利用动态数据场研究了全国非典型肺炎的防御重心转移问题，涉及由单纯质量本身随时间变化所导致的动态数据场、由相互作用力或外力作用引起对象位置随时间变化所导致的动态数据场两种类型。[②]

原则上数据场质点的任意属性变化都会引起数据场的演化从而导致动态数据场，在力场的作用下，数据质点的基本属性（包括质量、位置、速度、势值等）随着时间的推移不断变化，质点的迁移也逐步达成平衡，数据场逐渐趋于稳定。在动态数据场中，数据质点 $\boldsymbol{x}$ 是数据空间 $\boldsymbol{\Omega}$ 中的一个向量，并受到其他数据质点的联合作用。与静态数据场不同的是，每个数据质点具有位置向量 $\boldsymbol{p}_x(t)$、质量 $m_x(t)$、势 $\varphi_x(t)$ 和速度向量 $\boldsymbol{v}_x(t)$ 等基本属性，其中 t 是一个时间变量，在下文中指演化迭代的代数。随着场的动态演化，质点的基本属性也发生相应的变化。给定数据空间 $\boldsymbol{\Omega}$ 中的一个数据质点 $\boldsymbol{x}$，设 $\varphi_x(t)$ 表示在 t 时刻任意质点 $y \in \Omega$ 对 x 所产生的势值：

$$\varphi_x(t) = \sum_{y \in \Omega} m_y(t) \times \exp\left(-\frac{||\boldsymbol{p}_x(t) - \boldsymbol{p}_y(t)||^2}{\sigma^2}\right) \tag{7.4}$$

其中 $||\boldsymbol{p}_x(t) - \boldsymbol{p}_y(t)||$ 表示 x 和 y 之间的距离，质量 $m_y(t)$ 可以看成是动态场源的作用强度，$\sigma > 0$ 是影响因子，可确定某个时刻质点相互作用力的影响范围。

根据势函数的梯度是相应力场的场强函数，数据质点 x 的场强向量为：

$$\boldsymbol{F}_x(t) = \nabla\varphi_x(t) = \frac{2}{\sigma^2}\sum_{y \in \Omega}[\boldsymbol{p}_y(t) - \boldsymbol{p}_x(t)] \times m_y(t) \times \exp\left(-\frac{||\boldsymbol{p}_x(t) - \boldsymbol{p}_y(t)||^2}{\sigma^2}\right) \tag{7.5}$$

① 淦文燕. 聚类——数据挖掘中的基础理论问题研究[D]. 南京：解放军理工大学，2003.

② 李德毅，杜鹢. 不确定性人工智能[M]. 北京：国防工业出版社，2005.

与经典的动态数据场相比，这里的动态数据场更符合客观实际，具有更广泛的应用范围和更好的适应性。

第三节　云　模　型

云模型的定义为：设 U 是一个用精确数值表示的定量论域，C 是 U 上的定性概念，若定量值 $x \in U$，且 x 是定性概念 C 的一次随机实现，x 对定性概念 C 的确定度 $\mu(x) \in [0,1]$ 是有稳定倾向的随机数：$\mu: U \to [0,1], \forall x \in U, x \to \mu(x)$。则 x 在论域上的分布称为云，每一个 x 称为一个云滴。

云模型用期望 Ex、熵 En 和超熵 He 这三个数字特征表达定性概念，反映了概念的整体特性。期望 Ex 是云滴在论域空间分布的期望，最能代表定性概念，反映了代表该概念的云滴群的重心；熵 En 是定性概念的不确定性度量，由概念的随机性和模糊性共同决定，揭示了模糊性与随机性的关联性，反映了概念外延的离散程度和模糊程度；超熵 He 是熵的不确定性度量，即熵的熵，反映了二阶不确定性，由熵的随机性和模糊性共同决定。

根据云模型的具体实现方法，可以构造出多种不同类型的云，如高斯云、Γ 云、三角云、柯西云、梯形云、频谱云、几何云、函数云、幂率云等。其中，高斯云被证明是具有普适性的云模型。高斯云是在高斯分布和钟形隶属函数的基础上发展起来的分析和处理不确定性问题的全新模型，其主要贡献在于引入概率测度空间，通过样本分布规律反映样本对概念的隶属度，建立随机性和模糊性的关联性。

高斯云的定义为：设 U 是一个用精确数值表示的定量论域，C 是 U 上的定性概念，若 $x \in U$，且 x 是定性概念 C 的一次随机实现，若 x 满足：$x \sim N(\mathrm{Ex}, \mathrm{En}'^2)$，$\mathrm{En}' \sim N(\mathrm{En}, \mathrm{He}^2)$，且 x 对 C 的确定度满足 $\mu = \exp[-(x-\mathrm{Ex})^2/(2\mathrm{En}'^2)]$，则 x 在论域 U 上的分布称为高斯云。

一、正向高斯云发生器

云模型是一种定性定量的双向认知转换模型，正向发生器是从定性到定量的映射，根据云模型的数字特征(Ex，En，He)产生云滴；反过来，逆向云发生器是实现从定量数值到定性概念的转换，将一定数量的精确数值转换为以数字特征表示的定性概念。高斯云模型也是如此，包括正向高斯云发生器和逆向高斯云发生器。

输入其三个数字特征期望 Ex、熵 En 和超熵 He,根据正向高斯云发生器就可以生成该定性概念的若干个代表性样本(云滴),具体算法如算法 7.1 所示。

算法 7.1

输入:数字特征(Ex,En,He),云滴的个数 n

输出:n 个云滴及其确定度 μ

算法步骤:

Step 1 生成以 En 为期望值,He^2 为方差的一个高斯随机数 En_i' = norm(En,He^2);

Step 2 生成以 Ex 为期望值,$En_i'^2$ 为方差的一个高斯随机数 x_i = norm(Ex,$En_i'^2$);

Step 3 计算确定度 $\mu_i = \exp(-(x_i - \text{Ex})^2/(2\text{En}_i'^2))$;

Step 4 具有确定度 μ_i 的 x_i 成为数域中的一个云滴;

Step 5 重复 Step1—Step4,直至产生要求的 n 个云滴。

算法 7.1 通常要求 En 和 He 都大于 0。极端情况下,如果 He=0,算法 Step1 总是生成一个确定的 En',x 就成为高斯分布。更极端地,如果 He=0、En=0,那么算法生成的 x 就成为同一个精确值 Ex,且 μ 恒等于 1。

二、逆向高斯云发生器

逆向高斯云发生器是一个由定量值(样本)到定性概念(高斯云的数字特征)的转换模型。本质上说,现有的逆向云发生器算法都是进行云模型三个数字特征的点估计,下面分别分析算法 7.2~7.5 所得到的点估计结果的相对误差。

算法 7.2

输入:样本点 x_i 及其确定度 μ_i ,$i=1,2,\cdots,n$

输出:反映定性概念的数字特征(Ex,En,He)

算法步骤:

Step 1 计算 x_i 的平均值 Ex=MEAN(x_i),求得期望 Ex;

Step 2 计算 x_i 的标准差 En=STDEV(x_i),求得熵 En;

Step 3 对每一数对(x_i,μ_i),计算 $\text{En}_i' = \sqrt{-(x_i - \text{Ex})^2/(2\ln\mu_i)}$;

Step 4 计算 En_i' 的标准差 He = STDEV(En_i'),求得超熵 He。

算法 7.2 采用矩估计法求解估计量,本质上属于点估计法。这里利用实验验证的方法对其相对误差进行了对比分析。利用正向高斯云发生器(其中数字

特征 Ex、En、He 如下)生成 n 个云滴,n 从 100 到 10000,步长 100。对每次生成的 n 个云滴,统计用算法 7.2 得到的数字特征 Ex_{back},En_{back},He_{back}与正向云发生器数字特征之间的相对误差,即 $|Ex_{back}-Ex|/Ex\times 100\%$,$|En_{back}-En|/En\times 100\%$,$|He_{back}-He|/He\times 100\%$。在图 7.4 中,云滴数目为横坐标,相对误差为纵坐标,绘制三个数字特征的相对误差曲线。

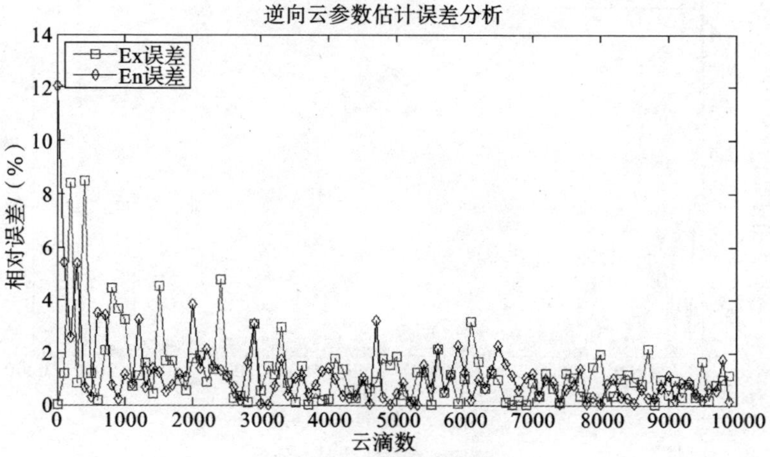

(a) Ex、En的相对误差

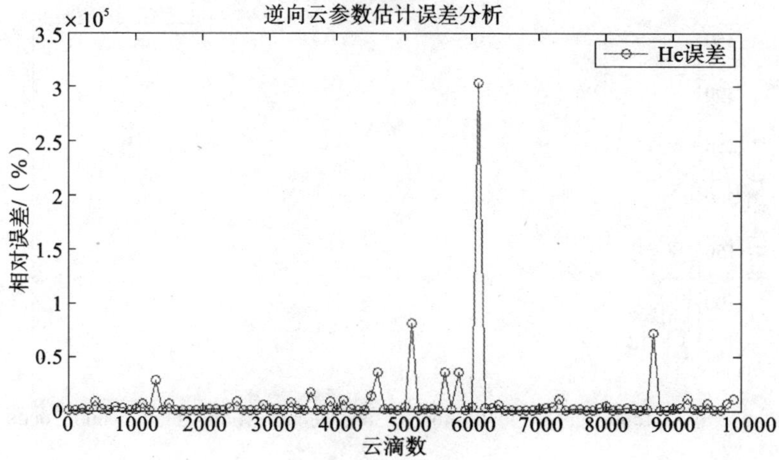

(b) He的相对误差

图 7.4 算法 7.2 的相对误差曲线

实验设置 Ex=1,En=1,He=0.05,实验结果如图 7.5 所示,其中图 7.5(a)是 Ex、En 的相对误差曲线,图 7.5(b)是 He 的相对误差曲线。将三者相对误差分开显示的主要原因在于:Ex、En 的相对误差基本在同一个数量级,但通常 He 的相对误差要高得多。由于云滴的产生具有随机性,相对误差出现局部小范围振荡，总体上看，三个数字特征都随着云滴数的增加，相对误差呈下降趋势。需要注意的是，在图 7.5 中超熵 He 出现了一些急剧变化，其具体原因在提出算法 7.2 的文献中已经阐明。

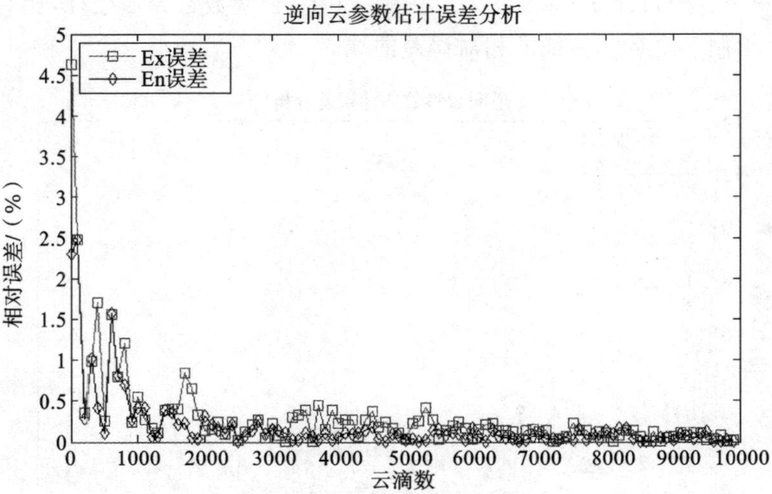

(a) Ex、En的相对误差

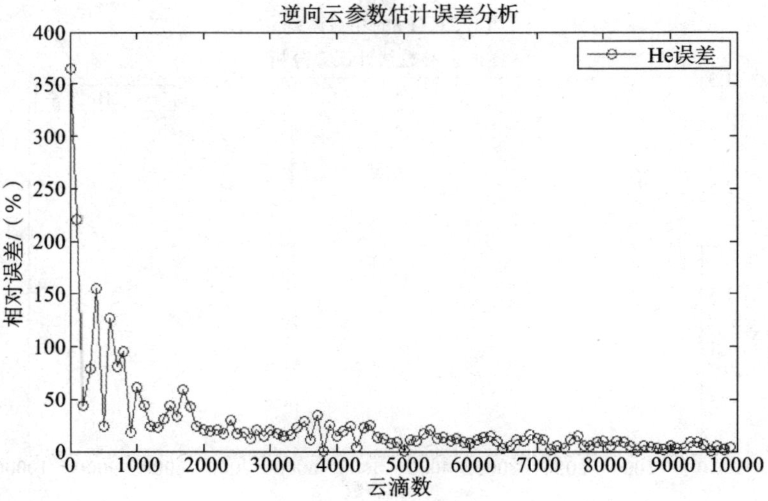

(b) He的相对误差

图 7.5 算法 7.3 的实验相对误差曲线

算法 7.3 采用拟合法来估计期望 Ex，另外舍弃了占样本极小比例的 $\mu_i \geqslant 0.999$ 的部分云滴，该算法仍然属于参数估计中的点估计法。与算法 7.2 的实验过程相同，也设置 Ex=1，En=1，He=0.05，实验结果如图 7.6 所示。

算法 7.3

输入：输入样本点 x_i 及其确定度 μ_i，$i=1,2,\cdots,n$。

输出：输出反映定性概念的数字特征(Ex,En,He)。

算法步骤：

Step1 利用云模型的期望曲线方程 $y_i=\exp(-(x-\mathrm{Ex})^2/2\mathrm{En}^2)$，通过拟合法求得期望 Ex；

Step 2 对每一数对（x_i,μ_i），如果 $\mu_i<0.999$，则计算 $\mathrm{En}'_i=\sqrt{-(x_i-\mathrm{Ex})^2/(2\ln\mu_i)}$；

Step 3 计算 En'_i 的期望 $\mathrm{En}=\mathrm{MEAN}(\mathrm{En}'_i)$，求得熵 En；

Step 4 计算 En'_i 的标准差 $\mathrm{He}=\mathrm{STDEV}(\mathrm{En}'_i)$，求得超熵 He。

与算法 7.2 相同，算法 7.3 的实验结果反映出的相对误差的总体趋势仍然是一致的，但是，与算法 7.2 的结果不同的是，算法 7.3 的期望 Ex 的相对误差更小，熵 En、超熵 He 相对误差变化更平缓。这是因为算法 7.3 采用拟合法求期望，且排除 $\mu_i\geqslant 0.999$ 的云滴占样本的比例极小，对总体样本的影响不大。然而，$\mu_i=1$ 是一个特殊的位置（云滴对应着云模型的期望），对概念的贡献很显著，直接去掉不够合理。

对算法 7.4 也设置 Ex=1,En=1,He=0.05 进行相关实验，结果如图 7.6 所示。算法 7.4 对期望 Ex 的估计相对误差略优于算法 7.3，但是熵 En 和超熵 He 的估计相对误差较大。算法 7.4 对数字特征点估计的均值和均方误差的效果比算法 7.2 和算法 7.3 要好。

算法 7.4

输入：样本点 x_i，$i=1,2,\cdots,n$。

输出：反映定性概念的数字特征(Ex,En,He)。

Step 1 使用云期望曲线 $\mu=\exp(-(X-\mathrm{Ex})^2/(2\mathrm{En}^2))$ 来最小二乘拟合云滴图，可得 Ex 的估计值 $\hat{\mathrm{E}}\mathrm{x}$；

Step 2 若 $0<\mu_i<1$，计算 $z_i=-(x_i-\hat{\mathrm{E}}\mathrm{x})^2/(2\ln\mu i)$，若 $\mu_i=1,z_i=0$，$i=1,2,\cdots,n$。

Step 3 计算 $\bar{z}=\dfrac{z1+z2+\cdots zn}{N},s^2=\dfrac{1}{N-1}\sum_{i=1}^{N}(zi-\bar{z})^2$；

Step 4 计算 $\hat{\mathrm{E}}\mathrm{n}=(\bar{z}^2-s^2/2)^{1/4}$ 作为 En 的估计值；

Step 5 计算 $\hat{\mathrm{H}}\mathrm{e}=(\bar{z}-(\bar{z}^2-s^2/2)^{1/2})^{1/2}$ 作为 He 的估计值。

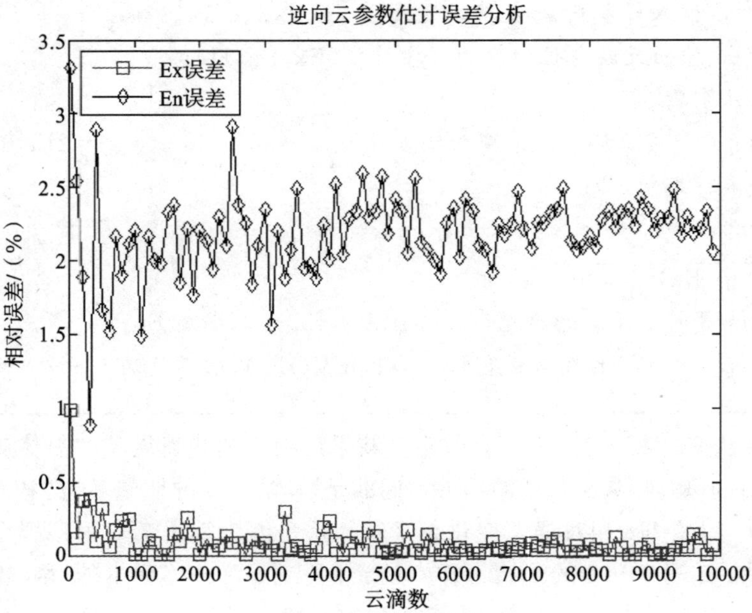

(a) Ex、En的相对误差

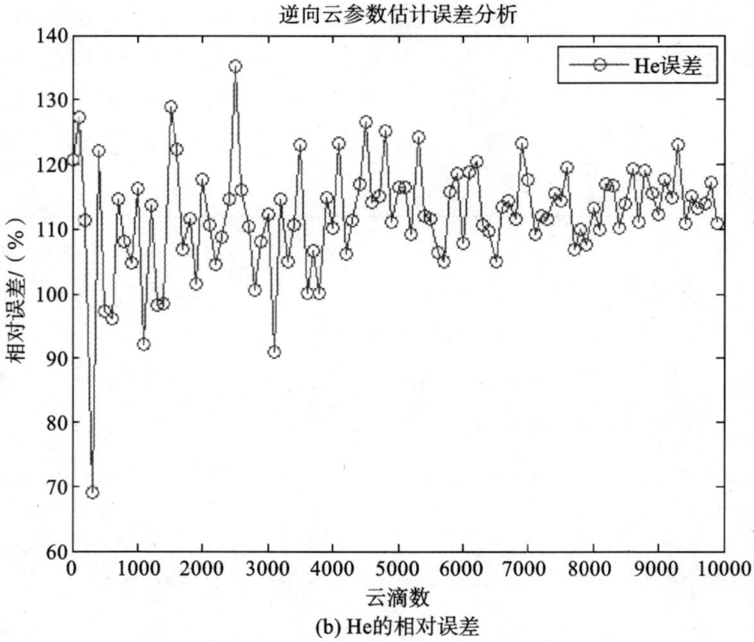

(b) He的相对误差

图 7.6　算法 7.4 的相对误差曲线

对于算法 7.5 也设置 Ex=1,En=1,He=0.05,实验结果如图 7.7 所示。与带确定度信息的逆向云发生器算法相比,算法 7.5 没有具有先验指导意义的确定度信息,信息量的减少使得算法 7.5 估计得到的相对误差明显高于带确定度信息的逆向云发生器算法,由于样本的随机性所导致的振荡也更加显著。

在高斯分布中,设 $x_1, x_2, \cdots, x_n$ 为取自高斯母体 (μ, σ^2) 的一个子样,其中 μ 为已知,则用矩法估计可得 $\hat{\sigma} = \frac{1}{n}\sqrt{\frac{\pi}{2}}\sum_{i=1}^{n}|X_i - \mu|$ 是 σ 的无偏估计。算法 7.5 用该式作为高斯云模型中熵 En 的点估计,这就必须要求 He 很小,即高斯云模型接近于高斯分布时,误差才会较小,否则误差会很大。

算法 7.5

输入:样本点 x_i ,$i=1,2,\cdots,n$。

输出:反映定性概念的数字特征(Ex,En,He)。

算法步骤:

Step 1 根据 x_i 计算定量数据的样本均值 $\overline{X} = \frac{1}{n}\sum_{i=1}^{n}x_i$,一阶样本绝对中心矩 $\frac{1}{n}\sum_{i=1}^{n}|x_i - \overline{X}|$,样本方差 $S^2 = \frac{1}{n-1}\sum_{i=1}^{n}(x_i - \overline{X})^2$;

Step 2 计算期望:$\mathrm{Ex} = \overline{X}$;

Step 3 计算熵:$\mathrm{En} = \sqrt{\frac{\pi}{2}} \times \frac{1}{n}\sum_{i=1}^{n}|x_i - Ex|$;

Step 4 计算超熵:$\mathrm{He} = \sqrt{S^2 - \mathrm{En}^2}$ 。

事实上,若设随机变量 X 表示高斯云滴,则:

$$E\,|\,X - \mathrm{Ex}\,| = \int_{-\infty}^{+\infty}|\,x - \mathrm{Ex}\,|\,f_X(x)\mathrm{d}x = \frac{1}{2\pi\mathrm{He}}\int_{-\infty}^{+\infty}\int_{-\infty}^{+\infty}|\,x - \mathrm{Ex}\,|\frac{1}{|y|}\exp\left[\frac{(x-\mathrm{Ex})^2}{2y^2} - \frac{(y-\mathrm{En})^2}{2\mathrm{He}^2}\right]\mathrm{d}y\mathrm{d}x = \sqrt{\frac{2}{\pi}}E(|\,\mathrm{En}'\,|)$$

,从而得:$E(|\,\mathrm{En}'\,|)$ 的估计为 $E(|\,\hat{\mathrm{E}}n'\,|) = \sqrt{\frac{\pi}{2}} \times \frac{1}{n}\sum_{i=1}^{n}|X_i - \overline{X}|$ 。

由于 $\mathrm{En}>0$,$\mathrm{En}' \sim N(\mathrm{En}, \mathrm{He}^2)$,如果 He 相对于 En 足够小,尽可能地保证 $\mathrm{En}'>0$,从而 $E(|\mathrm{En}'|) \approx \mathrm{En}$,估计误差较小,否则估计结果误差较大。

对于超熵 He 的点估计,用 $S^2 = \mathrm{En}^2 + \mathrm{He}^2$ 得到 He,因此,He 的点估计精度依赖于 En 的点估计精度。算法 7.5 把所有的 En' 当成非负数处理,En 的估计值也会偏大,有时甚至会大于 S^2 ,这样得到的 He 的点估计就会为虚数。

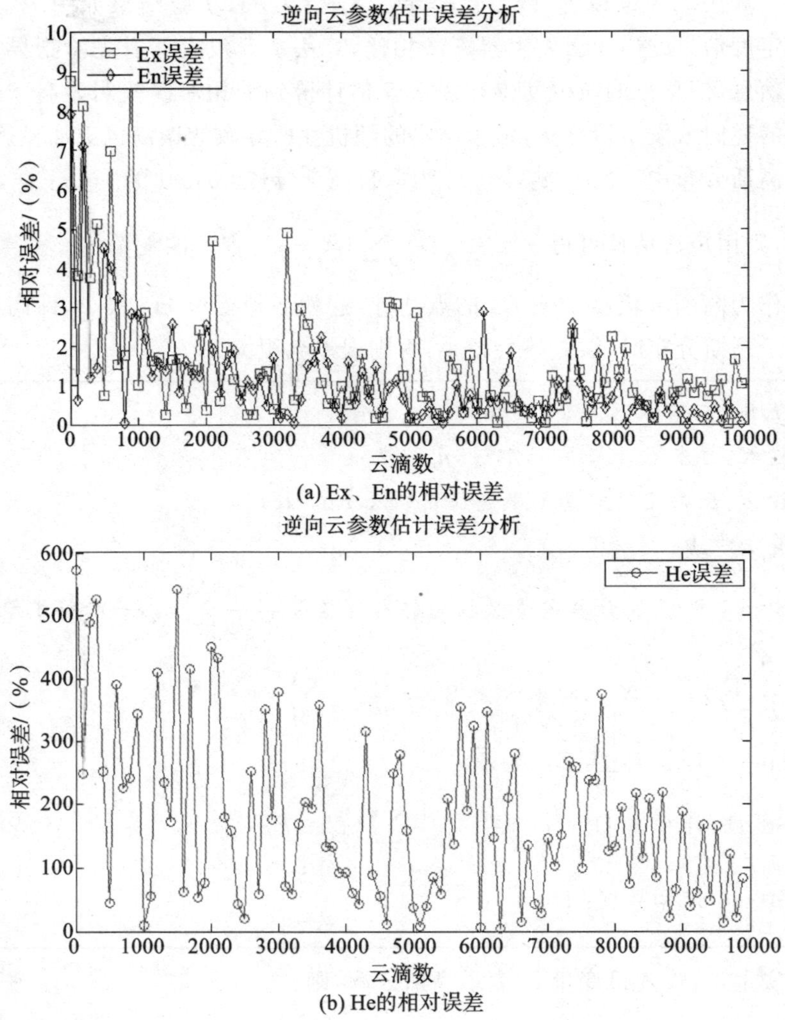

图 7.7 算法 7.5 的相对误差曲线

综上所述，这里的误差分析采用的是相对误差，而不是绝对误差。采用绝对误差，其说法容易造成误解。以 Ex=1，En=1，He=0.05 为例，算法原文中提及：$n>10$，使用拟合法估计的 Ex 误差<0.01；$n>100$，En 的误差<0.01；$n>200$，He 的误差<0.005。从绝对误差曲线图上看，He 的绝对误差确实是最小的，但是，在正向云发生器中 He 的值本身一般设置就很小，于是给人造成了一个错觉，误认为 He 的点估计效果是最好的。实际上却并非如此，He 是最能体现云模型特色的一个数字特征，He 的点估计对云滴数目最敏感，因此，He 也是最难估计的一个数字特征。

上述实验分析表明：在各种逆向云发生器算法中，He 点估计的相对误差是云模型的三个数字特征中最大的，且在不带确定度信息的逆向云发生器算法中估计 He 时容易出现虚数。主要原因体现在以下两个方面：(1) He 本身比较小，因此其相对误差会比较敏感。(2) En 的估计误差会传播到 He 的估计中。En 的估计误差可能是因为 En' 小于 0 引起的。除了算法 7.4 以外，其他的逆向云发生器算法都以 $En_i' \geqslant 0$ 为前提。算法 7.2 和算法 7.3 在该前提下求 En_i' 时直接用 $En_i' = \sqrt{-(x_i - Ex)^2/(2\ln\mu_i)}$，算法 7.5 在该前提下推导出 X 的方差为 $He^2 + En^2$。但是，该前提在通常情况下存在疑问，在实验中经常会出现 En_i' 为负值或不带确定度的逆向云发生器算法计算 He 出现虚数的情形。

三、云模型与二型模糊集合的比较

与云模型具有密切关系的其中一个理论是二型模糊集合。云模型与二型模糊集合既有联系又有区别。

扎德(Zadeh)于 1975 年提出了二型模糊集合的概念，指出其隶属度本身也是一型模糊集合①，随后，孟德尔(Mendel)给出了二型模糊集合的明确定义②。二型模糊集合 $\widetilde{A}$ 具有二型隶属函数 $\mu_{\widetilde{A}}(x,u), x \in X, u \in J_x \subseteq [0,1]$，$X$ 为论域，J_x 是[0,1]区间上的集合。二型模糊集合 $\widetilde{A}$ 表达为：$\widetilde{A} = \{[(x,u),\mu_{\widetilde{A}}(x,u)] \mid \forall x \in X, \forall u \in J_x \subseteq [0,1]\}, 0 \leqslant \mu_{\widetilde{A}}(x,u) \leqslant 1$ 也可以表达为：$\widetilde{A} = \int_{x\in X}\int_{u\in J_x} \mu_{\widetilde{A}}(x,u)/(x,u), J_x \subseteq [0,1]$，对应离散论域，则以 Σ 代替 $\int$。

二型模糊集合的隶属度可以用一型隶属函数表示，称之为次隶属函数(secondary membership function)。如果二型模糊集合的次隶属函数是一型高斯隶属函数，则称为高斯型二型模糊集合。如果二型模糊集合的次隶属函数是一型区间，则称为区间型二型模糊集合。目前研究得最多的是区间型二型模糊集合。

区间二型模糊集合具有一个三维的隶属函数 $(x,u,\mu_{\widetilde{A}}(x,u)), x \in X, u \in J_x, 0 \leqslant \mu_{\widetilde{A}}(x,u) \leqslant 1$。其中 x 为主变量(primary variable)；J_x 为主隶属度(primary membership)，每个主变量 x 有一个隶属度带(即区间)：$J_{x'} = [MF_1(x'), MF_1(x')]$ 分别称为下隶属度和上隶属度；u 为次变量(secondary variable)

---

① Zadeh L A. The concept of a linguistic variable and its application to approximate reasoning-1[J]. Information Science, 1975, 8(3): 199-249.

② Mendel J M, John R I B. Type-2 fuzzy sets made simple[J]. IEEE Transactions on Fuzzy Systems, 2002, 10(2): 117-127.

是主隶属度 J_x 的一个元素[①]。二型模糊集合的不确定区（footprint of uncertainty, FOU）是所有主隶属度的并，是包含在上界隶属函数（upper membershi function, UMF）和下界隶属函数（lower membershi function, LMF）之间的区域，如图 7.8 中的阴影区域。

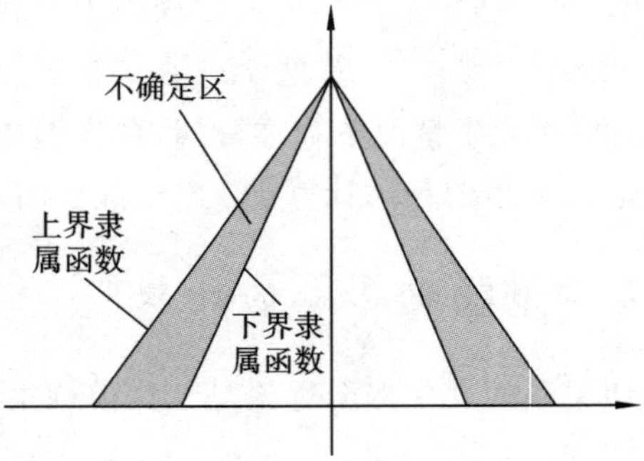

图 7.8 二型模糊集示意图

二型模糊集合研究定性概念的不确定性所使用的数学方法与云模型所使用的数学方法存在根本区别。模糊集合使用数学函数分析问题，属于解析方法；云模型利用概率论与数理统计方法分析问题，属于非解析方法。二型模糊集合中研究得最多的是区间型二型模糊集合，通过定义上下界隶属函数得到的不确定区表达隶属度的不确定性。如图 7.9(a)所示是一种典型的区间型二型模糊集合[②]，其上界隶属函数为梯形，下界隶属函数为三角形，定义如式(7.6)所示。

$$\bar{\mu}_{\tilde{A}'}(x)=\begin{cases}\dfrac{x+b}{b-c}, \text{ if } -b\leqslant x\leqslant -c\\ 1, \text{if } -c\leqslant x\leqslant c\\ \dfrac{b-x}{b-c}, \text{ if } c\leqslant x\leqslant b\\ 0, \text{ otherwise}\end{cases}, \underline{\mu}_{\tilde{A}'}(x)=\begin{cases}\dfrac{h(x+a)}{a}, \text{ if } -a\leqslant x\leqslant 0\\ \dfrac{h(a-x)}{a}, \text{ if } 0\leqslant x\leqslant a\\ 0, \text{ otherwise}\end{cases} \tag{7.6}$$

区间型二型模糊集合利用两个确定的数学函数（即上、下界隶属函数）分析问题，使用的是解析数学方法。云模型利用正向高斯云发生器算法，基于概率测度空间自动形成隶属度，算法的关键是两次高斯随机数的生成，一次随机数是另一次随机数的基础，是复用关系。利用高斯云发生器所生成的云滴的隶属度是

① Mendel J M. Type-2 fuzzy sets and systems: an overview[J]. IEEE Computational Intelligence Magazine, 2007, 2(1): 20-29.

② Mendel J M, Hongwei W. Type-2 fuzzistics for symmetric interval type-2 fuzzy sets: part 1, forward problems[J]. IEEE Transactions on Fuzzy Systems, 2006, 14(6): 781-792.

一个具有稳定倾向的随机数,所生成的云模型没有明确边界,但有整体形态,如图 7.9(b)所示。生成云模型的算法——正向高斯云发生器利用概率论与数理统计方法,没有使用确定的隶属函数,属于分析问题的非解析方法。

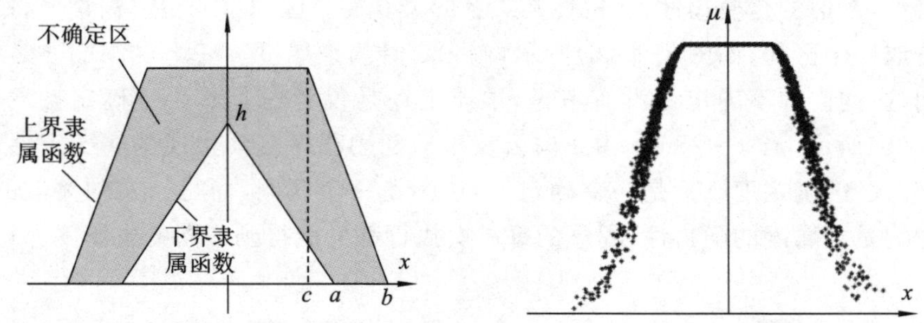

(a) 区间型二型模糊集合(上梯形下三角形)　(b) 云模型(梯形云)

图 7.9　区间二型模糊集合与云模型

二型模糊集合与云模型表达定性概念的方法既有联系又有区别。以定性概念"年轻人"为例分别利用区间二型模糊集合和高斯云模型对其进行表达,如图 7.10 所示。给定二型模糊集合的上、下界隶属函数 $\mathrm{UMF}=\exp[-(x-\mu)^2/(2\sigma_2^2)]$ 和 $\mathrm{LMF}=\exp[-(x-\mu)^2/(2\sigma_1^2)]$ 以及参数 $\mu=25,\sigma_1=2,\sigma_2=3$ 得到如图 7.10(a)所示的二型模糊集合。给定云模型的参数 Ex=25,En=2.5,He=0.25 得到图 7.10(b)所示的云滴及其确定度的联合分布图。

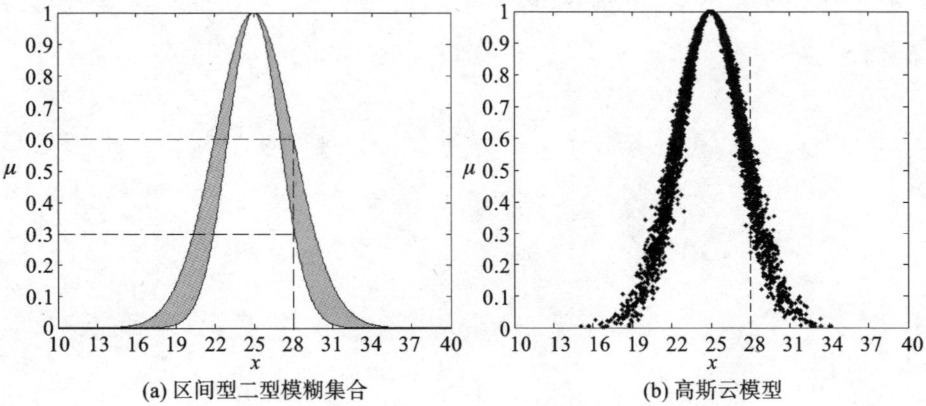

(a) 区间型二型模糊集合　(b) 高斯云模型

图 7.10　定性概念"年轻人"的不确定性表达方法比较

区间型二型模糊集合有明确边界,是一个连续区域;云模型没有明确边界,是离散的点。产生这种区别的根本原因是二者所使用的数学方法不同,二型模糊集合使用解析数学方法,利用两个明确的数学函数描述不确定区的边界,因此边界是确定的;而云模型使用概率论与数理统计方法,通过两次高斯随机数的生成过程产生云滴，隶属度是具有稳定倾向的随机数，云模型没有确定边界，并且由离散的点组成。

二型模糊集合研究隶属度的模糊性，属于模糊再模糊；云模型研究隶属度的随机性，考虑的是模糊性、随机性及二者的关联性。区间型二型模糊集合将隶属度看成一个区间，如图 7.10(a)所示，$x=28$ 时的隶属度 $\mu \in [0.3, 0.6]$ 是一个区间，区间内的不确定性没有考虑，本质上还是仅考虑了一阶不确定性。如图 7.10(b)所示，当 $x=28$ 时，由正向云发生器利用程序自动生成的属于定性概念“年轻人”的确定度既不是一个确定值，也不是一个区间，而是一系列离散的点，考虑的是隶属度的随机性，程序的每一次执行都可能得到不同的隶属度。

第八章

教育代际流动的云模型方法

第一节　教育代际流动的高斯云模型

知识表示的难点在于知识中具有大量潜在的模糊、随机不确定性。云模型用期望、熵、超熵等三个数字特征描述定性概念。云模型的一次实现，一般呈现为定量值，称之为云滴，若干云滴对定性概念的贡献度不尽相同，大量的实现对应云滴形成了云，也因此，云模型可以在定性与定量之间转换，且顾及知识表述的不确定性。其中，期望反映概念对应的云滴群重心；熵反映概念外延的离散程度和模糊程度，关联了概念的随机性和模糊性；超熵刻画了熵的不确定性，以此体现二阶不确定性。

教育代际流动问题也是如此，其度量和评价蕴含了大量的不确定性，为此，可以引入云模型实现教育代际流动性的测量与评价。高斯分布是最重要的概率分布，在自然科学和社会科学中被广泛应用，但严格的高斯分布通常很难在实际问题中精确存在。高斯云模型拓宽了高斯分布的严格定义，构建了更具有普适性的知识表示工具。本章引入高斯云模型，利用 CGSS 相关数据，构建教育代际流动的云模型及其云距离、云评价，探索其不确定处理与分析的新思路。

一、教育代际绝对流动云

设 U 是一个用精确数值表示的受教育程度定量论域，C 是 U 上表征受教育水平的定性概念，若 $x \in U$，且 x 是定性概念 C 的一次随机实现，若 x 满足：$x \sim N(\mathrm{Ex},\ \mathrm{En}'^2)$，$\mathrm{En}' \sim N(\mathrm{En},\ \mathrm{He}^2)$，且 x 对 C 的确定度满足 $\mu = \exp[-(x-\mathrm{Ex})^2/(2\,\mathrm{En}'^2)]$，则 x 在论域 U 上的分布称为教育代际流动的高斯云。

云模型是一种定性、定量的双向认知转换模型，正向发生器是从定性到定量的映射，根据云模型的数字特征(Ex,En,He)产生云滴；反过来，逆向云发生器是实现从定量数值到定性概念的转换，将一定数量的精确数值转换为以数字特征表示的定性概念。教育代际流动的高斯云模型也是如此，包括逆向高斯云发生器和正向高斯云发生器。

对于从父代到子代的受教育程度分布 $edu_P \rightarrow edu_S$ ，在代际变换过程中发生的绝对教育获得流动，可以通过定义一个高斯云模型双向映射 Cloud：(Ex,En,He)$\leftrightarrow$(edu_P，edu_S)来实现。假设子代和父代的受教育程度分布分别为$edu_S = [edu_{s1}, edu_{s2}, \cdots, edu_{sn}]$，$edu_P = [edu_{p1}, edu_{p2}, \cdots, edu_{pn}]$，其中在上述分布中元素的排序是严格对应的，即对于任意序位 i，edu_{si}与edu_{pi}对应的个体具有父子关系，子代的受教育程度为edu_{si}，父代的受教育程度为edu_{pi}。

逆向高斯云发生器是一个由定量值(样本)到定性概念(高斯云的数字特征)的转换模型，*B*Cloud：(edu_P，edu_S)$\rightarrow$(Ex,En,He)。本质上说，现有的逆向云发生器算法都是进行云模型三个数字特征的点估计，具体算法如算法 8.1 所示。

算法 8.1

输入：受教育程度差异数据 $x_i, i=1,2,\cdots,n$。

输出：反映教育代际流动的数字特征(Ex,En,He)。

算法步骤：

Step 1 根据 x_i 计算受教育程度差异数据的样本均值 $\overline{X} = \frac{1}{n}\sum_{i=1}^{n} x_i$ ，一阶样本绝对中心矩 $\frac{1}{n}\sum_{i=1}^{n} |x_i - \overline{X}|$ ，样本方差 $S^2 = \frac{1}{n-1}\sum_{i=1}^{n}(x_i - \overline{X})^2$ ；

Step 2 计算期望：$\mathrm{Ex} = \overline{X}$；

Step 3 计算熵：$\mathrm{En} = \sqrt{\frac{\pi}{2}} \times \frac{1}{n}\sum_{i=1}^{n} |x_i - \mathrm{Ex}|$ ；

Step 4 计算超熵：$\mathrm{He} = \sqrt{S^2 - \mathrm{En}^2}$。

在上述算法中，将子代与父代的受教育程度差异绝对值作为输入，如式(8.1)所示，即不考虑教育代际流动的方向性：

$$|edu_{si} - edu_{pi}| \tag{8.1}$$

在算法 8.1 中，将子代与父代的受教育程度相对差异作为输入，如式(8.2)所示，即考虑教育代际流动的方向性：

$$edu_{si} - edu_{pi} \tag{8.2}$$

引入算法 8.1 的意义在于，已知样本观测数据的前提下，实现从连续定量数据到离散定性概念的转换，可以以类似人脑的方式从宏观质化概念中认知教育代际的流动性。

反过来，F Cloud：(Ex，En，He)→(edu_P，edu_S)，输入教育代际流动的高斯云模型三个数字特征期望 Ex、熵 En 和超熵 He，根据正向高斯云发生器就可以生成该定性概念的若干个代表性样本（云滴），具体算法如算法 8.2 所示。

算法 8.2

输入：教育代际流动的高斯云数字特征(Ex，En，He)，云滴的个数 n

输出：n 个云滴及其确定度 μ

算法步骤：

Step 1 生成以 En 为期望值，He^2 为方差的一个高斯随机数 $En_i' = norm(En, He^2)$；

Step 2 生成以 Ex 为期望值，$En_i'^2$ 为方差的一个高斯随机数 $x_i = norm(Ex, En_i'^2)$；

Step 3 计算确定度 $\mu_i = \exp(-(x_i - Ex)^2/(2En_i'^2))$；

Step 4 具有确定度 μ_i 的 x_i 成为数域中的一个云滴；

Step 5 重复 Step 1—Step 4，直至产生要求的 n 个云滴。

算法 8.2 通常要求 En 和 He 都大于 0。极端情况下，如果 He＝0，算法 Step1 总是生成一个确定的 En′，x 就成为高斯分布。更极端地，如果 He＝0、En＝0，那么算法生成的 x 就成为同一个精确值 Ex，且 μ 恒等于 1。

引入算法 8.2 的意义在于，根据专家意见或历史认知，在既定教育代际流动性水平的前提下，实现从离散定性概念到连续定量数据的转换，获得以类似机器的方式从微观量化数据中认知教育代际的流动性。

总体上，算法 8.1 通过逆向高斯云发生器实现从微观数据到宏观概念的认知转换，算法 8.2 通过正向高斯云发生器实现从宏观概念到微观数据的认知转换，教育代际流动的高斯云模型通过上述两个算法构建了教育代际流动的中观联系。

绝对流动性是指某个家庭中父代与子代教育代际流动水平的跨代变动程度，侧重于关注单个家庭教育代际流动水平相对于自身的变化。根据是否区分教育代际流动的方向，绝对流动性可以分为无方向性绝对流动和有方向性绝对流动。无方向性绝对流动仅关注父代与子代的受教育程度差异大小，不区分父代高于子代还是子代高于父代。有方向性绝对流动包含了向上流动和向下流动两个基本类型，具体表现为子代受教育程度高于父代，以及父代受教育程度高于子代。例如，对于某个家庭，父代受教育程度为高中、子代受教育程度为本科，父代受教育程度为高中、子代受教育程度为初中，从无方向性绝对流动的角度考察，该家庭流动情况是相同的，但从有方向性绝对流动的角度考察，前者代表了家庭教育代际有所改善，后者代表了家庭教育代际有所恶化。当然，从总体看，教育代际流动的无方向性绝对流动和有方向性绝对流动都是有意义的。

通过定义所有家庭父代和子代受教育程度的距离函数，并作为教育代际流动的绝对流动性测度，当所有家庭父代和子代受教育程度的变化均为0时，所有家庭的父代和子代受教育程度保持一致，教育代际的绝对流动性最小。

按照是否区分流动方向，教育代际流动的绝对流动性测度可以分为无方向性绝对流动和有方向性绝对流动。有方向性绝对流动考虑父代和子代受教育程度的差异大小和方向，区分家庭受教育程度在代际上是超越还是滞后；无方向性绝对流动仅考虑父代和子代受教育程度的差异，将家庭受教育程度代际的超越与滞后同等对待。

当所有家庭的教育代际发生绝对流动时，如果相比父代来说，子代均为受教育程度提高，那么这种情形一般是所期待的；反之，如果子代均为受教育程度比父代降低，则是不愿意看到的。从这个意义上说，有方向性教育代际绝对流动是更有益的，其值越大表征代际受教育程度提升幅度越大。与此同时，从整个社会层面上来看，所有家庭的教育代际流动情况叠加反映也是值得关注的。

二、绝对流动云的公理性

(一)线性齐次性

上述定义的教育代际流动高斯云模型(Ex,En,He)具有线性齐次性。当父代与子代的受教育程度发生同比变化时，教育代际流动性测度也发生同比变化。对于任意数 $\rho > 0$，假设子代和父代的受教育程度分布分别为 $\text{edu}_{S'} = \rho\,\text{edu}_S = [\rho\,\text{edu}_{s1}, \rho\,\text{edu}_{s2}, \cdots, \rho\text{edu}_{sn}]$，$\text{edu}_{P'} = \rho\,\text{edu}_P = [\rho\,\text{edu}_{p1}, \rho\,\text{edu}_{p2}, \cdots, \rho\text{edu}_{pn}]$，根据算法8.2的计算过程及式(8.1)和式(8.2)确定的输入，容易证明，$\text{Ex}' = \rho\text{Ex}$，$\text{En}' = \rho\text{En}$，$\text{He}' = \rho\text{He}$。

(二)平移不变性

上述定义的教育代际流动高斯云模型(Ex,En,He)具有平移不变性。当父代与子代的受教育程度发生等量变化时，教育代际流动性测度不变化。对任意数 $\delta>0$，假设子代和父代的受教育程度分布分别为 $\text{edu}_{S'} = [\delta+\text{edu}_{s1}, \delta+\text{edu}_{s2}, \cdots, \delta+\rho\text{edu}_{sn}]$，$\text{edu}_{P'} = [\delta+\text{edu}_{p1}, \delta+\rho\,\text{edu}_{p2}, \cdots, \delta+\rho\text{edu}_{pn}]$，根据算法8.2的计算过程及式(8.1)和式(8.2)确定的输入，也容易证明，$\text{Ex}'=\text{Ex}$，$\text{En}'=\text{En}$，$\text{He}'=\text{He}$。

(三)可标准化

当个体样本数量为1时，假设子代和父代的受教育程度差异的绝对值为1，根据式(8.1)确定的输入，不考虑流动的方向，Ex＝1，En＝0，He＝0；根据式(8.2)确定的输入，考虑流动的方向时，Ex=±1，En=0，He=0。

三、绝对流动云实证分析

本章研究采用的是CGSS2003、2006、2008、2010、2012、2013、2015、2017共8个年度的混合截面数据，分别包含5894、10151、6000、11783、11765、11438、10958、12582个样本数据，采用前文同样的方法，经过数据清洗预处理后，最终获得有效样本数为76125个。

父代和子代的受教育程度edu_p、edu_s一般可以有若干种度量方式，其中，最常见的一种方式是以等级来衡量，将受教育程度的数据粒度划分为7个等级类别，包括没有受过任何教育(含私塾、扫盲班等)、小学、初中、高中(含职业高中、普通高中、中专、技校等)、大学专科、大学本科及研究生，其中父代的受教育程度以父母双方的最高程度为准。另一种是将受教育程度转换为教育年限，进行量化测算，但是在不同时期的受教育程度与教育年限的差异性，教育年限无法精确量化，考虑到其量化特性，这里仅将其作为参考分析。

首先以受教育程度的等级$|edu_p - edu_s|$为输入，生成的云模型称之为等级云，如表8.1所示，无方向的绝对流动等级云的数字特征，相关的云滴示意图如图8.1所示，以更直观的方式展示了不同时期的教育代际流动情况。

从等级云模型期望的角度看，由大到小依次为1.759(2006)、1.468(2003)、1.353(2017)、1.282(2015)、1.267(2008)、1.256(2010)、1.251(2013)、1.241(2012)。期望是云滴在论域空间分布的期望，最能代表定性概念，反映了代表该概念的云滴群的重心，这里就是反映了不同时期父代和子代的平均受教育程度差异。一方面，从2003年到2017年，教育代际流动表现为由高向低、再提高的趋势，2006年的平均教育代际流动最大，2012年的平均教育代际流动最小；另一方面，从总体上可以看出，教育代际流动这些差异并不显著，以短程流动为主，平均为1个等级，即父代的受教育程度与子代的受教育程度大约仅相隔一个级别，可以推断跨代流动较少。

表8.1　无方向的绝对流动云(等级)

年度	期望 Ex	熵 En	超熵 He	He-En/3(是否雾化)	峰度
2017	1.353	1.141	0.248	−0.132(否)	3.529
2015	1.282	1.091	0.185	−0.179(否)	3.331
2013	1.251	1.071	0.171	−0.186(否)	3.294
2012	1.241	1.077	0.072	−0.287(否)	3.053

续表

年度	期望 Ex	熵 En	超熵 He	He-En/3(是否雾化)	峰度
2010	1.256	1.087	0.064	−0.298(否)	3.041
2008	1.267	1.034	0.083	−0.262(否)	3.076
2006	1.759	1.072	0.051	−0.306(否)	3.027
2003	1.468	1.156	0.312	−0.073(否)	3.787

从等级云模型熵的角度看，由小到大依次为1.034(2008)、1.071(2013)、1.072(2006)、1.077(2012)、1.087(2010)、1.091(2015)、1.141(2017)、1.156(2003)。熵是定性概念的不确定性度量，由概念的随机性和模糊性共同决定，揭示了模糊性与随机性的关联性，反映了概念外延的离散程度和模糊程度。从这个意义上说，不同时期不同家庭的教育代际流动不确定性程度不低，而且与平均受教育程度差异表现出不同的趋势。从2003年到2017年，教育代际流动不确定性表现为起伏不稳定的趋势，2003年的教育代际流动不确定性最大，2008年的教育代际流动不确定性最小。

从等级云模型超熵的角度看，由小到大依次为0.051(2006)、0.064(2010)、0.072(2012)、0.083(2008)、0.171(2013)、0.185(2015)、0.248(2017)、0.312(2003)。超熵He是熵的不确定性度量，即熵的熵，反映了二阶不确定性，由熵的随机性和模糊性共同决定。从这个角度来说，不同时期的教育代际流动二阶不确定性程度不低。从2003年到2017年，教育代际流动二阶不确定性表现为起伏不稳定的趋势，2003年的教育代际流动不确定性最大，2006年的教育代际流动不确定性最小。

已有文献分析定义了高斯云模型的期望曲线，发现了随参数变化其形态变化的趋势和规律。[①] 从分布的密度函数上看，高斯分布和幂律分布具有明显不同的衰减特性，高斯云模型被证明是具有均值的幂律分布，介于高斯分布与幂律分布之间，通过超熵He实现高斯分布向幂律分布的转换。对于超熵较大情况下的高斯云模型，云滴整体趋于离散，随着超熵的增大，不同区间内的云滴离散趋势不尽相同，靠近概念核心的云滴离散速度相对缓慢，超熵增大到He＝En/3时，高斯云模型在保证核心优势的前提下呈现雾化状态[②]。

考虑到高斯云的形态在He＝En/3时出现明显的分界差异形态，当He＜En/3时，高斯云表现为泛正态，当He＞En/3时，高斯云开始雾化。可以看到，

① 李德毅，刘常昱．论正态云模型的普适性[J]．中国工程科学，2004，6(8)：28-34．

② 刘禹，李德毅．正态云模型雾化性质统计分析[J]．北京航空航天大学学报，2010，36(11)：1320-1324．

所有年度均未呈现显著雾化，即 He＜En/3，但 2003 年最接近雾化点，其次是 2017 年，也相对更接近雾化。

从图 8.1 的等级云滴图看，不同时期的教育代际流动层次并不十分显著，相互之间呈现出交叠，以 1 个等级为中心，最大跨度约为 3 个等级，同样验证了总体教育代际流动以短程流动为主，平均在 1 个等级左右，即父代的受教育程度与子代的受教育程度仅相隔一个级别，在极少数情况下，父代与子代的受教育程度差异在 3 个等级。

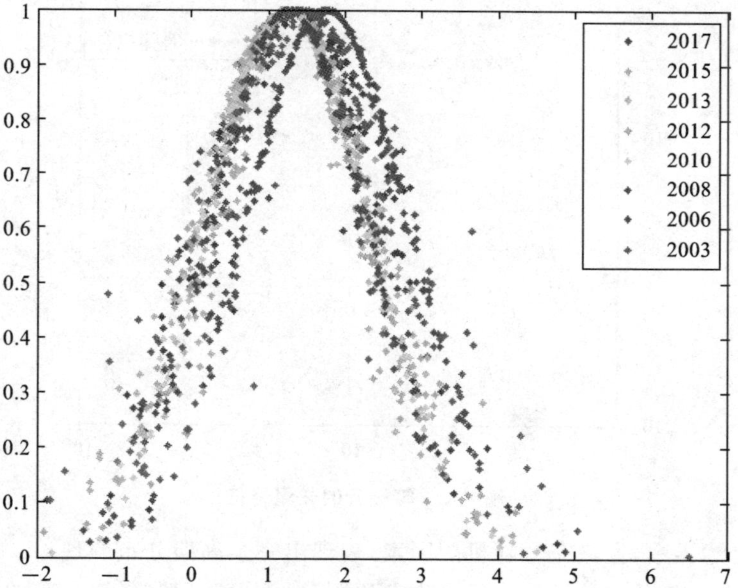

图 8.1　等级云滴图

峰度(kurtosis)又称峰态系数。表征概率密度分布曲线在平均值处峰值高低的特征数。直观看来，峰度反映了峰部的尖度。随机变量的峰度计算方法为随机变量的四阶中心矩与方差平方的比值。通常可用峰度来检验分布的正态性。根据已有文献的结论，高斯云模型是一类游走在高斯分布与幂律分布之间的特殊形态。①

高斯云模型的峰度计算公式如式(8.3)所示。当 He＝0 时，高斯云模型的峰度值为 3，退化为高斯分布；当 He＞0 时，高斯云模型的峰度值大于 3，由高斯分布向幂律分布转换。

① 李德毅，刘常昱，淦文燕. 正态云模型的重尾性质证明[J]. 中国工程科学，2011，13(4)：20-23.

$$9-\frac{6}{\left(1+\frac{He^2}{En^2}\right)^2} \tag{8.3}$$

从表 8.1 可以看出，不同时期的教育代际流动云概念超熵均大于 0，其分布形态都超越了高斯分布，逐渐表现出尖峰重尾特性。以 2017 年为例，绘制了等级云滴分布与幂律分布的拟合结果，在双对数模式下，从图 8.2 可以看出，2017 年采样数据表现出了一定的重尾特征。

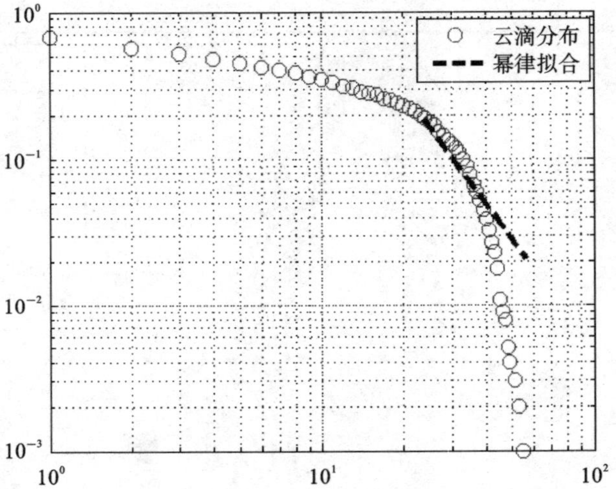

图 8.2　等级云的长尾特征

在自然界中，大量完全随机的因素，表现出完全高斯分布的现象。但是在人类社会，由于各种竞争导致的适者生存原则，通常也表现为幂律分布的现象。从这个意义上说，缺乏主导的随机因素更易导致完全高斯分布，有干预引导的因素更易产生幂律分布。也因此，不同时期的教育代际流动都呈现出有期望的幂律特征，既有少量的极端情况，也有大量的中间层次，介于高斯分布的平均主义与幂律分布的不平衡之间，既不至于完全由随机因素主导，也不能放任高阶层过度固化，避免无政策干预出现的大量“富二代”“学二代”等现象。

总体上来说，高斯云模型是适合表征教育代际流动的一种中间态，通过超熵实现了高斯分布到幂律分布的转换，能在两者之间游走。从等级云模型峰度的角度看，由大到小依次为 3.787(2003)、3.529(2017)、3.331(2015)、3.294(2013)、3.076(2008)、3.053(2012)、3.041(2010)、3.027(2006)，从 2003 年到 2017 年，教育代际流动表现为稳步上升的趋势，除 2003 年以外，2017 年的教育代际流动云峰度最大，表明随着国家政策的不断出台和有效执行，教育代际流动在基本保持高斯分布特性的同时，等级云模型呈现出了一定的重尾特征。

考虑将受教育程度进行量化，即将受教育程度按等级转换为受教育年限，分别为 0、6、9、12、15、16、19 年，对应于没有受过任何教育（含私塾、扫盲班等）、小学、初中、高中（含职业高中、普通高中、中专、技校等）、大学专科、大学本科及研究生，其中父代的受教育程度以父母双方的最高程度为准。

以受教育程度的年限 $|edu_p - edu_s|$ 为输入，生成的云模型称之为年限云，如表 8.2 所示，无方向的绝对流动年限云的数字特征，相关的云滴示意图如图 8.2 所示，以更直观的方式展示了不同时期的教育代际流动情况。

从年限云模型期望的角度看，由大到小依次为 6.290(2006)、5.156(2003)、4.931(2017)、4.776(2015)、4.688(2008)、4.672(2010)、4.586(2013)、4.563(2012)。虽然年限云期望排序仍然与等级云完全一致，从 2003 年到 2017 年，教育代际流动依旧表现为由高向低、再提高的趋势，但是明显受教育程度年限发生了本质的区别。例如 2006 年的平均教育代际流动最大，超过了 6，表明父代的受教育程度与子代的受教育程度至少相隔一个级别，即没有受过任何教育与接受小学教育程度，其他均不足 6，表明平均教育代际流动年限有所降低。

从年限云模型熵的角度看，由小到大依次为 3.954(2008)、4.036(2013)、4.075(2015)、4.094(2012)、4.106(2017)、4.163(2010)、4.208(2006)、4.209(2003)，与等级云存在一定的区别，例如 2017 年对应的年限云模型熵排序位置更靠前，表明从受教育程度年限的角度看，2017 年不同家庭的教育代际流动不确定性程度有所提升，相对更加稳定，类似地，2015 年也是如此。即从受教育程度等级上说，教育代际流动不确定性高，同时，从受教育程度年限上说，教育代际流动不确定性相对低，由此可以推断，近年来家庭的教育代际流动近似反映在不同等级、相似年限上，一对可能的情况为父子高中、大专组合，父子高中、本科组合，明显受教育程度等级差异大，但实际上受教育程度年限差距并不大。

从年限云模型超熵的角度看，由小到大依次为 1.018(2006)、1.172(2003)、1.183(2008)、1.270(2017)、1.326(2012)、1.338(2015)、1.357(2010)、1.365(2013)。相比等级云，不同时期的教育代际流动年限云二阶不确定性程度更高。从 2003 年到 2017 年，教育代际流动二阶不确定性同样表现为起伏不稳定的趋势，2013 年的教育代际流动不确定性最大，2006 年的教育代际流动不确定性最小。

从年限云的形态上看，所有年度均未呈现显著雾化，但对比等级云，已经开始呈现出接近雾化态，2013 年最接近雾化点。

从表 8.2 可以看出，不同时期的教育代际流动年限云峰度均大于 3，其分布形态都超越了高斯分布，逐渐表现出尖峰重尾特性。从 2003 年到 2017 年，教育代际流动年限云峰度表现为上升的趋势。

表 8.2　无方向的绝对流动云(年限)

年度	期望 Ex	熵 En	超熵 He	He-En/3(是否雾化)	峰度
2017	4.931	4.106	1.270	−0.099(否)	4.002
2015	4.776	4.075	1.338	−0.020(否)	4.111
2013	4.586	4.036	1.365	0.019(否)	4.168
2012	4.563	4.094	1.326	−0.038(否)	4.085
2010	4.672	4.163	1.357	−0.031(否)	4.097
2008	4.688	3.954	1.183	−0.135(否)	3.945
2006	6.290	4.208	1.018	−0.385(否)	3.645
2003	5.156	4.209	1.172	−0.231(否)	3.832

以受教育程度的等级 $edu_s - edu_p$ 为输入，有方向的绝对流动云的数字特征，如表 8.3 所示，相关的等级云滴图如图 8.3 所示，该图同样直观地展示了不同时期的教育代际流动情况。

从等级云模型期望的角度看，由大到小依次为 1.659(2006)、1.229(2003)、1.163(2017)、1.116(2015)、1.042(2013)、1.041(2008)、1.036(2010)、1.026(2012)，与无方向的绝对流动云期望排序基本相同，该概念云滴群的重心反映了不同时期受教育程度父代均低于子代，随着时代发展和社会进步，子代都比父代接受了更好的教育。

从等级云模型熵的角度看，由小到大依次为 1.173(2008)、1.191(2013)、1.201(2012)、1.202(2015)、1.216(2006)、1.217(2010)、1.267(2017)、1.348(2003)。表 8.3 有方向等级云模型的熵全部数值均大于表 8.1 无方向等级云模型的熵值，但整体排序并没有太大变化。从这个意义上说，引入流动方向后，不同时期不同家庭的教育代际流动不确定性程度均有不同程度的提升。对比同一个时期，从 2003 年到 2017 年，教育代际流动不确定性提升度表现为缓慢下降的趋势，近年来，教育代际流动呈现出相对稳定的状态。

表 8.3　有方向的绝对流动云(等级)

年度	期望 Ex	熵 En	超熵 He	He-En/3(是否雾化)	峰度
2017	1.163	1.267	0.336	−0.086(否)	3.763
2015	1.116	1.202	0.329	−0.072(否)	3.807
2013	1.042	1.191	0.417	0.020(是)	4.239
2012	1.026	1.201	0.447	0.047(是)	4.371
2010	1.036	1.217	0.449	0.043(是)	4.352

续表

年度	期望 Ex	熵 En	超熵 He	He-En/3(是否雾化)	峰度
2008	1.041	1.173	0.459	0.068(是)	4.488
2006	1.659	1.216	0.098	−0.307(否)	3.077
2003	1.229	1.348	0.257	−0.192(否)	3.414

从等级云模型超熵的角度看,由小到大依次为0.098(2006)、0.257(2003)、0.329(2015)、0.336(2017)、0.417(2013)、0.447(2012)、0.449(2010)、0.459(2008),除2003年外,其他时期的等级云模型超熵均有不同程度的增大,从这个角度来说,不同时期的教育代际流动二阶不确定性程度略有增加。

特别留意到,2013、2012、2010、2008年对应的等级云概念都已经超越了雾化点,呈现出明显雾化,表明其偏离高斯分布,缺乏共识。

从表8.3可以看出,不同时期的教育代际流动年限云峰度均大于3,其分布形态都超越了高斯分布,逐渐表现出尖峰重尾特性。从2003年到2017年,教育代际流动年限云的峰度表现为先上升后下降的趋势,但总体仍相对处于高位。

以受教育程度的年限 $edu_s - edu_p$ 为输入,有方向的绝对流动云的数字特征,如表8.4所示,相关的年限云滴图如图8.3所示,同样直观地展示了不同时期的教育代际流动情况。

从年限云模型期望的角度看,由大到小依次为5.865(2006)、4.489(2003)、4.311(2017)、4.241(2015)、3.967(2008)、3.940(2010)、3.897(2013)、3.853(2012)。从2003年到2017年,教育代际流动表现为由高向低、再提高的趋势,2006年的平均教育年限代际流动最大,2012年的平均教育年限代际流动最小。从总体上可以看出,教育年限代际流动的差异并不显著,以短程流动为主,平均约为1年,即父代的受教育程度与子代的受教育程度仅相隔一年,可以推断跨代流动较少。

表8.4 有方向的绝对流动云(年限)

年度	期望 Ex	熵 En	超熵 He	He-En/3(是否雾化)	峰度
2017	4.311	4.724	1.156	−0.419(否)	3.658
2015	4.241	4.633	1.351	−0.193(否)	3.903
2013	3.897	4.648	1.153	−0.396(否)	3.675
2012	3.853	4.721	1.142	−0.432(否)	3.645
2010	3.940	4.824	1.219	−0.389(否)	3.698
2008	3.967	4.646	1.049	−0.499(否)	3.567
2006	5.865	4.655	0.403	−1.148(否)	3.088

续表

年度	期望 Ex	熵 En	超熵 He	He-En/3(是否雾化)	峰度
2003	4.489	4.912	1.164	−0.473(否)	3.621

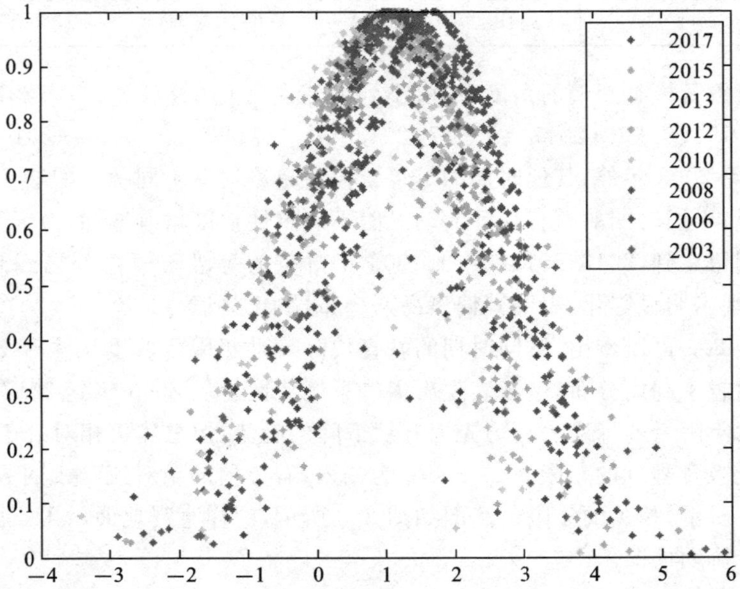

图 8.3　年限云滴图

从年限云模型熵的角度看，由小到大依次为 4.633(2015)、4.646(2008)、4.648(2013)、4.655(2006)、4.721(2012)、4.724(2017)、4.824(2010)、4.912(2003)。从这个意义上说，不同时期不同家庭的教育年限代际流动不确定性程度不低，而且与平均受教育年限差异表现出不同的趋势。从 2003 年到 2017 年，教育代际流动不确定性表现为起伏不稳定的趋势，2003 的教育年限代际流动不确定性最大，2015 的教育年限代际流动不确定性最小。

从云模型超熵的角度看，由小到大依次为 0.403(2006)、1.049(2008)、1.142(2012)、1.153(2013)、1.156(2017)、1.164(2003)、1.219(2010)、1.351(2015)。不同时期的教育代际流动二阶不确定性程度较大。从 2003 年到 2017 年，教育代际流动二阶不确定性表现为起伏不稳定的趋势，2015 年的教育代际流动不确定性最大，2006 年的教育代际流动不确定性最小。

除 2003 年外，其他时期的年限云模型超熵均有不同程度的增大，从这个角度来说，不同时期的教育代际流动二阶不确定性程度略有增加。

从年限云的形态上看，所有年度均未呈现显著雾化，但对比等级云，已经开始呈现出接近雾化状态，2013 年最接近雾化点。

从表 8.4 可以看出，不同时期的教育年限代际流动云峰度均大于 3，其分布形态都超越了高斯分布，逐渐表现出尖峰重尾特性。从 2003 年到 2017 年，教育年限代际流动云的峰度表现为先上升后下降的趋势，但总体仍相对处于高位。

第二节　教育代际流动的云距离

为了进一步增加样本量，从全局层面观测教育代际相对流动的情况，使用了 CGSS 2003、2006、2008、2010、2012、2013、2015、2017 共 8 个年度的混合截面调查数据，分别包含 5894、10151、6000、11783、11765、11438、10968、12582 个样本数据，采用前文同样的方法，经过数据清洗预处理以后，最终获得有效样本数为 76125 个。

分别以子代和父代受教育程度的等级 edu_s、edu_p 为输入，通过算法 8.2 获得子代、父代受教育程度的云模型数字特征分别为（2.206，1.423，0.134）和（1.064，1.212，0.212）。相应的云滴示意图如图 8.4 所示，子代等级云模型的期望比父代等级云模型高出 1.142，表明子代整体受教育程度比父代高出至少一个等级，随着时间的推移，人口平均受教育程度不断提高。子代等级云模型的峰度为 3.105，父代等级云模型的峰度为 3.351，子代等级云模型更接近泛高斯分布，两者均没有明显雾化，但是父代等级云模型雾化倾向更大。

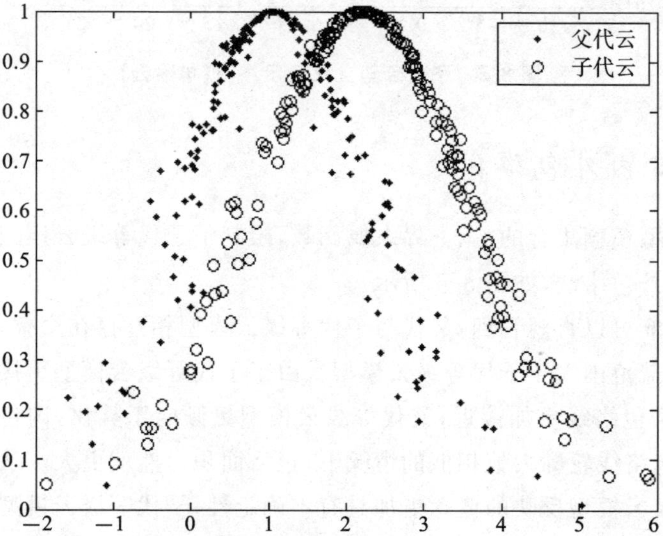

图 8.4　子代云与父代云示意图（等级云）

为了进一步分析，同样分别以子代和父代受教育年限 edu_s、edu_p 为输入，通过算法 8.2 获得子代、父代受教育年限的云模型数字特征分别为(9.083,4.384,1.418)和(4.834,5.317,2.248)。相应的云滴示意图如图 8.5 所示，子代受教育年限云模型的期望比父代年限云模型高出 4.249，表明子代整体受教育年限比父代平均高出至少 4 年。子代年限云模型的峰度为 4.083，父代年限云模型的峰度为 4.682，子代年限云模型更接近泛高斯分布，但两者均已表现出较大的幂律分布特征，同时父代年限云模型已经完全雾化。显然，相比等级云模型而言，年限云模型从更细的粒度反映了教育代际流动的水平。

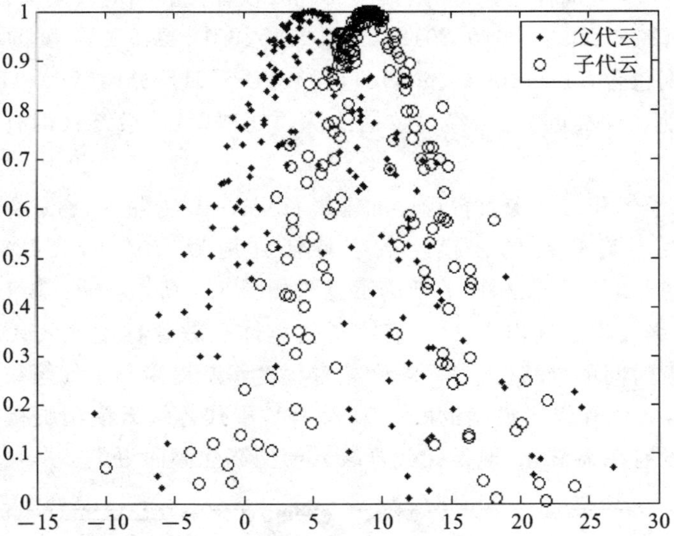

图 8.5 子代云与父代云示意图(年限云)

一、云内外包络线

借鉴二型模糊集合的上、下界隶属函数，绘制了子代等级云模型和父代等级云模型的内外包络线，如图 8.6 所示。

从图 8.6 可以直观看到，父代与子代等级云模型相互存在交叠，且父代等级云模型的覆盖范围大于子代等级云模型。由于子代等级云模型更接近泛高斯分布，内外两条包络线更加接近；父代等级云模型更倾向于雾化，内包络线的内径狭小，在外包络线轮廓大致相似的情况下，包络面积自然就更大。从这个意义上说，父代等级云模型反映的概念更加具有不确定性，子代等级云模型反映的概念更加成熟，而且期望更大，表明子代的受教育程度在更高的等级上集聚，父代的受教育程度整体平均水平较低，而且更加离散。

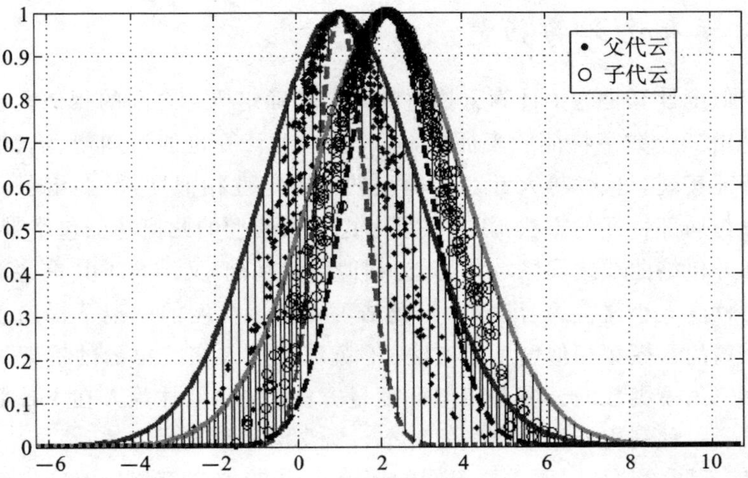

图 8.6　等级云模型的内外包络线

同样绘制了子代年限云模型和父代年限云模型的内外包络线，如图 8.7 所示。从图 8.7 可以直观看到父代与子代年限云模型相互存在大量交叠，且父代年限云模型的覆盖范围大于子代年限云模型。但是，两者的形态已经出现了较大的差异。容易计算，从受教育程度的年限角度看，子代与父代等级云模型的云概念距离为 0.015。由于两者在形态上的明显区别，从总体的角度看，相比图 8.6的等级云模型而言，年限云模型的子代与父代受教育程度存在一定的差异，概念的相关性已经减弱。

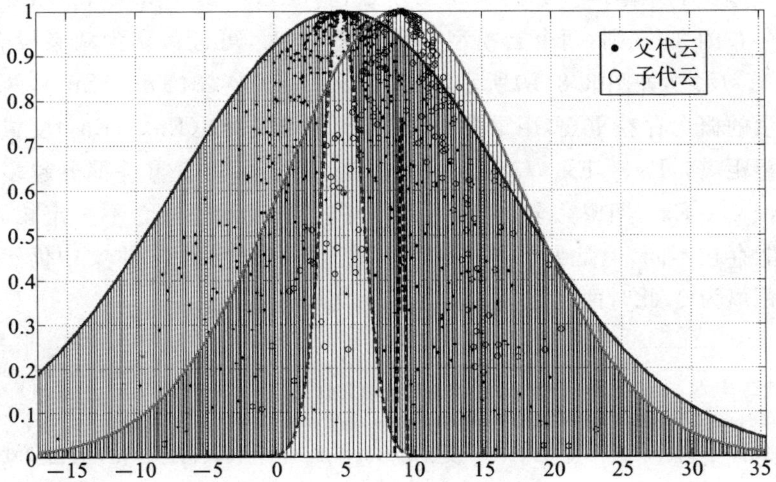

图 8.7　年限云模型的内外包络线

二、云概念距离构造

云相似度计算是为了计算云描述的两个不确定概念之间的相似程度。高斯云主要是由三个数字特征所表征的，一般相似度计算也通过期望、熵、超熵等三个数字特征实现。代劲等人针对云模型的不确定性相似度量，提出了一种融合分布轮廓与局部特征的方法，新方法既考虑了云模型的几何特征包络带，即内包络曲线和外包络曲线之间区域，以此为相似度量基础，又结合了其重叠部分包含云滴的贡献度大小建立综合度量。[①] 杨洁等人在多粒度的框架下提出了一种利用知识距离的云模型相似度度量方法。[②] 黄琼桃等人在三角云的框架下提出了一种利用三角模糊数的云模型相似度度量方法。[③] 许昌林等人在 KL 散度的框架下提出了一种利用外包络曲线的正态云概念漂移性度量方法。[④]

但是，不同的领域问题需要不同的评价标准，有必要开展针对特定问题的云模型相似性度量研究。为了进一步分析父代与子代受教育程度两者之间的关系，构造了云概念距离，如式(8.4)所示。

$$\mathrm{CD}(C_p,C_q)=\begin{cases}|\mathrm{He}_p/\mathrm{En}_p-\mathrm{He}_q/\mathrm{En}_q|, \text{if } |\mathrm{Ex}_p-\mathrm{Ex}_q|\geqslant 3(\mathrm{En}_p+\mathrm{En}_q)\\ \dfrac{|\mathrm{Ex}_p-\mathrm{Ex}_q|}{3(\mathrm{En}_p+En_q)}\times\left|\dfrac{\mathrm{He}_p}{\mathrm{En}_p}-\dfrac{\mathrm{He}_q}{\mathrm{En}_q}\right|, \text{otherwise}\end{cases} \tag{8.4}$$

容易证明，云概念距离 $\mathrm{CD}(C_p,C_q)$ 符合非负性、对称性等距离公理。此外，根据式(8.4)分析，期望 Ex 代表云模型所表示的概念内涵，$|\mathrm{Ex}_p-\mathrm{Ex}_q|$ 反映了两个云模型的期望距离。如图 8.8(a)所示，当 $|\mathrm{Ex}_p-\mathrm{Ex}_q|\geqslant 3(\mathrm{En}_p+\mathrm{En}_q)$ 时，根据高斯分布的 3σ 规则，两个云模型完全分离，此时，可近似认为两者没有交集，距离为 1。反之，如图 8.8(b)所示，如果 $|\mathrm{Ex}_p-\mathrm{Ex}_q|<3(\mathrm{En}_p+\mathrm{En}_q)$，两个云模型所表示的概念存在重叠，用重叠的程度 $|\mathrm{Ex}_p-\mathrm{Ex}_q|/3(\mathrm{En}_p+\mathrm{En}_q)$ 度量两者之间的期望距离，$|\mathrm{Ex}_p-\mathrm{Ex}_q|/3(\mathrm{En}_p+\mathrm{En}_q)$ 越小，表示两者重叠部分越多。极端情况下，$\mathrm{Ex}_p=\mathrm{Ex}_q$，期望完全重合。虽然云模型所表示的概念不一定相同，因为超熵可能存在不同，但是为了突出这种认知上的高度相似性，本文中仍然认为两者概念距离为 0，此时两者之间的场力相互作用强度最大。

---

① 代劲，胡彪，王国胤，等. 分布轮廓与局部特征融合的云模型不确定性相似度量[J]. 电子与信息学报，2022，44(4)：1429-1439.

② 杨洁，王国胤，张清华，等. 多粒度云模型的相似性度量[J]. 模式识别与人工智能，2018，31(8)：677-692.

③ 黄琼桃，刘瑞敏. 基于 EW-型贴近度的云模型相似性度量方法[J]. 贵州大学学报(自然科学版)，2021，38(2)：44-49.

④ 许昌林，王国胤. 正态云概念的漂移性度量及分析[J]. 计算机科学，2014，41(7)：9-14，51.

另外，根据云模型的性质，He/En 代表云模型所表示的概念外延的离散程度，反映了云模型的形态，He/En 越大，云模型越呈现雾化状态，因此，$|He_p/En_p-He_q/En_q|$可以认为是云模型的形态距离，该值越小云模型形态越接近，极端情况下，$He_p/En_p=He_q/En_q$，与前述类似的原因，本文中也认为两者非常相似，概念距离记为 0。

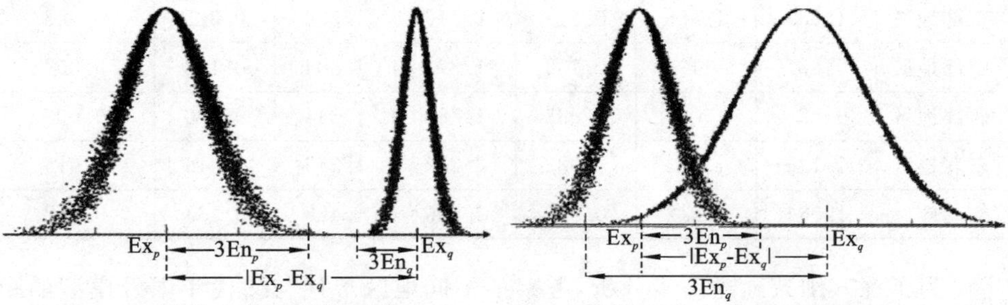

图 8.8　云概念之间的距离

容易计算，从受教育程度的等级角度看，子代与父代等级云模型的云概念距离为 $1.142/7.905\times0.081\approx0.012$。从总体的角度看，两者概念较为接近，存在一定的相关性。但是，由于没有比较，无法细致考察其距离的大小，并分析子代与父代的教育代际流动性。

总体上，云概念距离反映了云概念之间的相似程度，云概念距离越小，两个云概念越相似；反之，云概念距离越大，两个云概念差异越大。类似地，教育代际流动的云概念距离从云模型的角度刻画了子代与父代受教育程度的相关性，反映了教育代际相对流动情况，云概念距离越小，子代与父代受教育程度的相关性越大，子代与父代的教育相对流动性小；反之，云概念距离越大，子代与父代受教育程度的相关性越小，子代与父代的教育相对流动性大。

三、云概念距离实证

为了从地区差异的角度考察教育代际相对流动性，按照国民经济和社会发展统计公报的准则，将样本划分为东部地区、中部地区、西部地区、东北地区。如表 8.5 所示，从子代与父代等级云模型的距离看，东部地区最小，东北地区最大。除东北地区以外，其他地区的云概念距离均低于全国总体值。换句话说，东部地区子代与父代受教育程度的相关性最大，子代与父代的教育相对流动性小；反过来，东北地区子代与父代受教育程度的相关性最小，子代与父代的教育相对流动性大。东部地区子代与父代等级云模型的期望最大，一种可能的解释是子代与父代受教育程度在较高层次上相对固化。中部地区和西部地区子代与父代等级云模型的期望较小，子代与父代等级云概念的距离也较小，反映了子代与父代受教育程度在局部低位固化。

表 8.5 等级云距离

样本来源	父代			子代			云距离
	期望 Ex	熵 En	超熵 He	期望 Ex	熵 En	超熵 He	
东部地区	1.288	1.368	0.319	2.616	1.508	0.323	0.003
中部地区	0.837	1.109	0.106	1.872	1.304	0.193	0.007
西部地区	0.824	1.063	0.083	1.788	1.344	0.190	0.008
东北地区	1.126	1.233	0.082	2.232	1.285	0.219	0.015
总体	1.064	1.212	0.212	2.206	1.423	0.134	0.012

为了深入细致地进一步分析，考察了不同地区子代与父代年限云模型的距离，如表 8.6 所示。从子代与父代年限云模型的距离看，中部地区最大，东北地区最小，除东北地区以外，其他地区的云概念距离均高于全国总体值。特别值得注意的是，东部地区、东北地区的子代年限云模型期望大于 9，表明两个地区子代整体平均受教育程度较高。中部地区和西部地区子代与父代年限云模型的期望较小，子代与父代年限云概念的距离较大，反映了子代与父代受教育年限上相关性不高，表明随着时间的推移，子代已经开始呈现较好的相对流动趋势。

表 8.6 年限云距离

样本来源	父代			子代			云距离
	期望 Ex	熵 En	超熵 He	期望 Ex	熵 En	超熵 He	
东部地区	5.705	5.198	1.467	10.314	4.551	0.095	0.041
中部地区	3.903	5.174	2.481	8.015	4.583	0.281	0.059
西部地区	3.911	5.042	2.413	7.728	4.679	0.733	0.042
东北地区	5.120	5.210	2.032	9.322	3.821	1.361	0.005
总体	4.834	5.317	2.248	9.083	4.384	1.418	0.015

第三节　教育代际流动的评价云模型

王鑫等人针对泵站现代化管理水平问题，通过评价矩阵与权重矩阵乘积，提出了综合评价云模型。[①] 吴伟东等人针对高速铁路绿色施工等级问题，通过逆向云生成器、相似度矩阵，提出了等级评价云模型。[②] 黄克勇等人针对城轨信号系统安全保障能力问题，通过组合赋权法、正向云发生器，提出了能力评价云模型。[③] 李楠博等人针对区域企业绿色技术创新环境成熟度问题，通过 2019 年省级面板数据，提出了成熟度评价云模型。[④] 罗日洪等人针对堤防安全问题，通过组合优化赋权、浮动云和综合云，提出了水平评价云模型。[⑤] 黄垣森等人针对长株潭幸福河问题，通过组合优化赋权、正态云发生器，提出了幸福度评价云模型。[⑥] 韩宇平等人针对水利高质量发展问题，通过构建熵云，提出了发展水平评价云模型。[⑦] 赵晨程等人针对生态河道建设问题，通过构建指标体系实施云评价。[⑧]

与上述已有研究类似，教育代际流动性同样涉及不确定性问题。这里引入云模型，通过数字特征表征和分析不确定性。将教育代际流动性定义为 5 个等级，分别为弱、较弱、中、较强、强，利用区间法构造对应的理想云模型。考虑到高斯云分布的期望可以通过数据区间的均值计算，高斯云分布的方差可以通过数据区间的三倍标准差计算，在高斯云满足泛高斯分布的基础上，根据问题实际，这里设 En＝5He，因此，高斯云最终的数字特征构造方法如下：

$$\mathrm{Ex}=\frac{v_{\max}+v_{\min}}{2} \tag{8.5}$$

$$\mathrm{En}=\frac{5}{6}\sqrt{\frac{(v_{\max}-v_{\min})^2}{26}} \tag{8.6}$$

$$\mathrm{He}=\frac{1}{6}\sqrt{\frac{(v_{\max}-v_{\min})^2}{26}} \tag{8.7}$$

---

① 王鑫，徐钰德，赵志宏，等. 基于云模型的泵站现代化管理综合评价[J]. 人民黄河，2022，44(7)：156-160.

② 吴伟东，黄鹏，钟明茜，等. 基于云模型的高速铁路绿色施工等级评价——以西南地区为例[J]. 铁道科学与工程学报，2021，18(6)：1418-1425.

③ 黄克勇，邱鹏. 基于云模型的城轨信号系统安全保障能力评价方法[J]. 中国安全生产科学技术，2021，17(12)：129-134.

④ 李楠博，孙弘远. 基于云模型的区域企业绿色技术创新环境成熟度评价[J]. 科技进步与对策，2021，38(22)：50-57.

⑤ 罗日洪，黄锦林，张建伟，等. 基于组合赋权和云模型的堤防安全评价[J]. 南水北调与水利科技(中英文)，2021，19(6)：1217-1226.

⑥ 黄垣森，唐德善，唐彦. 基于云模型的长株潭幸福河评价[J]. 三峡大学学报(自然科学版)，2021，43(4)：1-6.

⑦ 韩宇平，苏潇雅，曹润祥，等. 基于熵-云模型的我国水利高质量发展评价[J]. 水资源保护，2022，38(1)：26-33，61.

⑧ 赵晨程，高玉琴，刘钺，等. 基于云模型的生态河道建设评价[J]. 水资源保护，2022，38(2)：183-189.

其中v_{max},v_{min}分别为数据区间取值的最大值和最小值。

根据上述方法计算出惯性率、亚惯性率、向上流动率、向下流动率、平均加权阶差等各个指标的云模型数字特征,如表 8.7 所示。

表 8.7 指标云模型

测度指标	期望 Ex	熵 En	超熵 He
惯性率	0.239	0.011	0.002
亚惯性率	0.636	0.022	0.004
向上流动率	0.449	0.013	0.003
向下流动率	0.139	0.007	0.001
平均加权阶差	0.215	0.006	0.001

反过来,FCloud:(Ex,En,He)→(edu_P,edu_S),输入教育代际流动的高斯云模型三个数字特征期望 Ex、熵 En 和超熵 He,根据正向高斯云发生器就可以生成该定性概念的若干个代表性样本(云滴),由此可以根据不同指标的数字特征生成若干云滴,不同云滴可以用确定度反映属于这个概念的程度。

从云模型的角度看,一般一个概念通常由若干定量的云滴来实现。单个云滴的确定度反映了属于概念的程度,以及云滴对概念的贡献情况,不同云滴群对概念的贡献是不尽相同的。根据高斯云模型的 3En 规则,99.7%的云滴主要落在区间[Ex−3En,Ex+3En]中,其中,骨干元素位于区间[Ex−0.67En,Ex+0.67En],贡献度为 50%;基本元素位于区间[Ex−En,Ex+En],贡献度为 68.26%;外围元素位于区间[Ex−2En,Ex−En]和[Ex+En,Ex+2En],贡献度为 27.18%;弱外围元素位于区间[Ex−3En,Ex−2En]和[Ex+2En,Ex+3En],贡献度为 4.3%。

根据表 8.7 的数字特征,生成了不同年代的 CGSS 数据所对应指标的云滴群,如图 8.9 所示。从图 8.9 可以看出,不同年度的数据在云概念的贡献上有所不同,位于骨干元素区,CGSS 2010 对惯性率云概念的贡献最大、CGSS 2017 对亚惯性率云概念的贡献最大、CGSS 2006 对向上流动率云概念的贡献最大,这几个云概念部分云滴比较集中。CGSS 2006、2017 对向下流动率云概念的贡献近似,平均加权阶差云概念的云滴分布比较分散,从一定程度上实现对教育代际流动的不确定评价。

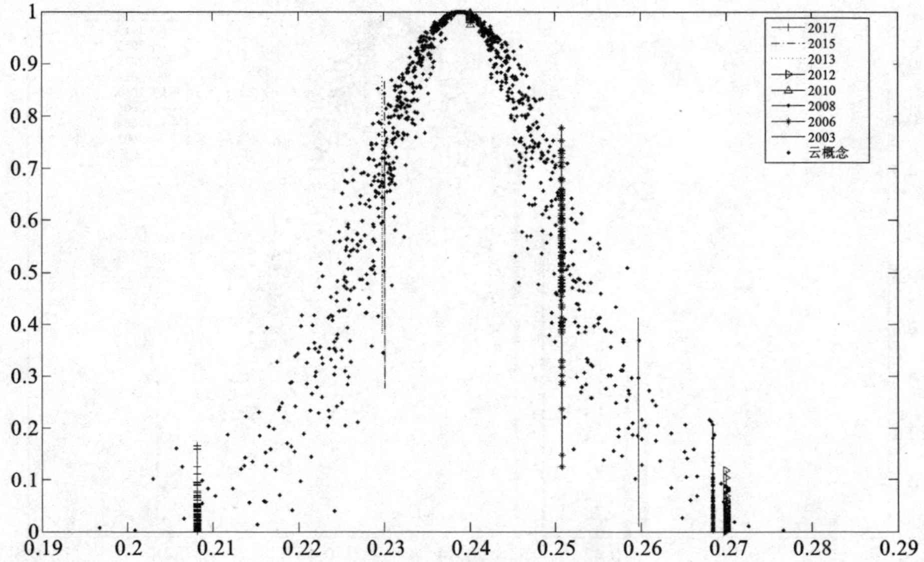

(a) 惯性率云概念

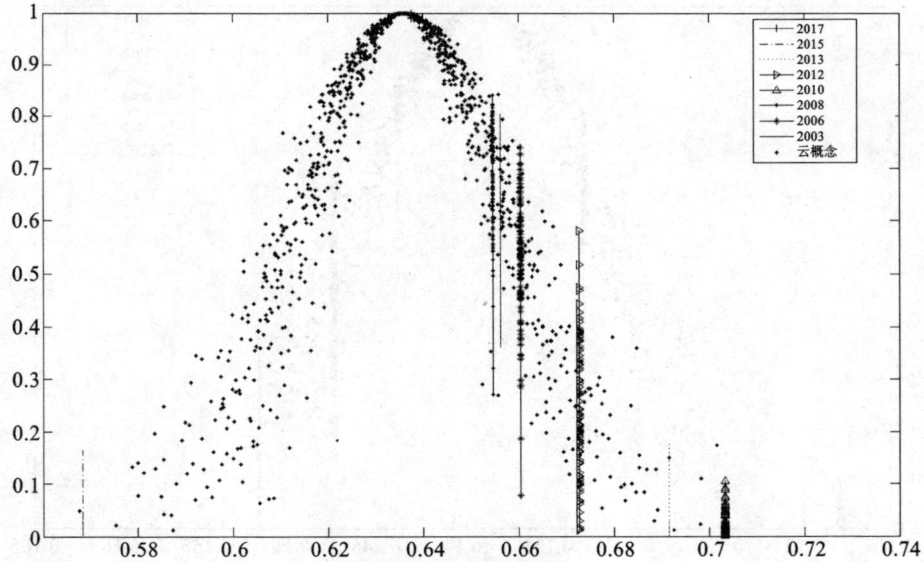

(b) 亚惯性率云概念

图 8.9 云滴贡献度

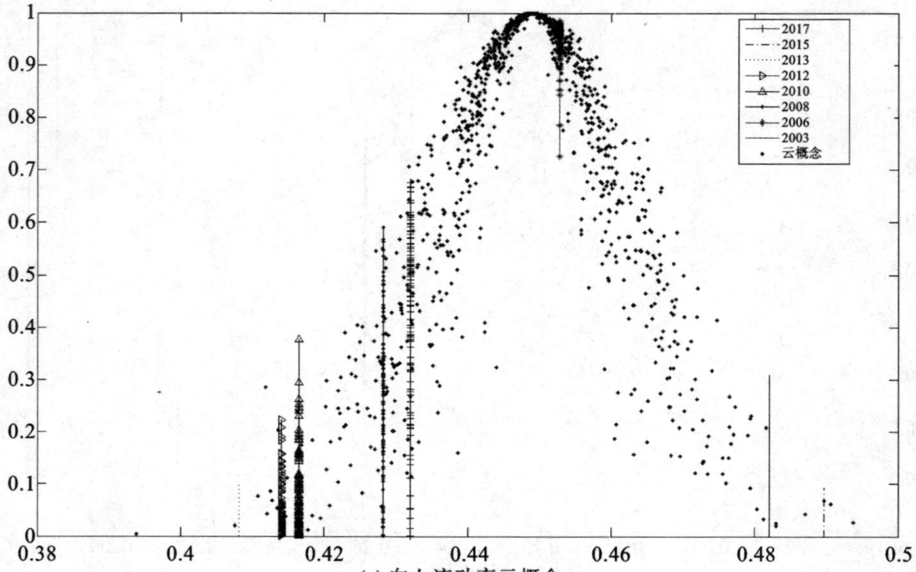

(c) 向上流动率云概念

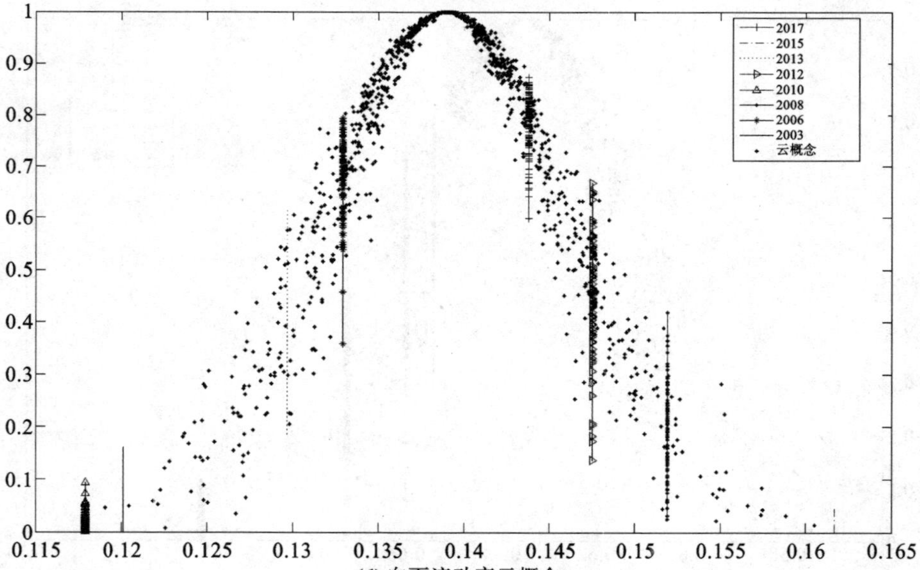

(d) 向下流动率云概念

续图 8.9

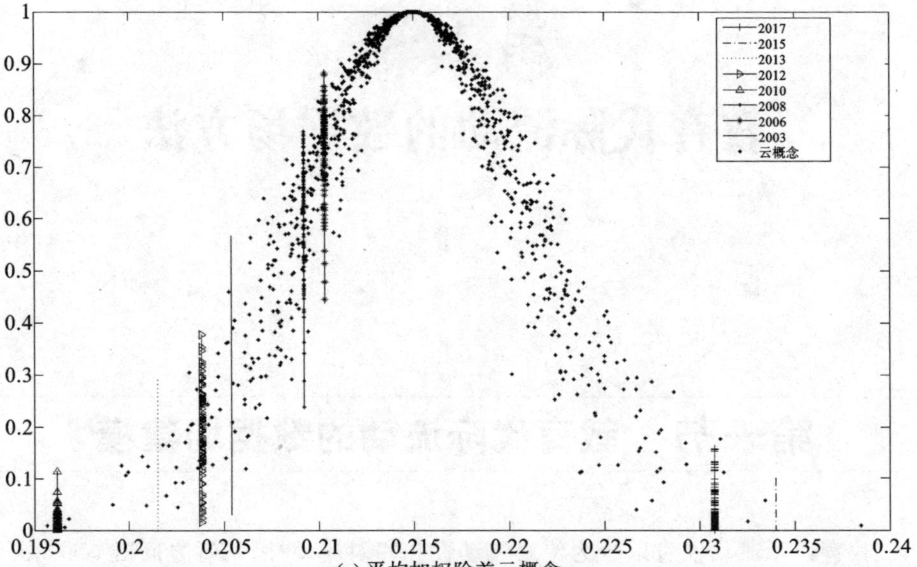

(e) 平均加权阶差云概念

续图 8.9

第九章

教育代际流动的数据场方法

第一节　教育代际流动的数据场建模

教育代际流动性可以分为绝对流动性和相对流动性，两者之间既有联系、也有区别。根据父代和子代的受教育程度等级或年限，计算教育代际流动性，实质上属于绝对流动性。绝对流动性考察的是父代和子代在不同受教育程度的情况下之间的转移情况。但是，强调过度的绝对流动并不一定具有普遍意义。如果以受教育程度较高的家庭向下流动为代价，提高绝对流动性本质上是不合理的，只会导致社会整体在较低的水平上保持较高的流动性。为了获得更合理的教育代际流动水平测度，在前述基础上，我们不仅仅考察父代和子代的受教育程度等级或年限，而且还要将所有子代的受教育程度排序，记录子代的排名，将所有父代的受教育程度排序，记录父代的排名，以便进一步发现父代和子代的受教育程度之间的关联关系。

图 9.1 以 CGSS 2017 为例，列出了父代受教育程度与子代受教育程度排名的散点图，其中父代受教育程度以父母受教育程度中高者为准。从图 9.1 中可以发现，虽然其中能够展示一定的特点，例如，父代受教育程度高的情况下基本没有出现子代受教育程度低的样本点，但是数据本身在现有维度上杂乱无章、毫无规律。

聚类分析是统计、模式识别和数据挖掘等领域中的一种非常重要的处理方法，能够发现数据之间隐藏的簇关系。受物理学场论思想的启发，淦文燕等人首次提出一种基于数据场的层次聚类方法，该方法将物质粒子间的相互作用及其场描述方法引入抽象的数域空间，通过模拟对象在虚拟数据场中的相互作用和运动实现数据对象的自组织层次聚集。① 此后，相关聚类算法层出不穷。

① 淦文燕，李德毅，王建民. 一种基于数据场的层次聚类方法[J]. 电子学报，2006，34(2)：258-262.

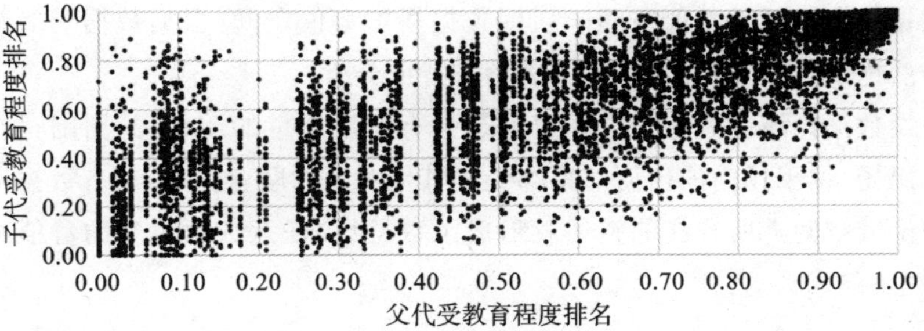

图 9.1 父代与子代受教育程度排名的散点图

陈涛等人提出一种数据场和决策图联合的聚类算法，主要是利用数据对象的势值和到最近大密度点的距离来实现自动确定聚类中心和聚类数目，能够有效地处理孤立的噪声点和快速地实现数据对象的聚类划分。[①] 朱振国等人通过计算每个数据对象点的势值，利用类簇中心的势值大、孤立点的势值为 0 的特点提出一种基于数据场的聚类算法。[②] 杨静等人利用数据场能较好描述数据分布，反映数据关系的优势，引入平均势差的概念，提出了一种基于数据场的改进 DBSCAN 聚类算法。[③] 王磊等人将数据场理论应用于数据对象密集程度的表征，生成势能距离决策图，提出一种基于数据场联合决策图改进的高斯混合模型聚类算法。[④] 乔少杰等人提出基于数据场聚类的共享单车需求预测模型。[⑤]

本章延续这一思路，引入数据场探索教育代际流动数据的分析和处理，通过数据场刻画数据空间关联的优势，建立静态数据场和动态数据场实现特征约简和优化，发现数据背后隐藏的规律。

数据背后实质上包含了丰富的可利用信息，数据对象在邻域范围内存在统计意义上的相互依赖特性，只有充分利用这种空间关联关系才能有效地提高教育代际流动性分析的精度和准度。给定影响因子 σ，拟核力场的数据场中任意数据对象的主要影响范围是以该对象为中心、影响半径为 $3\sigma/\sqrt{2}$ 的邻域。对于

---

① 陈涛，高鹏成. 一种改进的数据场和决策图联合聚类算法[J]. 应用科技，2020，47(5)：29-34.

② 朱振国，冯应柱. 基于数据场的类簇中心选取及其聚类[J]. 计算机工程与应用，2018，54(8)：131-136.

③ 杨静，高嘉伟，梁吉业，等. 基于数据场的改进 DBSCAN 聚类算法[J]. 计算机科学与探索，2012，6(10)：903-911.

④ 王磊，张志勇，曾维贵，等. 基于数据场联合决策图改进的 GMM 聚类[J]. 系统工程与电子技术，2022，44(9)：2743-2751.

⑤ 乔少杰，韩楠，岳昆，等. 基于数据场聚类的共享单车需求预测模型[J]. 软件学报，2022，33(4)：1451-1476.

数域空间的任意对象，利用数据场描述局部邻域像素之间的相互作用关系，建立静态数据场将论域的数值空间映射到数据场的势值空间，根据数据场等势线之间的自然抱团特性，实现数据约简表示与特征分析。

假设数据论域内的每个数据对象是具有一定质量的质点，其周围存在一个局部作用场，位于场内的任何对象都受到其他对象的联合作用，所有数据对象的作用在论域空间上所构成的整体就形成了数据场，任意数据对象的势值可以表示为：

$$\varphi(x) = \sum_{i=1}^{n} m_i \, \mathrm{e}^{-\left(\frac{||x-x_i||}{\sigma}\right)^k} \tag{9.1}$$

其中 m_i 为数据对象的质量，与具体应用有关，$||x-x_i||$ 为数据对象 x 与数据对象 x_i 的距离，所采用的势函数形态为拟核力场，表示数据对象 x_i 对于数据对象 x 所产生的势值贡献。上述静态数据场涉及影响因子、距离和距离指数以及场强质量等待定的关键要素。

一、影响因子

影响因子的调节可以实现对数据特征观察粒度的变换，影响因子越大，观察距离和尺度越大，数据局部特征越少，整体特征更加突出；反之，影响因子越小，观察距离和尺度越小，整体特征越少，局部特征更加明显。由此，可以通过影响因子放缩，进一步调整操作粒度，完成数据整体与局部特征的认知平衡，实现数据的降维与约简。

如果能有效地实施观察粒度的变换，就能够高效地提取数据特征。分别设置影响因子为 0.01、0.05、0.1、1，距离指数 $k=2$；为不失一般性，假设每个数据点具有同等重要性，质量相等，直接采用 1 作为质量，即所有数据对象在空间中具有相同的影响，分别根据不同的影响因子生成对应的数据场，并绘制其等势线，如图 9.2 所示。

当影响因子为 0.01 时，数据场保留了更多的局部细节，如图 9.2(a)所示，这并不利于最终的数据分析，几乎失去了数据场考虑质点相互作用的功能；当影响因子为 1 时，数据场更注重整体特征，能大致粗线条地观察数据特征，如图 9.2(d)所示，但是同样过于笼统，也不利于数据分析；当影响因子为 0.05 或 0.1 时，等势线既有整体特征，也包含了一些局部细节，如图 9.2(b)和图 9.2(c)所示。但我们仍可以发现一些细微的区别：当影响因子为 0.05 时，数据局部特征更明显；当影响因子为 0.1 时，数据整体特征更突出。

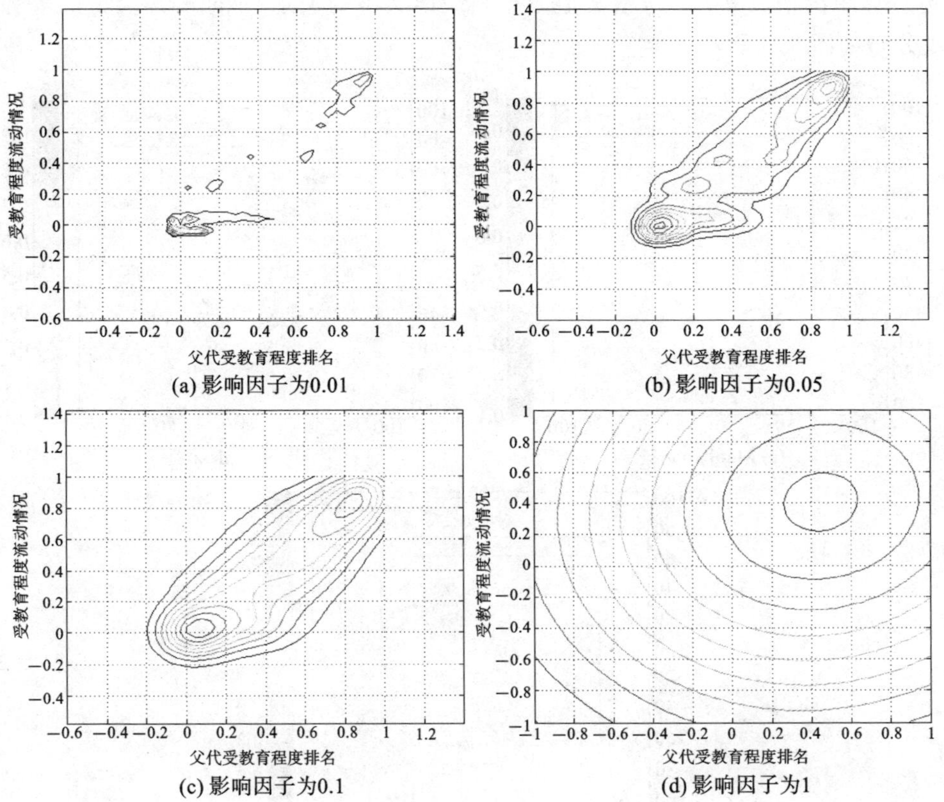

图 9.2　同一数据不同影响因子所形成数据场

二、距离及距离指数

众所周知，距离的度量方法非常多，常见的邻域距离度量方式包括 Manhattan 距离、Euclidean 距离、Chebyshev 距离等，这些距离分别对应着范数为 1、2 和 ∞ 的 Minkowski 距离。设任意两个位置坐标分别为(x_1, y_1)、(x_2, y_2)的对象，则其不同的距离度量分别为：

$$\text{Manhattan 距离}\ |x_1 - x_2| + |y_1 - y_2| \tag{9.2}$$

$$\text{Euclidean 距离}\ (|x_1 - x_2|^2 + (|y_1 - y_2|)^2)^{1/2} \tag{9.3}$$

$$\text{Chebyshev 距离}\ \max\{|x_1 - x_2|, |y_1 - y_2|\} \tag{9.4}$$

$$\text{Minkowski 距离}\ (|x_1 - x_2|^w + |y_1 - y_2|^w)^{1/w} \tag{9.5}$$

设置影响因子为$\sigma = 50$，通过相互作用力程的公式计算可得，实际受影响的范围为距离中心不超过$[3\sigma/\sqrt{2}] = 106$的数据对象。以256×256的栅格为例，以中心为坐标原点，水平、垂直位移分别在$-128 \sim 128$之间变化，设置质量

$m_x=1$，距离指数 $k=2$，考察势值分布与距离类型的关系，不同距离类型的等势线分布如图 9.3 所示。

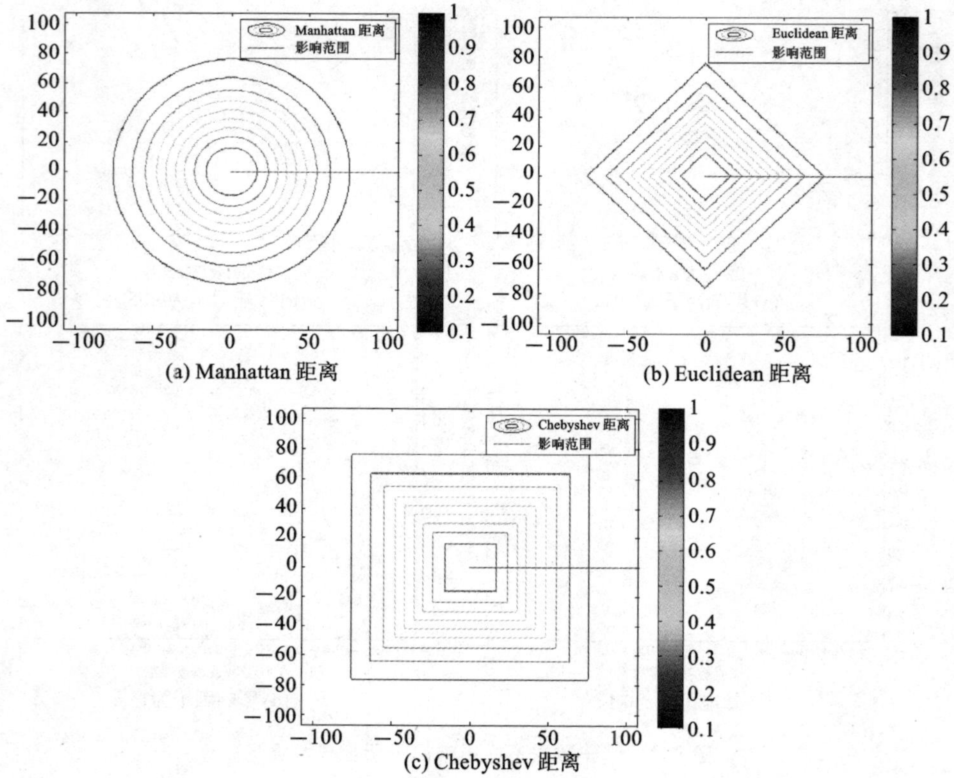

图 9.3　不同距离类型的等势线分布

从图 9.3 中容易看出，对于给定的作用范围，不同的距离度量准则对应的非零势值个数从少到多依次为 Manhattan 距离、Euclidean 距离、Chebyshev 距离。另一方面，零势值较多就意味着在同样的影响范围内，Manhattan 距离、Euclidean 距离会导致部分像素的影响被人为忽略。当然，似乎有一种更简便的改进方式，即可以通过增大作用力程使得上述距离度量都获得相似的邻域非零影响对象个数。但是，还需要注意到另一个问题，即作用力程与生成静态数据场的时间复杂度直接强相关，增大作用力程将会导致算法时间复杂度显著增加、效率明显降低。

为了比较不同的距离指数对于数据场势值分布的影响，在势函数中分别设置质量 $m_x=1$，影响因子 $\sigma=1$，距离指数 $k=1$、2、3、5、10，绘制了不同距离指数时拟核力场的势值分布曲线，如图 9.4 所示。k 值越小，势值衰减越慢，更趋近于长程场；反之，k 值越大，势值衰减越快，更趋近于短程场。在上文关于势函数形态的分析中我们曾指出,短程场更有利于数据特征分析,这似乎表明此时距离指数的选择也需要一个较大的 k 值,但是事实并非如此。k 值太大就会导致在 σ 范围内所有对象与中心的相互作用都近似相等。如图 9.4 所示,当 $k=10$ 时,在距离不超过 1 的情况下,大部分对象的势值都近似等于 1。从数学函数上分析,在极端情况下,即当 $k\to\infty$ 时,拟核力场的势函数将近似等价于拟方阱势的势函数。显然,这样的情形下无法有效地体现某个特定邻域数据对象与其他数据对象在数值上表现出的特征关联关系,必然不利于后续特征分析。因此,稍大的 k 值是比较理想的选择,如 $k=2$ 或 3。

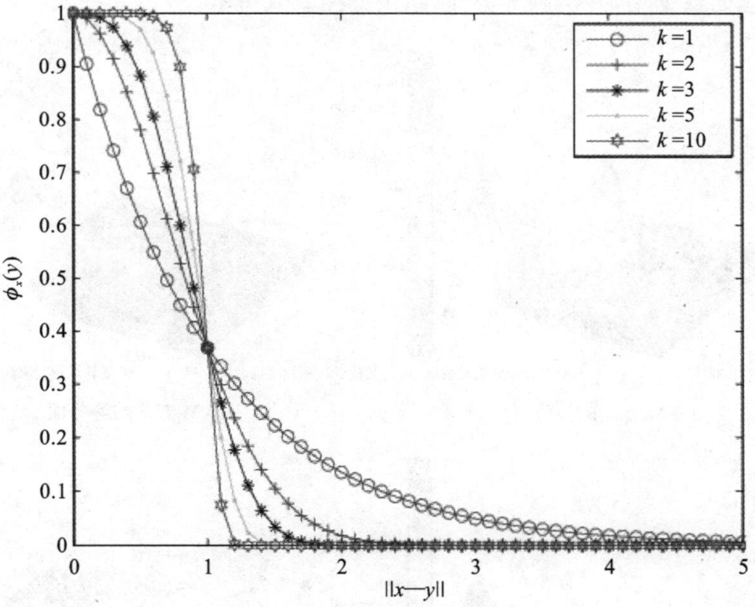

图 9.4 不同距离指数的势值分布

三、质量

一方面,数据场的场强强度,即质量,也极大地影响其势值分布;另一方面,不同质量计算公式对应了能适应不同应用需求的数据场。在理论物理学中,质量包括惯性质量、主动质量、被动质量等,本章数据场中所指的质量指数据对象施加给被作用对象的主动质量。根据质量定义的不同,将所采用的教育代际流动数据场分成等价场、相对场、父代场、子代场等基本类型。

对于前述教育代际流动数据,可用的数据场质量定义包括:①假设每个数据点具有同等重要性且质量相等,直接采用 1 作为质量,即所有数据对象在空间中具有相同的影响,简称 M_1 方法;②将子代与父代的受教育程度排名差作为数据对象的主动质量，归一化到[0,1]区间后再作为场源强度代入势函数进行计算，简称 M_2 方法；③将父代的受教育程度排名作为数据对象的主动质量，归一化到[0,1]区间后再作为场源强度代入势函数进行计算，简称 M_3 方法；④将子代的受教育程度排名作为数据对象的主动质量，归一化到[0,1]区间后再作为场源强度代入势函数进行计算，简称 M_4 方法。

上述质量计算方法各具特色，可以实现不同类型的数据特征分析，从不同的认知侧面发现数据中所蕴含的空间关联知识。以 CGSS 2017 的相关数据为例，设置影响因子 $\sigma=0.1$，距离指数 $k=2$，分别根据上述四种不同的质量计算方法生成相应的数据场，并绘制等势面，结果如图 9.5 所示。

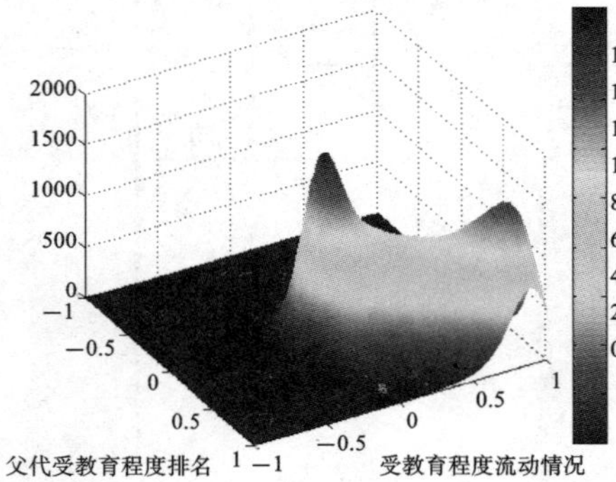

(a) M_1方法的等势面

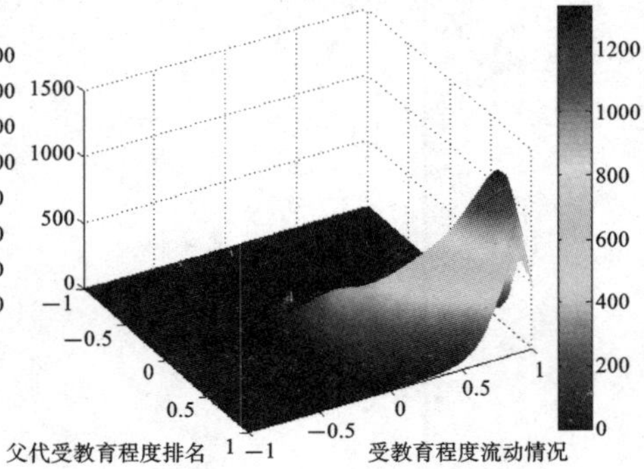

(b) M_2方法的等势面

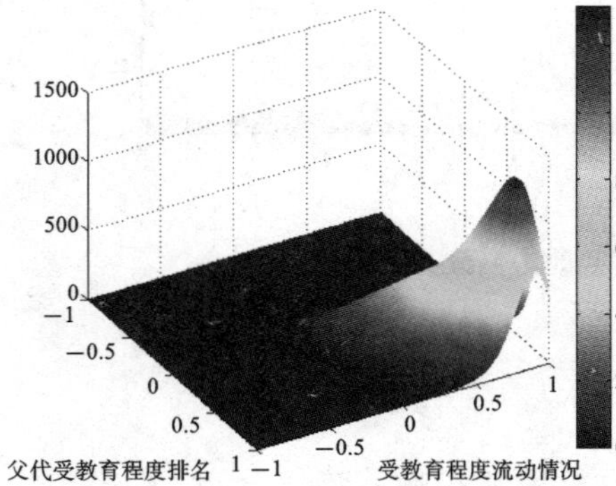

(c) M_3方法的等势面

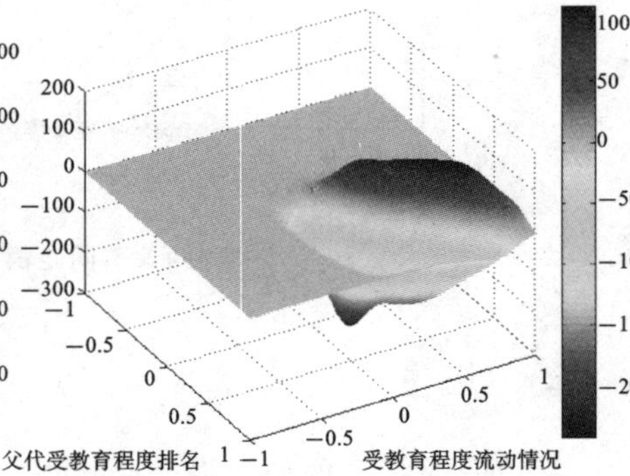

(d) M_4方法的等势面

图 9.5 同一数据选用 M_1～M_4 方法所形成数据场

从图 9.5 可以发现，四种方法都能够反映教育代际流动数据在特征空间上的关联关系，不同方法计算质量的数据场呈现出来的视觉结构不同，反映的数据特征也不尽相同，有利于实施不同角度的数据分析。虽然 M_2 方法和 M_3 方法生成的数据场在等势面的势值分布上没有本质的区别，肉眼基本无法区分，但是需要留意数据上两者仍然存在差别。

第二节　教育代际流动的数据场分析

以 CGSS 2017 数据为例，计算子代与父代受教育程度排名的差值，结合父代受教育程度的排名，所获得的原始数据如图 9.6 所示，以此分析父代受教育程度对于子代教育代际流动的影响。数据从父代与子代受教育程度相对流动的角度刻画了家庭教育代际流动情况。

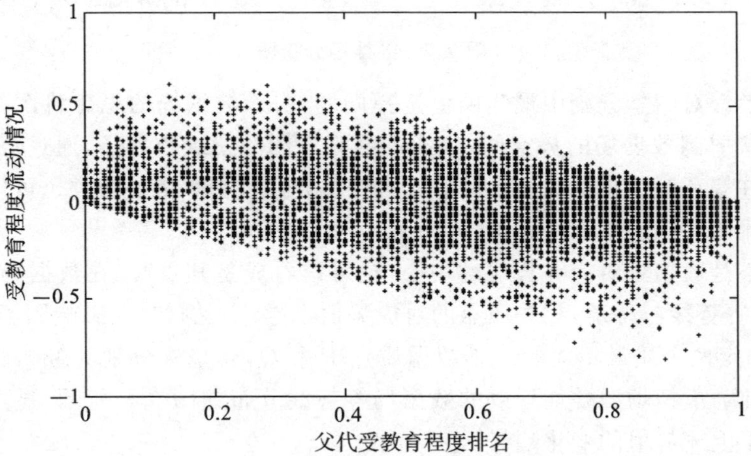

图 9.6　父代排名与流动情况的散点图

利用式(9.1)的方法生成上述教育代际流动的静态数据场，考虑到数据对象对应于家庭受教育程度情况，具备独立性和完备性，质量设为 1，距离选用 Euclidean 距离，影响因子直接依据先验选取 0.05。需要特别说明的是，影响因子也可以依据势熵法，根据不同影响因子对应的数据场势熵关系，通过最优化势熵自动获得合适的影响因子。鉴于教育代际流动的数据场影响因子优选与已有文献基本相似，这里不再赘述。

相关的数据场等势线、等势面如图 9.7 所示，可以看出，在数据场分布中，数据对象的势值不尽相同，部分数据对象势值较大、对邻域数据对象的影响也较大，整体上存在明显的自然抱团特性，数据场中突显出两个势值极大的数据对象，并以此为中心向外散发。通过发现上述数据场的势值分布特征，以势值为准则寻找到数据簇的中心，将数据进行划分。此外，通过引入数据场考虑数据对象的空间关联，孤立点将被抑制，可以有效消除孤立噪声数据的不良影响，使得数据聚类划分更精准。

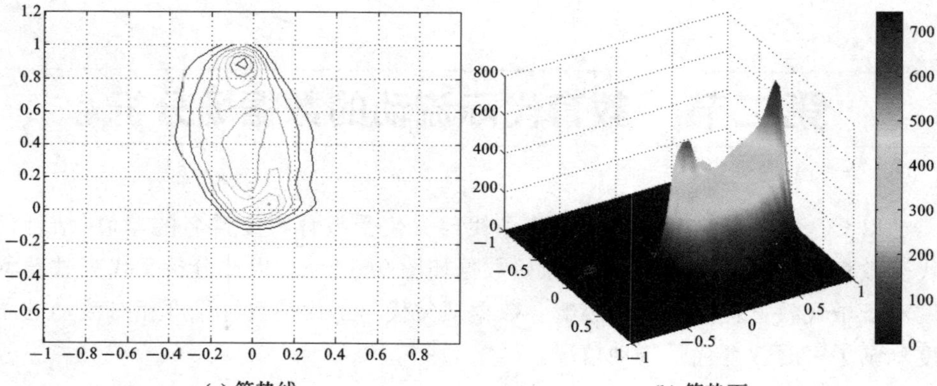

(a) 等势线 (b) 等势面

图 9.7 数据场分布图

笔者针对图像分割中最优阈值选择问题，引入数据场的思想将图像从灰度值空间映射到数据场的势空间，生成二维直方图的三维数据场，通过势心削除、势心合并等环节获得最优分割阈值。类似地，势心削除、势心合并也可以引入教育代际流动的静态数据场分析。

势心是数据场对应等势线的中心，也可以看成是其重心，在数据场中，越远离势心，等势线越稀疏，相关质点的对应势值也越小。例如，在影响因子 $\sigma=10$、40 时，给定两个质量不同的二维数据质点 P 和 Q，其坐标分别为(30,40)、(80,60)，以此为虚拟场源叠加形成的数据场等势线分布如图 9.8 所示，显然该图正好反映了上述势值的变化趋势。

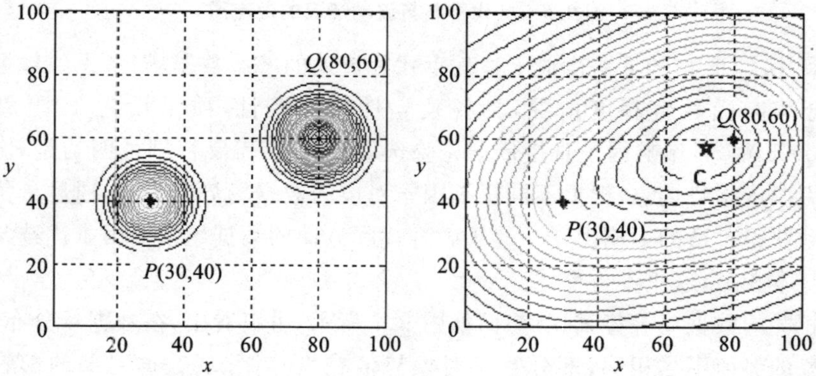

(a) σ=10 (b) σ=40

图 9.8 不同 σ 下的数据场等势线

若 $\exists S=\{X_0,X_1,\cdots,X_j,\cdots,X_k \mid 0<j<k\}\subseteq L\times L$ 满足 $\|X_j-X^*\|\leqslant 3\sigma/\sqrt{2}$，且 $X_0=X$，$X_k=X^*$，X_j 位于 X_{j-1} 势值梯度上升方向，X^* 为势心，则称 X 被 X^* 吸引。

从特征场中逐步迭代寻找局部极大值并削除势心，所有的势心集合就构成了描述整体数据的特征空间，实现了数据特征的约简。因此，特征场的势分布是候选数据簇的一种简化估计，可以认为这些势心就是有利于数据聚类的簇中心。

在迭代过程中，削除当前的势心后，特征场相关位置的势值就需要更新，共分为三种情况：(a) 势心 X^* 所在位置，直接更新其势值为 0；(b) 被 X^* 吸引的所有质点 P_{X^*}，为了简化迭代，也可以直接更新这类质点的势值为 0。这是因为，即使不这样更新，假设 P_{X*} 仍然被后续过程选中作为势心，根据势心吸引原则，它们也会被直接削除；(c) 不被势心吸引的数据对象 Y，用式(9.6)更新削除第 k 个势心后的势值。

$$\varphi_k(Y)=\begin{cases}\varphi(Y) & k=0\\ \varphi_{k-1}(Y)-\sum\limits_{X_k\in P_{X^*}}\varphi_{k-1}(X_k)\times \mathrm{e}^{-\frac{||Y-X_k||^2}{\sigma^2}} & k>0\end{cases}\tag{9.6}$$

在势心削除完成后，特征场中就只保留了极少数的势心，实现了原始数据空间的特征约简。在不考虑任何外力的情况下，任意两个势心之间的距离都大于 $3\sigma/\sqrt{2}$，势心之间的相互作用力极小，小到可以直接忽略不计的程度。但是，如果这个时候将 σ 增加不可忽略的极小量 $\Delta\sigma$ 使其达到 σ'，换句话说，在新的影响因子下，当前距离最近的两个势心将产生足够大的作用力，即两者之间的距离在 $3\sigma'/\sqrt{2}$ 以内，其相互作用的影响力无法忽略；随着 σ' 的不断增加，由于数据力场的存在，使得原势心产生相互作用力，两者向着高势值一起聚集，直到在某个位置达到平衡状态，两者最后合并成新势心。

如图 9.8 所示，当 $\sigma=10$ 时，P 和 Q 之间的相互作用力程极短，两个数据对象周围的势值也极小，在等势线上就表现为 P 和 Q 各为势心，没有两者共同产生相互作用力的区域。随着影响因子的逐步增大，当 $\sigma=40$ 时，P 和 Q 的相互作用力及其范围都已经足够大，两者产生了共同作用的交叠区域，这就使得势心的位置发生显著变化，显然，在极端情况下，P 和 Q 叠加产生的势值可能为两个单场源之和。

借鉴物理学中物体重心的确定方法，本书刻画了势心动态合并过程的起止状态。任意给定两个势心 A 和 B，设其起始位置分别为 X_1、X_2，对应势值分别为 φ_1，φ_2，根据重心法，合并后新势心的位置为 $X_{\text{new}}=(\varphi_1X_1+\varphi_2X_2)/(\varphi_1+\varphi_2)$，势值为 $\varphi_{\text{new}}=\varphi_1+\varphi_2$。这种合并的物理解释和依据为：当 φ_1/φ_2 越大时，对应的 $\varphi_1/\varphi_{\text{new}}=1/(1+\varphi_2/\varphi_1)$ 也越大，表示原势心 A 对叠加在新势心处的势值贡献更大；依据等势线的生成原理，离势心越近的位置势值越大，因此，原势心 A 的位置就离新势心更近。多次执行上述步骤，将势心削除阶段提取到的若干势心依次合并，所得到的势心对应位置就可以作为最优簇中心实现数据聚类。

根据上述方法，通过数据场迭代，执行势心削除和势心合并，最终获得如图 9.9 所示数据聚类结果。如图 9.9(a)所示，整体数据划分为两个部分，一部分父

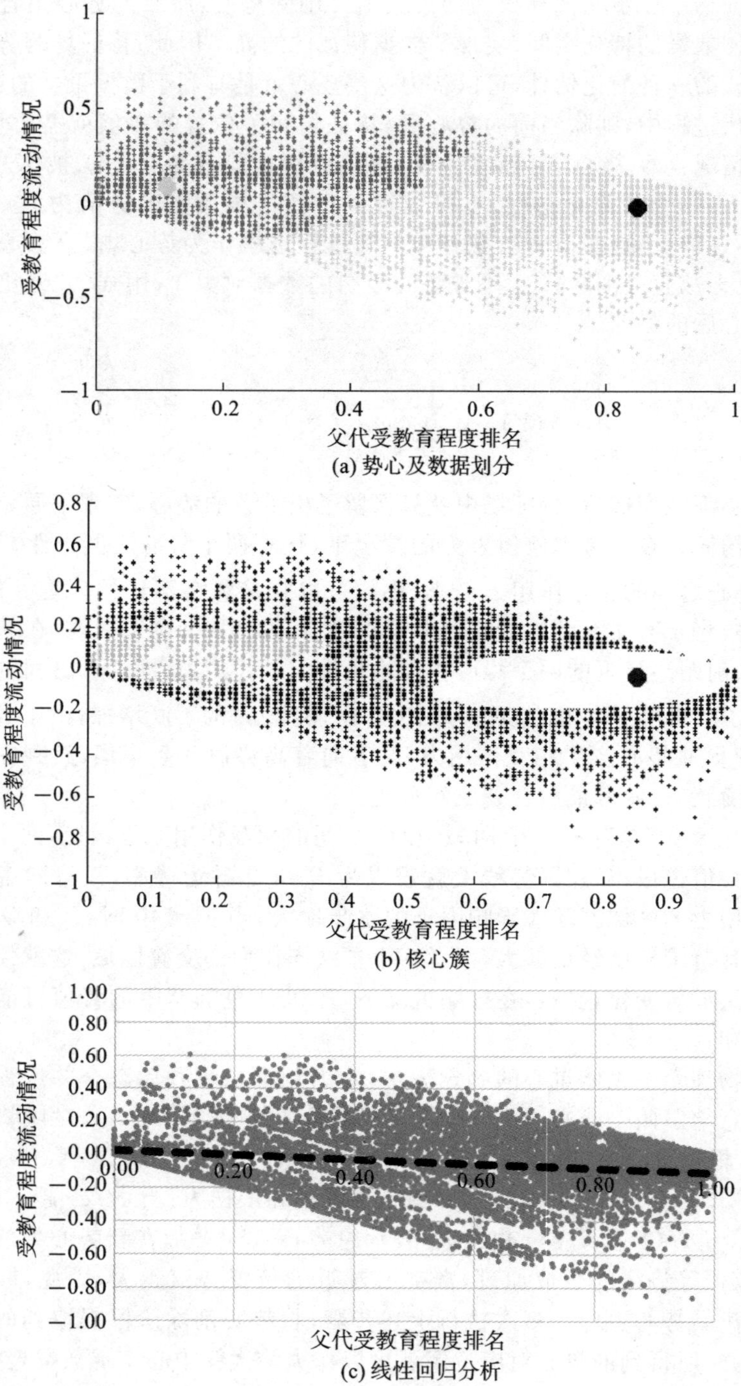
受教育程度流动情况
父代受教育程度排名
(a) 势心及数据划分
受教育程度流动情况
父代受教育程度排名
(b) 核心簇
受教育程度流动情况
父代受教育程度排名
(c) 线性回归分析

图 9.9　数据聚类结果

代受教育程度排名低(约为下 10%分位左右)、受教育程度流动水平低(趋近于 0),表明在父代受教育程度不高的情形下,子代受教育程度排名并没有发生较大的变化,基本与父代排名接近;另一部分父代受教育程度排名高(约为上 15%分位左右)、受教育程度流动水平低(趋近于 0),在父代受教育程度高的情形下,子代受教育程度排名也没有发生较大的变化,基本与父代排名接近。此结果从一个侧面呈现了教育代际流动水平不高,父代受教育程度排名显著影响子代受教育程度排名,即使从学历层面获得了提升,但从社会层面并没有阶层跃升。特别是观察如图 9.9(b)所示的两个簇中心及其核心数据簇,即迭代最终的两个势心,虽然都接近于 0,但相比较而言,右方的中心更靠近 0,表明父代受教育程度排名高的情况下,子代与父代的排名差更小。

绘制数据的线性回归结果,如图 9.9(c)所示,由此验证数据场分析结论。回归曲线近似于一条水平线,表明整体教育代际流动水平不高,存在一定的固化现象。

第三节　教育代际流动的数据场拓展

一、动态数据场

可以将上述数据场加以改进、叠加以便向更高维特征扩展。对于任意给定的数据 D,假设 $\boldsymbol{D}_i(i=1,2,\cdots,N_d)$是其 N_d个特征矩阵,这些特征可以是父代受教育程度排名、子代受教育程度排名、父代与子代受教育程度的相对排名差等。所有这些特征矩阵就构成了对数据特征的高维描述。与前述静态数据场相比,增加了一个特征维度,或者说其特征维数不再为 1,而是 N_d。于是,在前述静态数据场的基础上,可以扩展特征维得到高维特征场。仍然将每个质点所在位置视作一个数据对象,但是此时每个数据对象不仅具有某个单一的特征值,而且还是由三个及以上的特征值所构成。从这一点来看,多维特征场是二维特征场的一种自然扩展,区别在于所引入的数据特征维数的多少,显然,两者具有非常密切的关系,尽管如此,两者在后续的层次结构实现上存在一定的区别。

在多维特征场中,质量与具体特征的选择有关,通常是一个多维向量(三维甚至三维以上)。首先直接利用不同特征值作为质量,视作数据场的当前场源强度,生成单一的数据场,将这些特征场联合起来。于是,每个数据质点在特征维上就包含了三个特征值,如图 9.10 所示。这些特征值极大地丰富了特征的表示与分析，可以从多个不同的侧面描述数据特征，显然能够提高数据分析的质量。

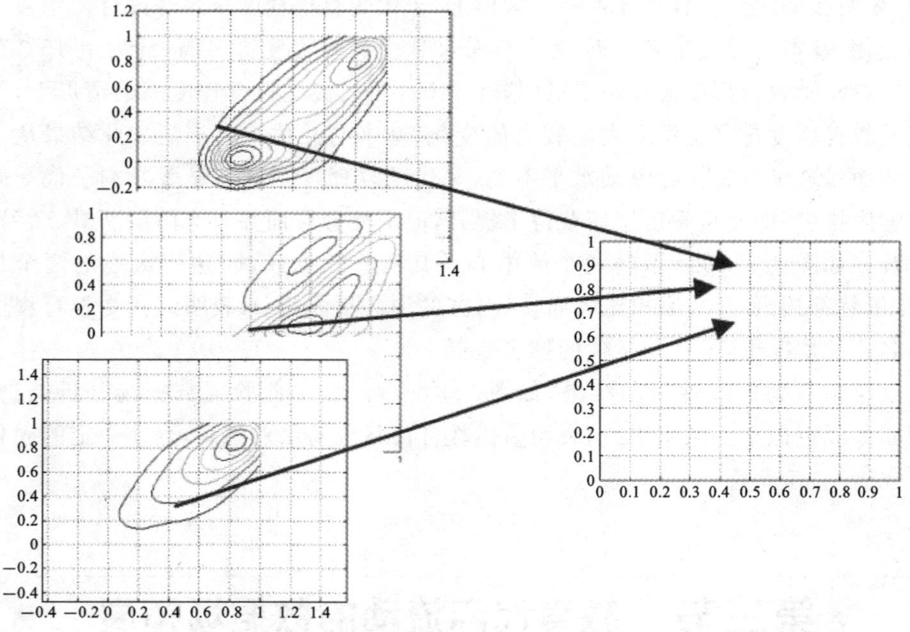

图 9.10 多维特征场

引入的特征维数越高，对应的数据处理算法耗费的时间就越长。除此以外，动态场在构建时也涉及影响因子、距离及距离指数等关键因素，这些关键因素的选择均可以完全沿用与动态数据场类似的方法，此处不再赘述。

二、场进化分析法

将初始化得到的结果分别作为动态数据场中数据质点的初始值，假设在 t 时刻第 i 个数据质点的位置矢量为 $\boldsymbol{p}_i(t)=[p_i^1(t),p_i^2(t),p_i^3(t)]$。于是，位置矢量的任意 d 维信息 $\boldsymbol{p}_i^d(t)(d=1,2,3)$ 分别对应不同特征值。数据质点的初始状态为 $\boldsymbol{p}_i(0)=(S_i^1,S_i^2,S_i^3)$，$i=1,2,\cdots,N_x$，其中 $S^d(d=1,2,3)$ 为上述初始特征。此外，第 i 个质点的第 d 维速度矢量记作 $\boldsymbol{v}_i^d(t)$，设置初始速度 $\boldsymbol{v}_i^d(0)$ 为 0。

在无准则指引的情况下，特征场由于质点的不断迭代而趋于稳定。对于数据聚类而言，质点的移动指向最优划分。在每一次迭代中，局部最优划分都尽可能靠近全局最优划分。根据不同的聚类指标评价，假设 $T(t)$ 是在 t 时刻的局部最优划分，对于 $t=0$ 可以设置初始划分点为 $T(0)=(0.5,0.5,0.5)$。在任意一次迭代，与当前局部最优划分相比，任意质点都具有一定的适应度，可以定义如下：

$$\mathrm{fit}_i(t)=\frac{1}{1+||\boldsymbol{p}_i(t)-\boldsymbol{T}(t)||} \tag{9.7}$$

式(9.7)的定义就保证了接近当前局部最优划分的质点具有较大的适应度值，特征场中质点的质量也应该反映了质点的这种适应性。质量较大表明该质点较高效，更接近当前最优划分，在质点的层次迭代演化过程中，质量随着时间变化而不断改变，改变的依据正是质点的适应度在整个特征场中所占的比例。于是，在 t 时刻第 i 个数据质点的质量 $m_i(t)$ 和适应度比例 $f_i(t)$ 由式(9.8)确定。

$$\begin{aligned} m_i(t) &= f_i(t)/\sum_{j=1}^{N_x} f_j(t) \\ f_i(t) &= \frac{\mathrm{fit}_i(t)-\mathrm{fit}_{\mathrm{worst}}(t)}{\mathrm{fit}_{\mathrm{best}}(t)-\mathrm{fit}_{\mathrm{worst}}(t)} \end{aligned} \tag{9.8}$$

其中 $\mathrm{fit}_{\mathrm{worst}}(t)=\max_{j=1}^{N_x}\mathrm{fit}_j(t)$，$\mathrm{fit}_{\mathrm{best}}(t)=\min_{j=1}^{N_x}\mathrm{fit}_j(t)$ 代表当前特征场中所有质点最优和最差的适应度值。但是，需要说明的是，质量的定义方式仍然是一个开放式的问题。

在特征空间上，具有质量的任意两个质点之间产生相互作用，任意质点受到其他质点的合力作用，在 t 时刻第 i 个质点的势值 $\varphi_i(t)$ 由式(9.9)确定。

$$\varphi_i(t)=\sum_{j=1}^{N_x} m_j(t)\mathrm{e}^{-\frac{||\boldsymbol{p}_i(t)-\boldsymbol{p}_j(t)||^2}{\sigma^2}} \tag{9.9}$$

根据势函数的梯度是相应力场的场强函数，从场力的角度说，在 t 时刻第 i 个质点所受到的场力的第 d 个分量 $F_i^d(t)$ 由式(9.10)确定。

$$F_i^d(t)=\frac{2}{\sigma^2}\sum_{j=1}^{N_x}[p_j^d(t)-p_i^d(t)]m_j(t)\mathrm{e}^{-\frac{||\boldsymbol{p}_i(t)-\boldsymbol{p}_j(t)||^2}{\sigma^2}} \tag{9.10}$$

从式(9.10)可以看出，在 t 时刻第 i 个质点所受到的场力与对其产生相互作用的质点质量 $m_j(t)$ 成正比。于是，较大的质量意味着较好的适应度值，同时能够产生较大的吸引作用力，任意质点将更趋向于朝着较好适应度值的质点移动，而与较小质量的质点之间更容易产生排斥作用力。

牛顿第二定律表明，物体的加速度跟物体所受的合外力成正比，跟物体的质量成反比，加速度的方向跟合外力的方向相同，因此，在 t 时刻第 i 个质点所受到的加速度的第 d 个分量 $a_i^d(t)$ 由式(9.11)确定。

$$a_i^d(t)=F_i^d(t)/m_i(t) \tag{9.11}$$

在物理学中，加速度是速度变化量与发生这一变化所用时间的比值，匀加速度是其中的一种特例——加速度不变，即在相同的时间间隔内物体的速度改变相同。本书假设在 t 和 $t+1$ 两个相邻的时刻，即迭代间隔 $\Delta t=1$ 内，任意质点的运动近似看成是匀加速运动。于是，根据牛顿第二定律，质点的位置和速度更新如下：

$$
\begin{aligned}
v_i^d(t+1) &= v_i^d(t) + a_i^d(t) \\
p_i^d(t+1) &= p_i^d(t) + v_i^d(t)
\end{aligned}
\tag{9.12}
$$

在式(9.12)的作用下，特征场随着时间的增加完成逐步层次演化，任意质点的速度和位置更新都受到其他质点的影响，适应度较好的质点具有较大的质量，更能吸引其他质点朝着较好的方向运动，实现广度搜索；而该质点自身则运动缓慢，实现深度探索。

对于$t+1$时刻局部最优划分$T(t+1)$的更新，则受到两个主要因素的影响，上一时刻的局部最优划分$T(t)$和当前质点的平均划分$p_{\text{avg}}(t+1)$，其定义为：

$$
p_{\text{avg}}(t+1) = \frac{1}{N_x}\sum_{i=1}^{N_x} p_i(t+1) \tag{9.13}
$$

在$T(t+1)$的更新中，如果将$T(t)$设置较大比例，那么算法长时间在$T(t)$附近深度探索，容易陷入局部解，且增大了算法的时间复杂度；反过来，设置较小比例，就导致广度搜索，可以保证质点的多样性，但是容易造成盲目性。为了能够很好地平衡上述两个因素的影响，我们提出如下策略：在迭代的初始阶段，加大广度搜索的力度，大范围的质点覆盖整个特征空间；随着迭代的深入，逐渐降低广度搜索，增加深度探索力度，算法趋于求精。基于上述分析，局部最优划分的更新方式如式(9.14)所示。在该策略下，特征场能快速顺利地完成迭代，并且在演化的开始、中间和结束阶段都能较好地控制广度搜索和深度探索的力度。

$$
T(t+1) = \frac{T(t)\cdot t + p_{\text{avg}}(t+1)}{t+1} \tag{9.14}
$$

三、关于数据场应用的讨论

前述对教育代际流动的数据场进行了一些尝试和探索，但是实际上，数据场还有更多可拓展的空间，至少可以从以下两个方面展开。

一方面，从复杂网络分析的角度看，数据场可以用于发现网络节点和社区簇。淦文燕等人从数据场思想出发，引入拓扑势描述网络节点间的相互作用，提出了一种基于拓扑势的社区发现算法。该算法将每个社区视为拓扑势场的局部高势区，通过寻找被低势区域所分割的连通高势区域实现网络的社区划分。① 刘玉华等人通过基于互信息的方法计算出复杂网络中节点的重要性，通过数据

① 淦文燕，赫南，李德毅，等.一种基于拓扑势的网络社区发现方法[J].软件学报，2009(8)：2241-2254.

场中节点的势值来划分网络的簇结构。① 秦昆等人利用基于时空数据场的聚类方法提取城市交通热点区域,分析城市交通热点区域之间的空间交互作用。② 邵晨曦等人将复杂网络抽象为数据场,结合数据场模型来识别有影响力的节点。③ 引入复杂网络的思想,利用教育代际流动的相关数据构建一个网络,可以对该网络节点及其整体属性进行分析,从新的视角探索教育代际流动研究。顾及数据的关联性和空间性,通过夜光遥感、经济发展、人口普查等数据获得多类与教育代际流动有关的特征集,建立教育代际流动的时空关联关系,为后续教育代际流动过程的大型社会化模拟提供基础支撑。

另一方面,综合考虑数据场与云模型,融合认知物理学方法。李德毅等人以音乐厅自发同步掌声作为研究对象,建立了一个描述复杂多个体系统集体行为的非线性涌现模型,揭示了涌现行为的不确定性和多样性。④ 教育代际流动问题也可以视作一个涌现系统,通过高斯云模型和数据场能够分析其中的复杂机理。在教育代际流动的时空分布模型基础上,实施连续静态场与多维动态场的一致性建模,建立教育代际流动的动力学演化模型,揭示教育代际流动演进系统中全局演化的宏观过程与局部交互的微观过程及其联结。

---

① 刘玉华,张翼,徐翠,等.一种基于数据场的复杂网络聚类算法[J].计算机科学,2013,40(11):70-73.

② 秦昆,周勍,徐源泉,等.城市交通热点区域的空间交互网络分析[J].地理科学进展,2017,36(9):1149-1157.

③ 邵晨曦,陈小齐,王行甫,等.基于数据场的复杂网络节点影响力建模与仿真[J].系统仿真学报,2020,32(7):1257-1266.

④ 李德毅,刘坤,孙岩,等.涌现计算:从无序掌声到有序掌声的虚拟现实[J].中国科学 E 辑,2007,37(10):1248-1257.

第十章 教育代际流动研究讨论与展望

第一节 计算社会科学视角下的教育代际流动研究讨论

计算社会科学为教育代际流动的未来研究提供了一种可能的框架，这是一个不断涌现的探索性新兴交叉领域，强调采用计算机技术可计算的方法研究社会科学问题，包括以定性和定量相融合的方法利用计算机辅助分析教育代际流动，建立计算机辅助的教育代际流动计算模型、技术、工具和软件，开展与之有关的教育代际流动大规模社会学互联网实验、大数据采集与分析、从宏观到中观再到微观的计算机行为模拟等，进而创造一套计算社会科学背景下的新型教育代际流动研究体系。

本书在计算社会科学的视角下做出一些尝试和探索，将教育代际流动性作为主要研究对象，从实证研究和方法研究两个维度展开，利用不同的数据进行实证研究，从整体流动性、高等教育、乡村教育等不同角度验证教育代际流动水平和趋势，既有时序特征分析、也有空间分布演绎；以清代官员陈瑸为例，探讨了教育代际流动的历史学演绎；在方法学层面，提出了针对教育代际流动问题的云模型方法、数据场方法，并做出了若干有益的探索。

主要结论如下。

(1)从教育代际流动的整体角度来说，时序上，教育代际向上流动，子代受教育程度比父代受教育程度逐年提高，但教育代际流动性没有显著改良，跨阶层长程流动的阻力较大；空间上，惯性率、亚惯性率、向上流动率、向下流动率、平均加权阶差等各类量化指标的空间重心偏移地理几何中心，不同区域的教育代际流动性差异较大。空间重心迁移分析结果耦合了时序特征演化分析结果，两者吻合度高。

(2)从高等教育资源与规模的角度来说，虽然总体全面优化，资源与规模的系统耦合度不断增大、耦合协调度逐步增大、相对发展指数绝对值依次减小，整体发展更有序，但区域高等教育资源、规模、协调仍然不同程度存在不均衡。东部地区优于中部地区，西部地区、东北地区有待改善；区域高等教育资源与规模存在空间依赖性和异质性，呈现明显空间正相关。

(3)从乡村教育代际流动的角度来说，普及义务教育等教育政策对乡村的正向影响更加显著；但城镇比乡村更容易获得高层次教育的机会。乡村教育代际传递作用仍然过强，受教育的跨阶层长程流动不足。子代的阶层感与城乡状态呈显著正向相关关系，乡村子代的主观幸福与阶层认知仍存在困境，教育能提升整体阶层感知、主观幸福感、未来期望等。教育信息化基础资源配置总体全面优化，但城乡差异明显、区域差异显著，乡村绝对过程逐步超越城镇，但相对结果仍然滞后。每百名生均计算机台数的空间演化渐成常态，绝对量不断超越自我，但发展分布仍然相对滞后，中部地区逐步形成洼地。在空间聚集上，中部地区冷点地区凸显，逐步陷入狭缝。

(4)从历史学演绎的角度来说，清代著名官员陈瑸经科举考试实现从寒门子弟到精英阶层跃升的过程，家世对陈瑸科举的成功没有产生作用，陈瑸突破父代实现向上流动，子代未能突破陈瑸的功名。学校教育需要探索和发展优质教育资源的转化机制，确保教育对代际流动可持续产生作用。

(5)从认知物理学理论的角度来说，将该理论引入教育代际流动研究是有益的，针对不确定性分析和空间相互作用，教育代际流动问题的云模型方法、数据场方法具备了可行性和有效性。

第二节　教育代际流动的认知物理学方法研究展望

尽管本书在面向教育代际流动研究的认知物理学方法中做出了一定的工作和尝试，取得了一些初步的进展，但是，随着研究工作的深入，逐渐认识到还存在若干问题有待进一步解决，可以从以下三个方面展开。

(1)数据拓展。本书利用中国综合社会调查、《中国统计年鉴》、《中国教育经费统计年鉴》等数据进行了大量的实证研究，但是数据来源还不够广、数据量还不够大。如何结合夜光遥感、人口普查、经济发展等客观数据，开展与之有关的教育代际流动大规模社会学互联网实验、大数据采集与分析、从宏观到中观再到微观的计算机行为模拟等，仍需要进一步完善。

(2)方法拓展。本书采用了实证分析方法，也探索了认知物理学方法，但任何一种方法都具有一定的适用性，时间、空间复杂度还不够优化，而且实证分析方法与认知物理学方法的结合度还不高，尚有待于在计算社会科学框架下对这些方法进一步完善，以在更大的范围更好地验证方法的科学性和合理性。

(3)理论拓展。本书引入了认知物理学理论，利用不同的数据面向教育代际流动应用问题展开了方法学的相关研究，相关实验分析也验证了基于物理学理论所提出的相关方法是可行和有效的，但是，物理学的理论非常丰富，如何更有效地融入物理学的思想，研究更普适的认知物理学理论和方法，如高阶高斯云模型、幂率云模型、数据场复杂网络分析、时变场分析动态数据场等，还有大量的工作有待于进一步展开。

参考文献 References

[1] 郭丛斌，丁小浩. 中国劳动力市场分割中的行业代际效应及教育的作用[J]. 教育研究，2005，26(1)：34-40.

[2] 李晚莲. 社会变迁与职业代际流动差异：社会分层的视角[J]. 求索，2010，31(6)：62-64.

[3] 余秀兰. 教育还能促进底层的升迁性社会流动吗[J]. 高等教育研究，2014，35(7)：9-15.

[4] 顾辉. 近十年来中国社会流动研究的新进展——社会流动视野下的"X 二代现象"研究综述[J]. 学术论坛，2014，37(4)：82-89.

[5] 许长青. 新常态下的中国教育公平问题探讨：基于社会流动的视角[J]. 教育与经济，2016，32(6)：8-16.

[6] 陈爱丽，郑逸芳，许佳贤. 教育能促进社会阶层代际流动吗？——基于中国综合社会调查(CGSS)的经验证据[J]. 教育与经济，2019，35(6)：27-34.

[7] 李芳芝，张焕明. 代际流动影响主观幸福感吗？——基于 CGSS2015 的经验证据[J]. 统计研究，2021，38(3)：107-121.

[8] 李煜. 代际社会流动：分析框架与现实[J]. 浙江学刊，2019，57(1)：32-37.

[9] 赵红霞，高永超. 教育公平视角下我国教育代际流动及其影响因素研究[J]. 教育研究与实验，2016，35(1)：28-32.

[10] 李修彪，黄乾. 中国教育代际流动程度的测算：基于 CGSS 的实证[J]. 统计与决策，2020，36(18)：46-49.

[11] 赵红霞，冯晓妮. 我国教育代际流动性及地区差异的比较研究——基于 CHARLS 2013 数据分析[J]. 中国青年研究，2016，28(8)：54-58.

[12] 徐俊武，黄珊. 中国代际教育流动性的地区、城乡与阶层差异研究[J]. 统计与决策，2016，32(8)：87-91.

[13] 王彩勤，秦昆，卢宾宾，等. 教育及其代际流动的空间分布研究[J]. 地理与地理信息科学，2016，32(6)：57-62.

[14] 韩军徽，李正风. 计算社会科学：涵义、特点与前景——对美国计算社会科学专家的访谈[J]. 科学学研究，2018，36(10)：1729-1736.

[15] 中国人民大学中国调查与数据中心. 中国综合社会调查数据[EB/OL]. http://cgss.ruc.edu.cn/index.htm，2020-11-09/2022-03-08.

[16] 赵红霞，王乐美. 促进还是抑制：高等教育对社会阶层流动的影响——基于 CGSS 混合截面数据的实证分析[J]. 高教探索，2020(9)：5-11.

[17] 马陆亭,刘星,王蕊.高等教育发展促进高质量收入代际流动的政策探讨[J].高等教育评论,2021,9(2):14-25.
[18] 陈新忠,刘红.高等教育促进收入代际流动性的机制研究[J].高等教育评论,2021,9(2):26-39.
[19] 孙启进.社会结构与高等教育分流[M].南京:南京师范大学出版社,2020.
[20] 杨娟,周青.增加公共教育经费有助于改善教育的代际流动性吗?[J].北京师范大学学报(社会科学版),2013(2):116-125.
[21] 国家统计局.中华人民共和国2021年国民经济和社会发展统计公报[EB/OL].[2022-02-28].http://www.gov.cn/xinwen/2022-02/28/content_5676015.htm,2022-02-28/2022-03-08.
[22] 祝智庭,胡姣.教育数字化转型的实践逻辑与发展机遇[J].电化教育研究,2022,43(1):5-15.
[23] 祝智庭,胡姣.教育数字化转型的本质探析与研究展望[J].中国电化教育,2022(4):1-8,25.
[24] 祝智庭,郑浩,许秋璇,等.教育数字化转型的政策导向与生态化发展方略[J].现代教育技术,2022,32(9):5-18.
[25] 互联网信息办公室.数字乡村发展行动计划(2022—2025年)[EB/OL].[2022-01-25].http://www.cac.gov.cn/2022-01/25/c_1644713315749608.htm,2022-01-26/2022-10-18.
[26] 教育部.全国教育事业发展统计公报[EB/OL].[2022-09-14].http://wap.moe.gov.cn/jyb_sjzl/sjzl_fztjgb/,2022-09-14/2022-10-18.
[27] 教育部.中国教育事业统计年鉴[M].北京:中国统计出版社,2021.
[28] 白文倩,徐晶晶.义务教育信息化资源配置均衡性研究[J].现代教育技术,2019,29(10):108-114.
[29] 孔庆鹏,庄甲鹏.2013—2020年我国小学教育资源配置效率及影响因素[J].教育测量与评价,2022(4):11-20.
[30] 国家统计局.中国统计年鉴[M].北京:中国统计出版社,2021.
[31] 任友群,杨晓哲.新时代乡村教育的强师之路[J].中国电化教育,2022(7):1-6,15.
[32] 李德毅,淦文燕,刘璐莹.人工智能与认知物理学[C]//中国人工智能学会第10届学术年会,广州.2003.
[33] 李德毅,杜鹢.不确定性人工智能[M].北京:国防工业出版社,2005.
[34] 王树良.基于数据场与云模型的空间数据挖掘和知识发现[D].武汉:武汉大学,2002.
[35] 淦文燕.聚类——数据挖掘中的基础理论问题研究[D].南京:解放军理工大学,2003.
[36] 秦昆.不确定性图像分割的新方法[D].武汉:武汉大学,2007.
[37] 李德毅,刘常昱.论正态云模型的普适性[J].中国工程科学.2004,6(8):28-34.
[38] 李德毅,孟海军,史雪梅.隶属云和隶属云发生器[J].计算机研究与发展.1995,32(6):15-20.
[39] 吕辉军,王晔,李德毅,等.逆向云在定性评价中的应用[J].计算机学报,2003(8):

1009-1014.
[40] 罗自强,张光卫,李德毅.一维正态云的概率统计分析[J].信息与控制,2007(4):471-475.
[41] 李德毅.知识表示中的不确定性[J].中国工程科学,2000,2(10):73-79.
[42] 李德毅,刘常昱,杜鹢,等.不确定性人工智能[J].软件学报,2004,15(11):1583-1594.
[43] 李德毅,刘常昱.论正态云模型的普适性[J].中国工程科学,2004,6(8):28-34.
[44] 刘常昱,李德毅,杜鹢,等.正态云模型的统计分析[J].信息与控制,2005,34(2):236-239,248.
[45] 刘禹,李德毅.正态云模型雾化性质统计分析[J].北京航空航天大学学报,2010,36(11):1320-1324.
[46] 李德毅,刘常昱,淦文燕.正态云模型的重尾性质证明[J].中国工程科学,2011,13(4):20-23.
[47] 淦文燕,李德毅,王建民.一种基于数据场的层次聚类方法[J].电子学报,2006,34(2):258-262.
[48] 吴涛,秦昆,区磊海,等.图像二维阈值分割的数据场方法[J].华南理工大学学报(自然科学版),2010(11):128-134.
[49] Tao Wu. Data field based mechanism for three-dimensional thresholding [J]. Neurocomputing,2012,97(c):278-296.
[50] 李德毅,刘坤,孙岩,等.涌现计算:从无序掌声到有序掌声的虚拟现实[J].中国科学E辑,2007,37(10):1248-1257.